郎宝如 著

乾坤藏史策
——《周易》密码解锁

内蒙古大学文学与新闻传播学院一流学科建设经费资助出版

内蒙古大学出版社
INNER MONGOLIA UNIVERSITY PRESS

图书在版编目(CIP)数据

乾坤藏史策:《周易》密码解锁/郎宝如著. —呼和浩特:内蒙古大学出版社,2022.4
ISBN 978-7-5665-2087-6

Ⅰ.①乾… Ⅱ.①郎… Ⅲ.①《周易》-研究 Ⅳ.①B221.5

中国版本图书馆 CIP 数据核字(2022)第 062900 号

乾坤藏史策:《周易》密码解锁

著　　者	郎宝如
责任编辑	张志　范妙荣
封面设计	张燕红
出版发行	内蒙古大学出版社
社　　址	呼和浩特市昭乌达路 88 号(邮编:010010)
联系电话	发行部:0471-4993154/4990092 编务部:0471-4990533
网　　址	http://www.imupress.com
电子邮箱	imupress@163.com
经　　销	内蒙古新华书店
印　　刷	内蒙古爱信达教育印务有限责任公司
开　　本	710mm×1000mm　1/16
印　　张	18.75
字　　数	287 千字
版　　次	2022 年 4 月第 1 版
印　　次	2023 年 8 月第 2 次印刷
标准书号	ISBN 978-7-5665-2087-6
定　　价	68.00 元

版权所有　侵权必究

《周易》:被屏蔽的西周建国史

（前言）

六经皆史,然各有侧重:《尚书》是文献史;三礼(《周礼》《仪礼》及《礼记》)是制度史;《诗经》是诗史;《乐经》失传;而作为六经之首的《周易》自然也是史,是西周的建国史。再加上《史记·周本纪》及相关的《世家》《列传》,这几部中华文化元典共同构建起西周完整的历史。

《周易》记载的西周历史,其上限为古公亶父自豳迁岐,建立周国(见《屯》卦);中经武王伐纣灭商,革天之命,建立周朝(见《蛊》卦、《临》卦和《革》卦)。其下限为周公东征,平武庚之乱,迁殷遗民于宋(见《同人》卦、《损》卦、《益》卦)。建国未久的周朝得以巩固、安定下来。故《周易》是周从弱小逐渐发展壮大的历史。

《系辞传·下》:"《易》之兴也,其当殷之末世,周之盛德邪? 当文王与纣之事邪?"[①]

周之建国史,相对应的自然是殷商的衰亡史。《周易》记载商朝的历史,其上限是从高宗武丁伐鬼方开始。因武丁是殷商王朝最后一位圣王,在他当政时,商号称中兴(见《小过》卦及《既济》卦);中经武乙逆天而行,被雷霆震死(见《震》卦);商纣暴虐,朝政腐败,民不聊生,正直之士遭受迫害,或惨死,或被囚,或隐居,或出逃,终至灭亡(见《履》卦和《明夷》卦)。灭亡之后,纣王之子武庚被封于邶国。武王崩,武庚趁机叛乱,终被周公平定。故《周易》也是殷商从强大走向衰亡的历史。这种彼消此长的转化可以说贯穿《周

[①] 王弼、韩康伯注,孔颖达正义:《周易正义》,中国致公出版社,2009,第300页。

易》一书之始终。

《周易》本来是占筮之书,为什么同时又是历史著作呢?这是因为《周易》有两个既互相匹配,又各自独立的系统。一曰符号系统,二曰叙事系统。符号系统包括卦象、卦名、爻位(如初九,九二……九五,上九,用九等),及吉、凶、悔、吝等贞兆辞。这个系统是在《周易》产生之前就有的。

《周礼·春官宗伯》:"太卜,掌三易之法,一曰《连山》,二曰《归藏》,三曰《周易》。其经卦皆八,其别皆六十有四。"贾公彦疏:"皆八者,《连山》《归藏》《周易》,皆以八卦乾、坤、震、巽、坎、离、艮、兑为本,其别六十有四,郑云:谓重之数,通本相乘数之,为六十四也。"[1]

这说明《周易》的符号系统,是从《连山》《归藏》继承而来的。而《周易》区别于《连山》《归藏》的地方,正是它的叙事系统。其所叙之事正是商周之际的历史变迁。

为什么要在占筮之书中加入商周易代之际的历史呢?这要从商之贤臣箕子在商灭亡后为武王讲述《洪范·九畴》说起。《九畴》第七是"稽疑":

"立时人作卜筮,三人占则从二人之言。汝则有大疑,谋及乃心,谋及卿士,谋及庶人,谋及卜筮。汝则从,龟从,筮从,卿士从,庶民从,是之谓大同。"[2]

这说明商代时,人们已经懂得神道难知,决大事更多要依靠理性判断,所以才要谋及汝心、卿士、庶民。卜、筮在决策时所起的作用只各占五分之一而已。不过,商代的卜筮法,理性思考是在卜筮之外。到了《周易》,把百年来商周兴替的历史纳入《周易》的叙事系统,其目的是把这段历史的经验教训当作治国的借鉴。《尚书·周书·无逸》就是周公告诫年幼的成王要接受商朝逸豫亡身的历史教训。[3]《诗经·大雅·荡》也强调"殷鉴不远,在夏后之世。"[4]这说明周朝的统治者是非常重视商朝灭亡的历史教训的。把历

---

[1] 郑玄注,贾公彦疏:《周礼注疏》,上海古籍出版社,2010,第921—922页。
[2] 孔安国传,孔颖达正义:《尚书正义》,上海古籍出版社,2007,第467页。
[3] 孔安国传,孔颖达正义:《尚书正义》,上海古籍出版社,2007,第628页。
[4] 毛亨传,郑玄笺,孔颖达正义:《毛诗正义》(《十三经注疏》本),上海古籍出版社,1997,第554页。

史的经验教训直接当作判断吉凶悔吝的依据,无疑是占筮学的一大进步。

然而,《周易》终究是一部占筮之书。为了与固有的符号系统相匹配,同时也为了保留占筮之书的神秘性、普适性,《周易》的作者,往往屏蔽一些关键的信息,或打乱顺序,或做一些适度的变形处理,使《周易》的叙事晦涩难读。古人曾感叹《春秋》难读,讥之为"断烂朝报"。"经而无传,使圣人闭门思之,十年而不能知也。"① 但《春秋》记事,尚具备时间、地点、人物、事件、结果五个要素。如开篇隐公元年条:"夏,五月,郑伯克段于鄢。"② 而《周易》的记事,与之相比要简略到不能再简。如《兑》卦,初九:"和兑";九二:"孚兑";六三:"来兑";上六:"引兑"。时间、地点、人物,这些关键信息一概缺如,如果找不到正确的解决途径,闭门思之一百年也不知它说的是什么。

学术研究的目的就在于变看似不可解为可解。《周易》既然要把历史作为治国的借鉴,它就一定会留下打开历史之门的钥匙。

通过与《周易》十年面对面的对话,笔者发现,《周易》在每一卦中,都设置了一个关键的信息源,解开了这个信息源,全卦则迎刃而解。例如《兑》卦九四:"商兑未宁,介疾有喜"就是信息源。原来,"介疾有喜"说的是武王病危,又奇迹般康复的事。那么"商兑未宁"就不是传统解释"商量没有结果",而是"商之遗民还没有心悦诚服地归顺周朝,国家还未安宁"。解开了九四,《兑》卦也就有了特定的语境,原来看似毫无头绪的爻辞就变得清晰起来了。再举一例:《履》卦,它的信息源是六三:"眇能视,跛能履。履虎尾,咥人,凶。武人为于大君。""眇能视,跛能履"是比喻,比武人当了大君,不合格。"履虎尾,咥人。"是说有谁冒犯了这位大君,就会必死无疑。好在商周之际,可以称为大君的就两位,一位是武王,一位是纣王。很明显,影射的绝不会是武王,而只能是纣王。那么《履》卦卦义也就豁然明朗。

诗云:"它山之石,可以攻玉。"③ 前文曾说《尚书》《三礼》《诗经》《史

---

① 钱锺书:《管锥编》,中华书局,1979,第161页。
② 杜预注,孔颖达疏:《春秋左传正义》(《十三经注疏本》),上海古籍出版社,1997,第1714页。
③ 毛亨传,郑玄笺,孔颖达正义:《毛诗正义》(《十三经注疏》本),上海古籍出版社,1997,第433页。

记·周本纪》与《周易》共同构建了西周的建国史。但由于各有侧重,所以每部经典记录的都不是历史的全貌。只有把它们放到一起考察,找到它们的交集,才能还原这段历史的本来面貌。例如《蛊》卦"先甲三日,后甲三日",许多解读只知道这是卜日,却不知道卜日的意义何在,等于无解。只有读了《周礼·春官宗伯》:"凡祀大神、享大鬼、祭大示,帅执事而卜日。"①才知道,卜日是为祭祀天帝、宗庙、社稷。那么在什么情况下才要祭天帝、宗庙和社稷呢?

《礼记·王制》:"天子将出征,类乎上帝,宜乎社,造乎祢,祃于所征之地,受命于祖,受成于学。"②

昊天上帝即大神;社即大示;祢,是父庙,即大鬼。原来只有发生了大的战争,才须祭祀天地鬼神。那么商周之际,哪一次天子出征发生在甲日呢?

《尚书·周书·牧誓》:"时甲子昧爽,(武)王朝至于商郊牧野,乃誓。"③

原来就是武王伐纣的牧野之战。这个日子一经锁定,全卦内容也就明白贯通了。

《周易》一书,除记录了古公迁岐、王季伐鬼方、文王迁丰、武王伐纣、周公东征这些重大历史事件外,还记录了西周朝聘制度:《坤》卦、《需》卦、《观》卦;司法诉讼制度:《讼》卦、《噬嗑》卦;农业:《小畜》《大有》;畜牧业生产:《大畜》;商业活动:《旅》卦。此外,《周易》还记录了当时的婚姻文化:有反映贵族婚姻制度的《归妹》,也有记录平民迎亲全过程的《贲》卦,还有记录婚礼全过程的《姤》卦,描写洞房花烛之夜的《咸》卦,以及反映最底层鳏寡孤独、刑余之人悲惨生活的《睽》卦。总之,《周易》几乎全景式地反映了西周广阔的社会生活。窃以为,《周易》作者的历史视野,要比《春秋》作者更为开阔。因为《春秋》更偏重宫廷政治,对于底层百姓的日常生活则很少关注。

正因为《周易》屏蔽了历史记录中的一些关键信息,让人读来扑朔迷离,

---

① 郑玄注,贾公彦疏:《周礼注疏》,上海古籍出版社,2010,第692页。
② 郑玄注,孔颖达正义:《礼记正义》(《十三经注疏》本),上海古籍出版社,1997,第1333页。
③ 孔安国传,孔颖达正义:《尚书正义》,上海古籍出版社,2007,第419页。

似懂非懂。如《否》卦六二："包承"、六三："包羞"；《大有》卦九四："非其彭"；《豫》卦六二："介于石,不终日"；九四："由豫,大有得。朋合簪"；《大畜》卦六四："童牛之牿"；六五："豶豕之牙"；《晋》卦卦辞："康侯用锡马蕃庶,昼日三接"；《革》卦九三："革言三就"；《巽》卦九五："先庚三日,后庚三日"等等,几乎所有的人都在猜谜,解释得五花八门,无奇不有。使《周易》成为六经中最难读懂的一部经典。随着时光流逝,时代渐远,《周易》的历史属性越来越淡化,最终被人忽略,成了纯粹的占筮之书。我所做的工作,只不过是要找回《周易》本来就有的历史属性而已。

我们今天读《周易》,当然不再是为了占筮吉凶悔吝,而是继承和弘扬中华传统文化的需要。试想连中华文化元典之首的《周易》都没能读懂,继承弘扬传统文化云云,岂非一句空话？本书如能对读者正确理解《周易》有所帮助,我将倍感欣慰。

目 录

一、乾卦(乾下乾上)……………………………………（1）
二、坤卦(坤下坤上)……………………………………（6）
三、屯卦(震下坎上)……………………………………（14）
四、蒙卦(坎下艮上)……………………………………（20）
五、需卦(乾下坎上)……………………………………（24）
六、讼卦(坎下乾上)……………………………………（29）
七、师卦(坎下坤上)……………………………………（33）
八、比卦(坤下坎上)……………………………………（39）
九、小畜卦(乾下巽上)…………………………………（43）
十、履卦(兑下乾上)……………………………………（46）
十一、泰卦(乾下坤上)…………………………………（50）
十二、否卦(坤下乾上)…………………………………（50）
十三、同人卦(离下乾上)………………………………（61）
十四、大有卦(乾下离上)………………………………（67）
十五、谦卦(艮下坤上)…………………………………（73）
十六、豫卦(坤下震上)…………………………………（77）
十七、随卦(震下兑上)…………………………………（81）
三十、离卦(离下离上)…………………………………（81）
十八、蛊卦(巽下艮上)…………………………………（87）
十九、临卦(兑下坤上)…………………………………（92）

· 1 ·

二十、观卦(坤下巽上)	(95)
二十一、噬嗑卦(震下离上)	(99)
二十七、颐卦(震下艮上)	(99)
二十二、贲卦(离下艮上)	(104)
二十三、剥卦(坤下艮上)	(107)
二十四、复卦(震下坤上)	(107)
二十五、无妄卦(震下乾上)	(113)
二十六、大畜卦(乾下艮上)	(116)
二十八、大过卦(巽下兑上)	(122)
二十九、坎卦(坎下坎上)	(125)
三十一、咸卦(艮下兑上)	(128)
三十二、恒卦(巽下震上)	(132)
三十三、遁卦(艮下乾上)	(137)
三十四、大壮卦(乾下震上)	(140)
三十五、晋卦(坤下离上)	(144)
三十六、明夷卦(离下坤上)	(151)
三十七、家人卦(离下巽上)	(155)
三十八、睽卦(兑下离上)	(159)
三十九、蹇卦(艮下坎上)	(165)
四十、解卦(坎下震上)	(169)
四十一、损卦(兑下艮上)	(174)
四十二、益卦(震下巽上)	(180)
四十三、夬卦(乾下兑上)	(183)
四十四、姤卦(巽下乾上)	(189)
四十五、萃卦(坤下兑上)	(194)
四十六、升卦(巽下坤上)	(194)
四十七、困卦(坎下兑上)	(200)
四十八、井卦(巽下坎上)	(205)
四十九、革卦(离下兑上)	(210)

五十、鼎卦(巽下离上)	(216)
五十一、震卦(震下震上)	(220)
五十二、艮卦(艮下艮上)	(225)
五十三、渐卦(艮下巽上)	(230)
五十四、归妹卦(兑下震上)	(235)
五十五、丰卦(离下震上)	(241)
五十六、旅卦(艮下离上)	(247)
五十七、巽卦(巽下巽上)	(251)
五十八、兑卦(兑下兑上)	(256)
五十九、涣卦(坎下巽上)	(260)
六十、节卦(兑下坎上)	(264)
六十一、中孚卦(兑下巽上)	(267)
六十二、小过卦(艮下震上)	(272)
六十三、既济卦(离下坎上)	(277)
六十四、未济卦(坎下离上)	(277)
参考文献	(284)
书后赘语	(287)

一、乾卦(乾下乾上)

乾卦

用九:见群龙无首。吉。
上九:亢龙有悔。
九五:飞龙在天。利见大人。
九四:或跃在渊。无咎。
九三:君子终日乾乾,夕惕若厉。无咎。
九二:见龙在田。利见大人。
初九:潜龙勿用。
乾:元亨利贞。

卦辞:元者,大也;亨者,通也,即大亨通!利贞,占筮有利。这是大吉之卦。

《说文》:"贞,卜问也。"①

占龟之谓卜,占草之谓筮。在《周易》中做占筮讲。

再说爻辞。阳爻称九,阴爻称六。九是天数一三五七九中最大者,称老阳,是可变之爻。九是怎么得来的?是占筮时,用49根蓍草,经过分两、挂一、揲四、归扐而来,属于占筮学,不在我们讨论范围之内。读卦顺序自下而上,称之为初九、九二、九三、九四、九五、上九。

初九:潜龙勿用。

"潜龙",比喻君子在德行才智不为人所知,不为世所用时的生存状态。"勿用",不要急于用世,要善于韬光养晦。就像潜龙,处于蛰伏状态,不能兴云作雨一样。那么这所谓"君子"是实有其人呢?还是泛指呢?窃以为,应

---

① 许慎撰:《说文解字》,中华书局,1963,第69页。

该是实有其人。因为史者,鉴往以知来也。

《系辞传·下》:"夫《易》彰往而查来,而微显阐幽……"

"彰往"即考察过往之历史。只有是真的发生过的人和事,才有借鉴意义,也才能"查来"。虚构的人和事是不具备借鉴价值的。《系辞传》接着还说:

"《易》之兴也,其当殷之末世,周之盛德邪?当文王与纣之事邪?"①

因此可知这位君子也应是商周之际的一位风云人物,其人其事足以留名史册,才会在《乾》卦中为他树碑立传。

在商周之际,哪一位重要的历史人物,曾有"潜龙勿用"的人生经历呢?没有别人,只有一位,那就是姜太公。因为在商周之际,除太公外,所有在历史上留下重要足迹的人物都是贵族。其君其臣身世都非常显赫,绝不会有"潜龙勿用"的人生经历。唯独姜太公,连司马迁在《史记·齐太公世家》中对姜太公出世之前的那段历史也说不清楚。先记传说:

"吕尚盖尝穷困,年老矣,以渔钓奸周西伯。西伯将出猎,卜之,曰'所获非龙非彲,非虎非罴,所获霸王之辅。'于是周西伯猎,果遇太公于渭之阳。与语大说。曰:'自吾先君太公曰:当有圣人适周,周以兴。子真是邪?吾太公望子久矣。'故号之曰'太公望'。载以俱归。"

对这样的传说,司马迁用一"盖"字,意思是说,大家都这么说,姑妄听之而已。

接着又记述了各种各样的说法:

"或曰:太公博闻,尝事纣。纣无道,去之。游说诸侯,无所遇,而卒西归周西伯。"

"或曰:吕尚处士,隐海滨。周西伯拘羑里,散宜生、闳天素知而招吕尚。吕尚亦曰:'吾闻西伯贤,又善养老,盍往焉!'三人者为西伯求美女奇物,献之于纣,以赎西伯。西伯得以出,反国。"

第二种说法大约更近事实。尤其是说他是"处士",曾"隐海滨",不就是"潜龙勿用"吗!可以说,"潜龙勿用"就是姜太公所独有的身份信息密码。太公就是《乾》卦的卦主。全卦以龙为喻,记述了太公在不同境遇之下

---

① 王弼、韩康伯注,孔颖达正义:《周易正义》,中国致公出版社,2009,第300页。

一、乾卦（乾下乾上）

的处世之道。

九二：见龙在田。利见大人。

卦主既明，此后五爻就可迎刃而解了。"见龙在田"是说当他认为时机成熟时，该出来建功立业了，就结束了隐居状态。"利见大人"，大人即是文王。一出手，就救文王于危难之中，显露出智谋过人。从此得以依附文王，干出一番惊天动地的大事业。

九三：君子终日乾乾，夕惕若厉。无咎。

既知君子为太公，故标点仍应以《周易正义》为准，不再用通行本"夕惕若，厉，无咎"来断句。

太公年老，武王时尊之为师尚父，视为父辈。而武王伐纣时六十岁左右，视之为父，则至少长其一个年龄段，七十余岁。时不我与之心态一定非常强烈，所以"终日乾乾"，夜以继日，不知休息。"乾"者，健也。"惕"者，惧也。奋进不止，与时间赛跑，总是处于戒惧状态。故虽遇厉（危险，危机）亦无咎。

顺带说一句，现在人所共知的励志格言"天行健，君子以自强不息"，就是《易传·象传》根据此爻生发出来的，从而扩大了本义的思想价值。

九四：或跃在渊。无咎。

"或"，太公也。以龙为喻，龙跃在渊，得其所哉！

《史记·齐太公世家》："其事多兵权与奇计，故后世之言兵及周之阴权皆宗太公为本谋。……伐崇，密须，犬夷，大作丰邑。天下三分，其二归周者，太公之谋计居多。"[1]

正是"海为龙世界"，大展宏图，此即"或跃在渊"。

九五：飞龙在天。利见大人。

九二是"利见大人"，到九五又是"利见大人"，区别何在？

《周易正义》王弼注："（九二）虽非君位，君之德也。"

即有人君之德，却无人君之位的大人。在注九五时说：

---

[1] 司马迁：《史记》，中华书局，1962，第1478页。

· 3 ·

"以至德而处盛位。"①

指的是既有君德,又有君位之大人。尽管王弼只是猜测,但的确是猜对了。可惜没有进一步探究"有君德而无君位"者和"以至德而处盛位"者到底是谁,从而与彻底解开此卦失之交臂。窃以为,"有君德而无君位"者,就是文王。"三分天下有其二"犹服事殷,就是无君位。"以至德而处盛位"者,就是武王。在太公的辅佐下,终于一举灭商,君临天下。而太公的功业也由于灭商而达到辉煌的巅峰,此即"飞龙在天"也!对于太公在伐纣灭商中的功绩,《诗经·大雅·大明》有非常生动的描写:

"牧野洋洋,檀车煌煌,驷騵彭彭。维师尚父,时维鹰扬。凉彼武王,肆伐大商。会朝清明。"②

太公当时以耄耋之年,指挥大军,老当益壮,意气风发。而在《周本纪》和《齐太公世家》中,太公在伐纣中的地位有更细致的描写。第一次孟津之会时:

"师尚父左杖黄钺,右把白旄以誓,曰:'总尔众庶,与尔舟楫,后至者斩!'"

真可谓是威风八面。牧野之战时:

"武王将伐纣,卜,龟兆不吉,风雨暴至。群公尽惧。惟太公强之劝武王,武王于是遂行。"③

可见太公在伐纣中不可替代的作用。

上九:亢龙有悔。

"亢"者,高也。灭商,太公之功业达到辉煌的顶点。而受封于齐,为群臣之首封,也是诸侯之首。太公职位为太师,周公为太傅,召公为太保。太公又为三公之首。无论从哪个角度看,都是位极人臣!此为"亢龙"也。到了如此地位,倘若不知韬光养晦,急流勇退,那么太公的智慧何在?所以,在周史中,灭商之后,太公好像突然失声,再无任何建言献策,在朝就像尸位素

---

① 王弼、韩康伯注,孔颖达正义:《周易正义》,中国致公出版社,2009,第11-14页。
② 毛亨传,郑玄笺,孔颖达疏:《毛诗正义》(《十三经注疏》本),上海古籍出版社,1997,第508页。
③ 司马迁:《史记》,中华书局,1962,第1477-1480页。

餐一样,全是"二把手"太傅周公在主政。而且"三公"中,也只有太公就国,远离朝廷这一政治中心,回到东海之滨的齐国,做他的诸侯国君去了。这不能不说是懂得何时该进,何时该退,进时"终日乾乾",退时当机立断,毫不恋栈之大智慧!此之谓"亢龙有悔"!

用九:见群龙无首。吉。

《乾》卦"用九",《坤》卦"用六",在六十四卦中,是特殊的存在,是其余六十二卦都没有的卦外之爻。所以也有称《周易》不是三百八十四爻,而是三百八十六爻的。

我曾说:《周易》有两个系统:一是符号系统,是原来就有的。一是叙事系统,是周公去世后,才出现的。用九、用六,就是固有的符号系统。何以知之?因只有通过打卦,经过分两、挂一、揲四、归扐四个步骤,三变成一爻,十有八变成一卦。而只有六阳爻均为九时,才是"用九"。六阴爻均为六时,才是"用六"。九、六都是变爻。"穷则变,变则通",六爻全变,没有主爻。因为《乾》卦六爻均以龙为喻,全卦六爻,就是六龙,也就是群龙。没有主爻,就是无首。

《周易正义》孔疏:"九,天德也。若体乾元,圣人能用天德,则见群龙之义。群龙之义,以无首为吉。……言六爻俱九,乃共成天德,非是一爻之九,则为天德也。"[1]

在六爻中两个系统匹配得非常好,完全没有违和感。而"用九",则匹配得若即若离。以龙为喻为若即。"群龙无首"而吉,从叙事系统看,找不到文献依据,是若离。

---

[1] 王弼、韩康伯注,孔颖达正义:《周易正义》,中国致公出版社,2009,第14页。

二、坤卦(坤下坤上)

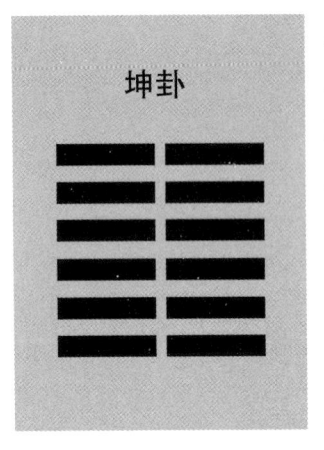

坤卦

用六：利永贞。
上六：龙战于野，其血玄黄。
六五：黄裳。元吉。
六四：括囊。无咎无誉。
六三：含章可贞。或从王事，无成有终。
六二：直，方，大。不习无不利。
初六：履霜，坚冰至。
坤：元亨，利牝马之贞。君子有攸往，先迷，后得主利。西南得朋，东北丧朋。安贞吉。

先看卦象。

《坤》，坤下坤上。六爻皆阴。阴爻称六。坤者顺也。乾健，坤顺。顺者，非顺利之顺，而是柔顺之顺，驯顺之顺。成语"六六大顺"，虽是因此而来，但却把柔顺、顺服解释成顺利，与本义不符。君子法天，自强不息，为何还要法地，柔顺驯服呢？这是在不同环境下扮演不同身份的结果。譬如诸侯国君，在封国之内，他是一国之君，当然是主，要求臣下对他无条件服从。但在天子面前，他就成了臣子，驯顺得很！

卦辞：元亨，利牝马之贞。君子有攸往，先迷，后得主利。西南得朋，东北丧朋。安贞吉。

大通顺。占筮牝马有利。《乾》卦阳刚，取象为龙。《坤》卦柔顺，取象牝马。从"君子有攸往"可知，此卦为行旅卦。攸，通悠，长也。凡《易经》中"有攸往"，都是长途跋涉，远行。那么，远行的目的是什么？李镜池认为是经商,①但从六三"或从王事,无成有终"来看,不是经商,而是出使。

《礼记·聘义》:"故天子制诸侯,比年小聘,三年大聘。相厉以礼。"②

《周礼·秋官司寇》:"小行人:使适四方,协九仪。……存、覜、省、聘、问,臣之礼也。"③

小行人官阶为下大夫,即"君子有攸往"之君子。"西南得朋,东北丧朋",李镜池把"朋"解释成朋贝,即货币。④ 也不可信。理由有二,一是上古以贝为币,十贝为一朋。若经商,尤其是为朝廷经商,得到或失去十个贝,小事一桩,完全可以忽略不计,用不着占卜吉凶。二是《易经》中有《旅》卦,专讲经商的,称丢钱为"丧其资斧",不称"丧朋"。那么,按"从王事"为聘问诸侯来说,"朋"应该是朋友,即友邦。

为什么"西南得朋,东北丧朋"是"安贞吉"呢?这首先得从八卦所处方位去求解。八卦以"乾"为西北(武则天的陵墓称乾陵,因为在长安西北的乾县),然后顺时针方向,依次是,坎,北方;艮,东北;震,东方;巽,东南;离,南方;坤,西南;兑,西方。(见《说卦传》)⑤占得《坤》卦,自然是西南方向为吉,相反东北方向为不吉。出使西南,得到友邦盛情款待,想必是出使东北时,没有交到朋友。这就是"先迷,后得主利"。其次要从西周建国之初,与周边邻国的关系来看,北方为戎狄、鬼方,东部是密、崇等方国,都是不友好的国家,而西南各国,却都是后来追随周武王伐纣的国家。

因此,卦辞"利牝马之贞",就还有第二层含义:聘礼。出使的最高规格是执圭,与之相应的礼物是马。

《周礼·秋官司寇》:"合六币。圭以马,璋以皮(虎豹之皮也),璧以帛,琮以锦,琥以绣,璜以黼,此六物者,以和诸侯之好故。"郑玄注:"此亦小行人至诸侯之国也。"使者执圭,礼物配套的是"匹马卓上,九马随之"。⑥

---

① 李镜池:《周易通义》,中华书局,1981,第5-8页。
② 郑玄注,孔颖达正义:《礼记正义》(《十三经注疏》本),上海古籍出版社,1997,第1693页。
③ 郑玄注,贾公彦疏:《周礼注疏》,上海古籍出版社,2010,第1460页。
④ 李镜池:《周易通义》,中华书局,1981,第5-8页。
⑤ 王弼、韩康伯注,孔颖达正义:《周易正义》,中国致公出版社,2009,第307页。
⑥ 郑玄注,贾公彦疏:《周礼注疏》,上海古籍出版社,2010,第1463页。

卓马,良马,也是种马。九马,则是一般的马,都是牝马,但可繁育良马。其余五币,以此类推。由于"圭以马"是最高规格,故利贞。

初六:履霜,坚冰至。

有两种解释。

《象传》云:"履霜坚冰,阴始凝也。驯致其道,至坚冰也。"

意思是说,踏着严霜,说明阴气开始凝聚,按照自然规律推测,很快结冰的日子就要到了,见微知著的意思,讲得通。在《文言》部分,又有进一步引申:

"积善之家,必有余庆,积不善之家,必有余殃。臣弑其君,子弑其父,非一朝一夕之故,其所由来者渐矣,由辩之不早辩也。"①

很明显,是春秋战国时期儒生对现实的感慨,因为在商周之际,还未有"臣弑其君"的先例。故非《周易》之本义。

要追寻此爻之本义,还须从卦辞中去找依据。"君子有攸往",是此爻提示,出发时已是岁末(周历十二月,夏历十月),路上已降严霜,待到达目的地时,已是来年二月(周历二月,夏历腊月),路上已结厚厚的坚冰了。足见路途遥远,跋涉的艰辛。

怎么知道出发与到达的具体时间呢?这里要讲点古代历法知识,及卦象与月令的对应关系。周历建子,夏历建寅。周历的正月是夏历的十一月,而夏历的正月是周历的三月。在使用时,凡历史记载,必用周历,谓之奉正朔。如《春秋》开篇:"隐公元年王正月",就是周历正月。但夏历更符合农业生产规律,更科学。孔子曾说他的理想是"行夏之时,乘殷之辂,服周之冕"。② 所以在讲到农业生产时又用夏历。还有时混用。《诗经·豳风·七月》:"七月流火,九月授衣"是夏历。"二之日凿冰冲冲,三之日纳于凌阴"是周历。二之日就是夏历腊月,三之日是夏历正月。

在《周易》中,把周历岁首用《复》卦来表示,取一阳复始之义。然后《临》卦,二月;《泰》卦,三月;《大壮》卦,四月;《夬》卦,五月;《乾》卦,六月;

---

① 王弼、韩康伯注,孔颖达正义:《周易正义》,中国致公出版社,2009,第37页。
② 何晏注,邢昺疏:《论语注疏》(《十三经注疏》本),上海古籍出版社,1997,第2517页。

《姤》卦,七月;《遯》卦,八月;《否》卦,九月;《观》卦,十月;《剥》卦,十一月;《坤》卦,岁末,十二月。故履霜出发必是周历十二月岁末,换算成夏历乃十月初冬。到达时已结坚冰:"二之日凿冰冲冲",换算成夏历为腊月岁末。

《诗经·小雅·采薇》:"采薇采薇,薇亦刚止,曰归曰归,岁亦阳止。"《毛诗正义》郑玄笺:"十月为阳,时坤用事,嫌于无阳,故以名此月为阳。"[1]

也是说坤为夏历十月,周历岁末。

六二:直,方,大。不习无不利。

"直,方,大",是使臣对大地品格的体悟。天圆地方,乃古人对天地的认识,没有歧义。大是辽阔广大,也无歧义。关键是"直"字该如何解释。地上没有直路,说地是直的,肯定没人认同。窃以为,"直"是"真"的本字。上古无"真"字,《论语》里与"真"相近的意思都用"直"字。

"或曰:'吾党有直躬者,其父攘羊,而子证之。'孔子曰:'吾党之直者异于是,父为子隐,子为父隐,直在其中矣。'"[2]

父子相隐,出于真情,就是直。"真"字,无论是音、形、义都是直、人二字合成的。明乎此,那么这个"直"字可解释为真实,实在。脚踏实地,给人以踏实之感。《易传》:"地势坤,君子以厚德载物",就是以此爻为依据的。

"不习无不利。"是讲君子以地道直、方、大为法,那么,即使是出使不熟悉的方国,只要真诚、正直、大度、包容,也无往不利。

六三:含章可贞。或从王事,无成有终。

"含章",大地蕴含着文采。根据初六"履霜"之提示,出使方向为西南,周之西南当在武功、太白、汉中、巴蜀一带。秦岭内外,漫山遍野,岭树经霜,五彩斑斓,山川如画。"可贞"之"可",肯定之辞也。

"或从王事"之"或",犹《乾》卦九三"或跃于渊"之"或",代指君子。"王事",李镜池解为大事,即战争。所以把"无成有终"解为不能成功,要使之终止。周振甫认为终止战争的说法,与卦义不符。把"无成有终",解释为

---

[1] 毛亨传,郑玄笺,孔颖达疏:《毛诗正义》(《十三经注疏》本),上海古籍出版社,1997,第412页。

[2] 何晏注,邢昺疏:《论语注疏》(《十三经注疏》本),上海古籍出版社,1997,第2507页。

"没有成法,但有结果"。① 这其实还是延续《坤卦·文言》的说法:坤是"地道也,妻道也,臣道也,不敢成也",只可称有终。强调的是天尊地卑,君尊臣卑,夫尊妻卑的封建伦理,不可信。

我的理解是,这里说的王事,不是战争,从"含章可贞"看,无论如何都与战争联系不到一起,而是指出使。

《诗经·小雅·四牡》:"岂不怀归,王事靡盬。"《毛传》:"劳使臣之来也。"②

《小雅·北山》:"或栖迟偃仰,或王事鞅掌。"③

都是写经营四方的使臣发牢骚,认为大夫用人苦乐不均。可见"王事"在这里,不是指战争,而是出使邻国。

"无成有终",我认为此前的解释都不合理,因为没弄明白这句话是古汉语的一种特殊的语法形式:互文相足。《管锥编》有一则关于《左传》宣公十四年的记载"郑昭宋聋",孔颖达《正义》解释说:

"郑昭言其目明,则宋不明也。宋聋,言其耳暗,则郑不暗也。耳目各举一事而对以相反。"④

"无成有终"也是互文相足,与"无成"相对应为有功,与"终"相对应为"始"。这句话正确的解释应该是:君子从事王事,经营四方,始虽无成,终则有功。这与卦辞"君子有攸往,先迷,后得主利"正好一致。

六四:括囊。无咎无誉。

按传统解释,"括囊"是比喻,扎紧口袋,虽不会丢失东西,但也装不进东西。比喻语言谨慎,虽然不会惹祸,但也得不到荣耀。

但既然明确了《坤》卦乃是写行人聘问之礼,那么传统解释就不着边际了。据《仪礼·聘礼》,使者所献聘礼除前面讲的圭璋、马匹、束帛外,还有

---

① 李镜池:《周易通义》,中华书局,1981,第7页。周振甫:《周易译注》,中华书局,1991,第15页。

② 毛亨传,郑玄笺,孔颖达疏:《毛诗正义》(《十三经注疏》本),上海古籍出版社,1997,第406页。

③ 毛亨传,郑玄笺,孔颖达疏:《毛诗正义》(《十三经注疏》本),上海古籍出版社,1997,第463页。

④ 钱锺书:《管锥编》,中华书局,1979,第27页。

"土物有宜",因为"君子不以所无为礼"。① 说明白些,就是还要带上不少土特产,是出使的对象国所没有的。所以"括囊",是实实在在地整理行囊,装满了给对方国家的礼物。这种礼物又称为"庭实",因为到达对方国家之后,要把礼物在宫廷中陈列。

何谓"无咎无誉"?

据《礼记·聘义》和《仪礼·聘礼》可知,使者向对方敬献聘礼,待到完成使命,将要返回本国时,对方是要还礼的。

"以圭璋聘,重礼也。已聘而还圭璋,此轻财而重礼之义也。"②

不仅圭璋原物奉还,还要回赠许多别的礼物。而礼物的价值则视使者所献聘礼而定,不能多,也不能少。因为"多货则伤于德,币美则没礼"。怎么才能保证回赠的礼物与所赠之礼物价值相等呢?原来,使者一入境,主国的接待人员中,就包括贾人(贾,读物价之价,而不读商贾之贾),就是官府派驻市场负责定价之专家,相当于现在物价局之工作人员。贾人要对使者所献"土物"进行价值评估,然后决定送多少自己国家的土特产。这就是常说的"礼尚往来,来而不往非礼也"。可见无论是出使国,还是对象国都是无失无得,两不亏欠。这便是"括囊。无咎无誉"。

六五:黄裳。元吉。

几乎所有版本都简单地译为"黄色的下衣,大吉"。为什么黄色下衣就是大吉,谁也说不清楚。为什么说不清楚?因为给出的信息太简略,不完整。但学术研究就是要变不可知为可知,就是要根据已知去求未知。那么已知是什么?"初六:履霜,坚冰至。"初六是出发点,那么六五就应该是到达了目的地,这是"黄裳。元吉"的环境背景。再说关于"黄裳",我们可以知道什么。《诗》云:"他山之石,可以攻玉",《诗经》中关于"裳"的表述较多。

《小雅·斯干》:"乃生男子,载寝之床,载衣之裳,载弄之璋。"朱熹《诗

---

① 郑玄注,贾公彦疏:《仪礼注疏》(《十三经注疏》本),上海古籍出版社,1997,第1074页。
② 郑玄注,孔颖达正义:《礼记正义》(《十三经注疏》本),上海古籍出版社,1997,第1693页。

集传》注云:"衣之以裳,服之盛也。"①

可见"裳"非一般的下衣,不是裤,不是裈,而是罩在裤外类似于裙的服饰,是君子才能穿的正装。

《豳风·十月》:"我朱孔阳,为公子裳。"②

《齐风·东方未明》:"东方未明,颠倒衣裳。颠之倒之,自公召之。"③

国君紧急召见,再慌乱,也要衣之以裳。

《邶风·绿衣》:"绿兮衣兮,绿衣黄裳。心之忧矣,盍惟其亡。"④

衣裳还在,缝裳之人已亡,睹物思人,心忧难忘。可见穿着黄裳一定是在隆重的场合。那么,出使到达目的地后,主客双方隆重会见,自然要着正装,以示友好。

《仪礼·聘礼》:"(使臣)入境,敛旜乃展。布幕,宾朝服立于幕东西面。……君使卿朝服,用束帛劳。"⑤

所谓"敛旜乃展",就是把路途中卷起来的旗帜展开,穿上朝服。接待方也着朝服,双方正式会面。"黄裳"就是朝服。自己的使命终于完成了,堪称大吉。

上六:龙战于野,其血玄黄。

上六乃《坤》卦之极,极则生变,阴变为阳,柔变为刚。《坤》与《乾》是对卦,变总是向对立面转换的。《坤》取象为马,《乾》取象为龙,所以此爻马变为龙。二龙相争,天地玄黄,鲜血淋漓。然,马是实象,龙是虚拟之象。所以"龙战于野"云云,亦非实象,只是借此表达一种思考:即弱势的一方,一旦变为强势,不再驯顺,原有的乾健坤顺、阳刚阴柔的稳定就会被打破,就会对已

---

① 朱熹:《诗集传》,上海古籍出版社,1980,第 126 页。
② 毛亨传,郑玄笺,孔颖达正义:《毛诗正义》(《十三经注疏》本),上海古籍出版社,1997,第 390 页。
③ 毛亨传,郑玄笺,孔颖达正义:《毛诗正义》(《十三经注疏》本),上海古籍出版社,1997,第 350 页。
④ 毛亨传,郑玄笺,孔颖达正义:《毛诗正义》(《十三经注疏》本),上海古籍出版社,1997,第 297 页。
⑤ 郑玄注,贾公彦疏:《仪礼注疏》(《十三经注疏本》),上海古籍出版社,1997,第 1048 页。

有秩序形成挑衅,构成威胁。强势的一方一定不会坐视不理,这便有争斗,甚至战争。争战的结果无非两种,一种挑衅失败,恢复原有秩序,挑战者要等待下一次机会的到来。另一种就是挑衅成功,强弱双方地位转换,形成新的稳定秩序。

李镜池认为龙战是实象,龙即蛇。[①] 野外二蛇相争,哪会有如此令人惊心动魄的气势!况且,马变为蛇,也与阴变为阳,柔变为刚的卦象不符,故我不取。

联系到当时特定的历史阶段,那么"龙战于野"就应该是周与殷商的决战,"野"即"牧野"。"牧野之战"的结果是纣王自杀,殷商灭亡。周取代商成为天下共主。武王封纣王之子武庚禄父于邶,奉商之宗庙。新的秩序取代了旧有秩序。

《尚书·周书·武成》:"甲子昧爽,受(纣王)率其旅若林,会于牧野。周有敌于我师,前徒倒戈,攻于后,以北,血流漂杵。"[②]

此即"龙战于野,其血玄黄'之谓也。那么,"牧野之战"与《坤》卦主题出使西南有何关系?答曰:正是由于与西南各方国成为友好盟邦,才使周有足够的力量发动牧野之战。武王在盟津会师,虽号称八百诸侯,但在《牧誓》中,特别点出八个盟国:庸,蜀,羌,髳,微,纑,彭,濮。孔疏:"此八国皆西南夷也。"[③]

用六:利永贞。

《坤》卦六爻全变,《坤》变为《乾》,成为主导,而同时《乾》变为《坤》,表示顺服。新的稳定秩序形成了,故有利于长治久安。

---

① 李镜池:《周易通义》,中华书局,1981,第 7 页。
② 孔安国传,孔颖达正义:《尚书正义》,上海古籍出版社,2007,第 435 页。
③ 孔安国传,孔颖达正义:《尚书正义》,上海古籍出版社,2007,第 422 页。

三、屯卦(震下坎上)

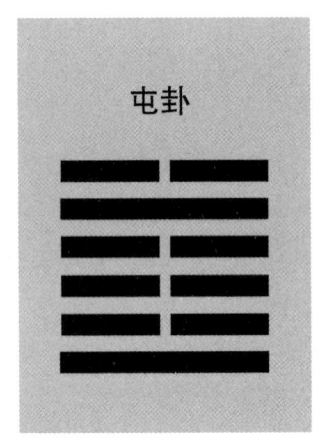

屯卦

上六:乘马班如,泣血涟如。
九五:屯其膏。小贞吉,大贞凶。
六四:乘马班如,求婚媾。往吉。无不利。
六三:即鹿无虞,惟入于林中。君子几,不如舍,往吝。
六二:屯如邅如,乘马班如。匪寇婚媾。女子贞不字,十年乃字。
初九:磐桓。利居贞,利建侯。
屯:元亨利贞。勿用有攸往。利建侯。

先说卦名。

《说文》:"屯,难也。象草木之初生。屯然而难。从中贯一,一地也。尾曲。"①

草初生时努力钻出地面,根系往深土里扎,以致根部弯曲,表示出生之艰难。又,草之生往往是丛聚状态,所以"屯"又训聚。"屯"加"阝"则为"邨",古"村"字,人所聚居也。故"屯"在卦中有二义:一曰艰难,二曰屯聚。

再看卦象。震下坎上,震为雷,坎为水,水在天上则为云。也就是说,天上乌云密布,地上雷声隆隆,但雨就是下不来,艰难之象。《屯》卦六爻,讲的都是艰难之事,婚姻难,生子难,狩猎难。各种版本对此并无歧义,但却有一个问题解释不通,既然诸事艰难,为什么贞兆辞却是"元亨利贞"?须知"元亨利贞"即大吉大利啊!《乾》卦是"元亨利贞",好理解,而《坤》卦才是"元

---

① 许慎:《说文解字》,中华书局,1963,第15页。

亨,利牝马之贞"。所以,把《屯》卦六爻分别解释,无论如何都不能令人满意。

我解读此卦,把"元亨利贞"当作一以贯之的纲,把"利建侯"当作解读此卦的钥匙,认为此卦乃是西周建国史之第一章。"建侯"即建国,建国之路自然是艰难的!开辟草莱,百事待举,岂能不难!但建国却是一个民族振兴的标志、起点,当然是大吉大利,再难也是值得的。

由于本卦卦辞和初九爻辞相连接,故我把它们放在一起解释。

卦辞:元亨利贞。勿用有攸往。利建侯。

初九:磐桓。利居贞,利建侯。

我们首先看给出的信息,可以读出多少内容。"磐桓",即徘徊,欲进不进貌。这说明在此之前,是一直处于行进状态,现在停了下来。行止磐桓,透露内心的犹豫,拿不定主意。卜筮所以决疑,故诉诸神灵。占卜的结果,是"勿用有攸往。利居贞,利建侯"。即不要再长途跋涉了,安居乐业有利,建国有利。这也说明此前不能安居,也未曾建国。

周朝的建国是从古公亶父自豳迁岐开始的。在此之前只能称豳人,其地理位置在今陕西彬县一带。当时只是部族,而非方国。为避狄人侵扰,在部族首领古公亶父率领下,长途跋涉,来到岐山之阳的周原,定居下来,才改称周,并开始建立国家制度。《屯》卦的卦辞和初九的爻辞记述的就是这段历史。如果这样解读是合理的,但还需要有力的史料证据来证明,史料何在? 就在《诗经·大雅·绵》中。节选如下:

绵绵瓜瓞,民之初生。自土沮漆,古公亶父。陶复陶穴,未有家室。
古公亶父,来朝走马。率西水浒,至于岐下。……周原膴膴,堇荼如饴。
爰始爰谋,爰契我龟。曰止曰时,筑室于兹。[①]

在迁岐之前,"陶复陶穴",住的是窑洞和地穴。在古公率领下,沿着河边,来到岐山脚下,看到这里土地肥沃,连苦菜都是甜的。所以停了下来,商量,占卜,终于决定在此定居,并开始建立国家机构。这不就是《屯》卦卦辞

[①] 毛亨传,郑玄笺,孔颖达正义:《毛诗正义》(《十三经注疏》本),上海古籍出版社,1997,第509-511页。

和初九爻辞最好的注释吗！

《史记·周本纪》对这段历史是这样记载的：

"古公亶父复修后稷、公刘之业，积德行义，国人皆戴之。薰育戎狄攻之，欲得财物，予之。已复攻，欲得地与民。民皆怒，欲战。古公曰：'有民立君，将以利之。今戎狄所为攻战，以吾地与民。民之在我，与其在彼，何异？民欲以我故战，杀人父子而君之，予不忍为。'乃与私属遂去豳，渡漆、沮，逾梁山，止于岐下。豳人举国扶老携弱，尽复归古公于岐下。"①

自豳迁岐，在周族发展史上，可谓是开天辟地的大事。经过王季、文王、武王，近一百年的发展壮大，终于一举灭商，成为天下共主。而古公亶父也因此被追谥为太王。

关于开垦荒地，建造家室，也就是所谓"利居贞"，《绵》诗也有生动的描述：

乃慰乃止，乃左乃右。乃疆乃理，乃宣乃亩。自西徂东，周爰执事。

乃召司空，乃召司徒。俾立室家。其绳则直，缩版以载，作庙翼翼。

捄之陾陾，度之薨薨，筑之登登，削屡冯冯，百堵皆兴，鼛鼓弗胜。

乃立皋门，皋门有伉。乃立应门，应门将将。乃立冢土，戎丑攸行。②

宫室、宗庙、王门、社稷，都一一建立了起来，这些都是国家标志性建筑。国家既建，庶民也就可以安居乐业了，此即"利居贞，利建侯"。

六二：屯如邅如，乘马班如。匪寇婚媾。女子贞不字，十年乃字。

定居下来之后，除去房子，最重要的事是什么？是家室，娶妻生子，繁衍后代。而这在迁徙途中是不可能的。现在定居下来，族人的婚姻就是首要问题。当时已经认识到，同姓结婚，其生不番，所以通婚必须是异姓，即族外婚。但外来部族与土著之间本来就有领地纠纷，互不信任，父母之命媒妁之言也就无从说起，权宜之计是抢婚。抢到新娘后，首先卜筮新娘子的生育能力，毕竟人口是最重要的资源。结果是不能生育，十年之后才能生育。

抢婚，则必然导致与土著部族之间的关系紧张。然，遍翻先秦典籍，对

---

① 司马迁：《史记》，中华书局，1962，第113－114页。
② 毛亨传，郑玄笺，孔颖达正义：《毛诗正义》（《十三经注疏》本），上海古籍出版社，1997，第509－511页。

三、屯卦(震下坎上)

此都讳莫如深,只在《诗经·大雅·绵》中,透漏出一丝信息:

"肆不殄厥愠,亦不陨厥问。"肆,初也。殄,绝也。愠,怒也。陨,坠也。问,小聘,犹如今之问候。朱熹《诗集传》:"言太王(古公)虽不能殄绝混夷(土著民)之愠怒,亦不陨坠己之声闻。盖虽圣贤不能必人之不怒己,但不废其自修之实耳。"①

六三之"即鹿无虞,惟入于林中。君子几,不如舍,往吝"恐怕也与和土著关系紧张有关。若干年以后,这种紧张状态才逐渐缓解。六四"乘马班如,求婚媾。往吉。无不利"。不再是"屯如邅如",说明道路已经修通。不再抢婚,而是"求婚媾",说明与土著的关系已大大缓解,可以联姻了。这与《绵》诗:"柞棫拔矣,行道兑矣,混夷駾矣"的记载是相符的。朱熹注:

"然太王始至此岐山之时,林木深阻,人物鲜少,至于其后,生齿渐繁,归附日众,则木拔道通,混夷畏之。……言德盛而混夷自服,盖已为文王之时矣。"②

我的推测,至此有了典籍的支撑!

六三:即鹿无虞,惟入于林中。君子几,不如舍,往吝。

几乎所有版本的解释都差不多,追逐野鹿,鹿逃入树林。由于没有管理山林官员的引导,君子知机,觉得不如舍弃,贸然进入树林会有危险。乍一看没毛病,但深入探究,就会明白,这只是表层阅读,并没有读出深层含义。首先,此爻与卦辞"利建侯"有何联系?狩猎没有成功,为何卦辞是"元亨利贞"?狩猎的目的是什么?其实爻辞已经透露出一个关键信息,抓住这一信息,就等于抓住了解读此爻的钥匙,可惜却被人们忽略了。这个信息就是"君子"。"君子"是贵族,是权势者,也就是"利建侯"之"侯"。君子狩猎主要目的不是充庖厨,而是军事训练,军事演习。

《周礼·春官宗伯》:"以军礼同邦国。大师之礼,用众也;大田之礼,简众也。"贾公彦疏:"简,阅也。"即检阅军队。③

《诗经·小雅·车攻》,就是写君子狩猎的。节选如下:

---

① 朱熹:《诗集传》,上海古籍出版社,1980,第179页。
② 朱熹:《诗集传》,上海古籍出版社,1980,第180页。
③ 郑玄注,贾公彦疏:《周礼注疏》,上海古籍出版社,2010,第669页。

我车既攻,我马既同。四马庞庞,驾言徂东。
田车既好,四牡孔阜。东有甫草,驾言行狩。
之子于苗,选徒嚣嚣。建旐设旄,搏兽于敖。……
萧萧马鸣,悠悠旆旌。徒御不惊,大庖不盈。
之子于征,有闻无声。允矣君子,展也大成。①

完全是按实战进行的军事行动。战车已修整完好,四马已结束整齐,士兵也经过筛选,要进行大规模的狩猎了。行进途中,旌旗猎猎,马鸣萧萧,战士却鸦雀无声,含枚疾走。军纪严明啊! 这才是君子狩猎,将来真有战争发生,这样的军队一定大获全胜!

"即鹿无虞","虞",管理山林的官员。大队人马追逐群鹿,没有管理山林的官员做向导,说明虽然已建国,但官员配备还不齐全。到了山脚森林边缘,停了下来。因为是演习性质,一切按实战进行,"鹿"其实就是假想敌,逃入密林,追还是不追? 会不会是陷阱? 有没有埋伏? 经过慎重考虑,决定放弃追击,以防中计。"惟入于林中"之"惟",《尔雅·释诂》:"惟,思也。"②是经过慎重思考后做出的决定。占筮的结果也是"往吝",于是收兵。

那么,这样的狩猎说明了什么? 说明建国最艰难的阶段已经过去了,人民基本上已安家立业了,国家秩序逐步走上正轨,开始组织军队,开展军事训练,这才是建国的应有之义,所以是元亨利贞!

六四:乘马班如,求婚媾。往吉,无不利。

已见六二的解释,不赘。

九五:屯其膏。小贞吉,大贞凶。

这里的"屯"不再作艰难解,而作屯聚、储备解。"膏",肥肉。说明生产发展了,生活改善了。除去食用,还有盈余的肥肉储备起来,以供不时之需。但为什么是"小贞吉,大贞凶"呢? 小事,日常生活。大事为祀与戎。当时肉的存放有两种方法,一是腊,二是晒。《噬嗑》卦中就有"噬腊肉,遇毒。噬干肉"的爻辞可证。祭祀用的牺牲,必须是完整的,没有瑕疵的牛羊猪鸡。腊

---

① 毛亨传,郑玄笺,孔颖达正义:《毛诗正义》(《十三经注疏》本),上海古籍出版社,1997,第429页。

② 郭璞注,邢昺疏:《尔雅注疏》,上海古籍出版社,2010,第51页。

肉、干肉是不能敬神的。而战争一旦发生,所需物资数量庞大,储备的这点干肉是远远不够的!故大贞凶!

上六:乘马班如,泣血涟如。

事情总有例外,普遍的抢婚没有了,个别现象还存在。据钟敬文主编《中国民俗史》记载,历朝历代都有抢婚现象。一种是远古抢婚制度的遗俗,另一种则是因为穷困而变通的婚姻方式。恐怕现在个别地方仍然有,由于出不起彩礼,只好出此下策。《象传》曰:"泣血涟如,何可长也!"抢婚,是不能长期存在的!

四、蒙卦(坎下艮上)

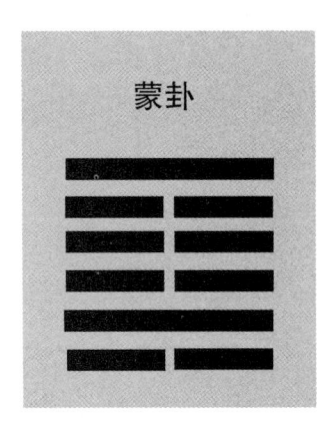

蒙卦

上九：击蒙。不利为寇,利御寇。
六五：童蒙。吉。
六四：困蒙。吝。
六三：勿用取女。见金夫,不有躬。无攸利。
九二：包蒙。吉。纳妇,吉。子克家。
初六：发蒙。利用刑人,用说桎梏。以往,吝。
蒙：亨。匪我求童蒙,童蒙求我。初筮告,再三渎,渎则不告。利贞。

此卦为教育卦。建国后最急迫的事莫过于繁衍人口,发展经济,振兴教育,提高国民素质。

《礼记·学记》："玉不琢,不成器。人不学,不知道。是故古之王者,建国君民,教学为先。"[①]

孔子过卫,看到国人熙熙攘攘,感叹道：

"庶矣哉!"冉有曰："既庶矣,又何加焉?"曰："富之。"曰："既富矣,又何加焉?"曰："教之!"[②]

也强调生民、富民之后,教育为先。

何谓蒙？蒙昧无知也。在儿童是浑沌未开,一张白纸。在成人则是浑浑噩噩,应知而未知。故文盲、法盲、科盲均是蒙。然蒙昧无知何以是"亨"

---

① 郑玄注,孔颖达正义：《礼记正义》(《十三经注疏本》),上海古籍出版社,1997,第1521页。

② 何晏注,邢昺疏：《论语注疏》(《十三经注疏》本),上海古籍出版社,1997,第2507页。

四、蒙卦（坎下艮上）

呢？因为蒙乃教育之起点，因蒙施教，转蒙为智，故亨。其实我们每个人都曾是一张白纸，是为童蒙。成人之后，在专业领域之外，我们也一窍不通，同样是蒙。所以教育，不仅仅针对儿童，也针对成人，即国民教育。

"匪我求童蒙，童蒙求我。"此为一卦之核心理念。教育若要有成效，关键在于受教育者要有脱蒙之意愿，所谓内趋力是也。本人没有受教育的意愿，无论怎样灌输都无济于事。

"初筮告，再三渎，渎则不告。利贞。"是针对求占卦者说的。上古时代，卜筮然后决大事。何谓大事？在国，是祀与戎。在家，则是婚丧嫁娶。《诗经·卫风·氓》："尔卜尔筮，体无咎言"，①然后嫁娶。但不能反复卜筮，反复卜筮，既是亵渎神灵也是欺骗求筮者，故不告。那么，卜筮是否完全是迷信，应彻底否定呢？也不尽然。《左传》说："卜以决疑，不疑何卜？"②以战争为例，倘若交战双方力量悬殊，那么无论强者还是弱者都不用卜筮，结果明摆在那里。凡卜，必是势均力敌，胜败在两可之间，胜无把握，败不甘心才求卜筮，实则是要取得一种心理暗示。吉则增强信心，提振士气。凶则未雨绸缪，安排退路。其实也是一种理性选择，取得神灵加持而已。再三求卜筮，直到自己满意为止，也是蒙！不告也是教！何以占到《蒙》卦却是"利贞"呢？因为有些人不知自己处蒙，也就不会有脱蒙的意愿。占到《蒙》卦，能使人警醒，故利贞。

初六：发蒙。利用刑人，用说桎梏。以往，吝。

发蒙，乃本爻之题目。

《论语·述而》子曰："不愤不启，不悱不发。"③

"发蒙"即启蒙，孔子也认为内驱力是启蒙的关键。

"利用刑人，用说桎梏。以往，吝。"不少版本都解为"利用受刑的人，脱

---

① 毛亨传，郑玄笺，孔颖达正义：《毛诗正义》（《十三经注疏》本），上海古籍出版社，1997，第324页。

② 杜预注，孔颖达正义：《春秋左传正义》（《十三经注疏》本），上海古籍出版社，1997，第1755页。

③ 何晏注，邢昺疏：《论语注疏》（《十三经注疏》本），上海古籍出版社，1997，第2482页。

去他们的镣铐,方便劳动。但不能外出,恐怕逃走"。这是用现代汉语来解释"利用"二字。《需》卦初九:"需于郊,利用恒。"同样的版本又解为"恒久有利",回到了古汉语。① 这说明,解者没有找到合理解释。其实这句话是讲脱蒙的内趋力问题。脱蒙的意愿,如果像刑人盼望脱掉镣铐那样强烈,那么,启蒙的效果一定非常好。这既是实写,又是比喻。既适用"刑人",也适用一般处蒙的成人,因为蒙昧无知就是精神的镣铐、枷锁、桎梏!

"以往,吝",则是说,如果处蒙之刑人,没有脱掉桎梏的意愿,悔过自新,而是你去求他"你悔过吧!"是没用的。所以是吝!"往"是"我求童蒙","来"才是"童蒙求我"。与防劳改犯逃跑完全不沾边!

九二:包蒙。吉。纳妇,吉。子克家。

"包蒙"乃此爻题目。不少版本解释为包容蒙昧,故吉。但后面的具体内容为纳妇,与包容蒙昧有什么联系?是新妇为蒙,丈夫包容吗?按:包字,从勹,从巳。勹像母腹,巳像胎儿。

《说文》:"包,象人裹妊,巳在中,象子未成形也。"②

"包"即现在的"胞"之本字。故"包蒙"即孕育童蒙之意,故吉。如此才与纳妇有关。儿子娶了媳妇,说明撑起了家业,媳妇再怀了孕,家族香火得以延续,当然大吉大利。

"子克家。"克,成也。

六三:勿用取女。见金夫,不有躬。无攸利。

此爻题目省略,直接陈述内容。不要再去抢婚。"取"者,捕取,强取之意。形势已发生重大变化,抢婚不再被接受。仍然靠抢婚才能成家的,一定是蒙,愚昧!遇到女子家中父兄持械反抗,恐怕连命都保不住。抢婚得不到任何好处。"金夫",手持武器之男子。

六四:困蒙。吝。

此爻只有题目,没有说明。各家均解为困于蒙昧,无疑义,但似乎缺点儿什么。为何困于蒙昧?因为既处蒙,又无脱蒙之意愿,这是最可怕的,所

---

① 李镜池:《周易通义》,中华书局,1981,第 11 页;周振甫:《周易译注》,中华书局,1991,第 26 页。

② 许慎:《说文解字》,中华书局,1963,第 188 页。

以吝。故欲脱困,必先脱蒙。

六五:童蒙。吉。

同样只有题目,没有说明。但一张白纸,懵懵懂懂,本是自然而然,但可塑性极强,童蒙的未来,有着无限可能。关键在于如何启蒙,如何教育了。

上九:击蒙。不利为寇,利御寇。

"击蒙"乃此爻题目。寇也是蒙。抗击寇仇,即击蒙。有利。自己去为寇,抢掠别人,如六三之抢婚,自己就成为蒙,被金夫所击,也就理所当然了。

五、需卦（乾下坎上）

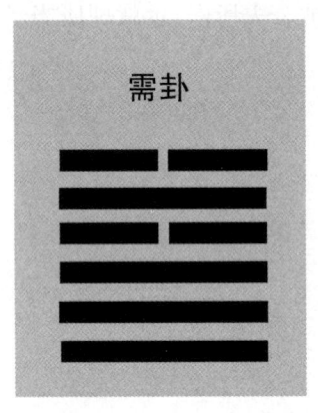

需卦

上六：入于穴，有不速之客三人来，敬之。终吉。
九五：需于酒食。贞吉。
六四：需于血，出自穴。
九三：需于泥，致寇至。
九二：需于沙，小有言。终吉。
初九：需于郊，利用恒。无咎。
需：有孚。光亨。贞吉。利涉大川。

先看卦象。乾为天，坎为水，水在天上，就是降不下来，需要等待。
再看卦名。
《尔雅》："须，待也。"①
《说文》："需，须也。遇雨不进，止须也。"②
遇着雨，不前进，停在那里等待。而周振甫却用了一个等待的近义词：停留。③ 说是近义，差别很大。等待是及物动词，与等待的对象构成动宾结构。而停留是不及物动词，与停留的时间地点构成动补结构。即等待是有对象的，而停留则无对象。停留在郊外，水边沙地都说得通，但停留在泥泞里和停留在血泊中却是匪夷所思。之所以这样解，是由于弄不明白等待什么。其实，我们完全可以用告知我们的信息去推求未告知的信息。上六："入于穴，有不速之客三人来，敬之。终吉。"就是告知我们的信息。"不速之

---

① 郭璞注，邢昺疏：《尔雅注疏》，上海古籍出版社，2010，第54页。
② 许慎：《说文解字》，中华书局，1963，第242页。
③ 周振甫：《周易译注》，中华书局，1991，第28页。

客",是不请自到之客,那么所等待的必是受到邀请之客人。而接下来的问题是等待谁？以及谁在等待？

初九:需于郊,利用恒。无咎。

此爻或可以告诉我们明确的答案。什么样的客人值得要到郊外去等待呢？答案只能是国家的客人。

《周礼·秋官司寇》:"凡诸侯之卿、大夫、士为国客,则如其介之礼以待之。"[1]

《礼记·聘义》:"聘礼,上公七介,侯伯五介,子男三介,所以明贵贱也。……君使士迎与竟,大夫郊劳。"[2]

这就明确了,需要在郊外等待的来朝之宾,必须是爵位在子、男以上,有三介以上的尊贵客人。介者,随从也。而在郊外迎候的是本国的大夫。

《周礼·秋官司寇》:"大行人,掌大宾之礼及大客之仪,以亲诸侯;……小行人,掌邦国宾客之礼籍,以待四方之使者。"[3]

大宾,即是子、男以上之诸侯。大行人是中大夫,小行人是下大夫,此即是"大夫郊劳"。由于当时通信的落后,难以掌握来客到达的确切时间。为表达诚意,迎者要提前到达迎接地点,即使等待时间很长,也不能离开,此即是"利用恒。无咎"。

明确了"需于郊"乃是迎接国宾,就可以讨论本卦的卦辞了。

需:有孚,光亨。贞吉。利涉大川。

"有孚"。李镜池解为有俘虏,或有俘获。周振甫跟进。[4] 但六十四卦中,"有孚"及"孚"出现40余次,第六十一卦,就叫《中孚》,中心诚信之意。李、周也只好解为诚信。这样就出现一会儿解为俘虏,一会儿又解为诚信,

---

[1] 郑玄注,贾公彦疏:《周礼注疏》,上海古籍出版社,2010,第1502页。
[2] 郑玄注,孔颖达正义:《礼记正义》(《十三经注疏》本),上海古籍出版社,1997,第1692页。
[3] 郑玄注,贾公彦疏:《周礼注疏》,上海古籍出版社,2010,第1441,1458页。
[4] 李镜池:《周易通义》,中华书局,1981,第13页;周振甫:《周易译注》,中华书局,1991,第28页。

自己跟自己打架。其实,周代抓俘虏有专有词汇,叫"执讯获丑"。长官了解情况,抓住后要审问,获取讯息,所以抓住长官叫执讯。《师》卦六五:"田有禽,利执言",执言即执讯。抓住士兵叫获丑,丑者,众也。不审问。

《诗经·小雅·出车》:"仓庚喈喈,采蘩祁祁。执讯获丑,薄言还归。"①

《离》卦上九:"有嘉折首,获匪其丑",说的也是捉住了俘虏。另外,抓俘虏总会与战争有关。而《周易》无论讲战争的专卦《师》《同人》,还是写战争的爻辞,都没有"有孚"字眼出现,而出现"有孚"字眼的都是与战争无关之卦。故解为抓俘虏不可信,还是解为诚信为好。所以,"有孚"即是有诚信。迎接国客,结两国之好,当然需要有诚信。

"光亨",光者,大也。光亨就是大亨。

"利涉大川",上古时代,受技术条件所限,涉大川从来都是大事、难事,需要冒点风险。故既可看为写实,又可看作比喻。与邻国友好往来,而且注重诚信,自然对涉大川有利,办大事、险事、难事有利。贞吉。

还应强调一点,"有孚""孚",在《周易》中出现四十余次,说明乃是《周易》一书的核心价值,须给予高度重视。

初九,已见前解,不赘。

九二:需于沙,小有言。终吉。

对于低于子男身份的国客,自然不必郊迎。迎客的人身份也相应低些。

《周礼·秋官司寇》:"掌讶,中士八人。"郑玄注:"讶,迎也。宾客来,主迎之。"②

此外还有候人:

《诗经·曹风·候人》:"彼候人兮,何戈与祋。"毛亨传:"候人,道路送宾客者。"③

据《周礼》,宾客,送逆同礼。故朱熹在《诗集传》中直接解释为"候人,

---

① 毛亨传,郑玄笺,孔颖达正义:《毛诗正义》(《十三经注疏》本),上海古籍出版社,1997,第416页。
② 郑玄注,贾公彦疏:《周礼注疏》,上海古籍出版社,2010,第1316页。
③ 毛亨传,郑玄笺,孔颖达正义:《毛诗正义》(《十三经注疏》本),上海古籍出版社,1997,第384页。

道路迎送宾客之官。"①当然,《周礼·夏官司马》中规定:"候人,各掌其方之道治。"②由于当时是土路,很容易遭到损坏,迎客时有负责修治道路的官员参与有其合理性。候人的官阶上士六人,下士十有二人,符合接待低等级客人的身份。

在水边沙地上等待也符合低等级客人的地点。可能等待时间长了,有人发牢骚怨言,但最终迎来了客人,没有失礼,结果是吉。

九三:需于泥,致寇至。

由于遇雨,道路泥泞,但仍然要等待,不能失礼,不能不讲诚信。结果却来了一伙强盗。好在候人都是"何戈与祋",有保护客人的能力,没有什么损失,终于等到客人。

六四:需于血,出自穴。

"血",大都解释成血泊、鲜血。③ 但本卦不是战争卦,没有屠杀的场面,在血泊中等待岂不令人莫名其妙?窃以为,此"血"字应是沟洫之"洫"的通假字。前两爻"需于沙""需于泥",都是水字旁,那么,此处"需于洫"就是合乎逻辑的推论。"出自穴",说明此沟洫距离迎客之掌讶、候人所居住的地方不远。"穴",窑洞也,是底层贵族的居所。上六之"入于穴,有不速之客三人来"也是窑洞。客人身份越高,出迎越远,反之,则越近。问题又来了,为什么要在沟洫旁边迎候客人呢?

《周礼·地官司徒》:"凡治野,夫间有遂,遂上有径;十夫有沟,沟上有畛;百夫有洫,洫上有涂;千夫有浍,浍上有道;万夫有川,川上有路,以达于畿。"郑玄注:"十夫,二邻之田;百夫,一酂之田;千夫,二鄙之田;万夫,四县之田。遂、沟、洫、浍,皆所以通水于川也。径、畛、涂、道、路,皆所以通车徒于国都也。径容牛马,畛容大车,涂容乘车一轨,道容二轨,路容三轨。"④

原来沟洫上面有容一轨的"涂",可以通往国都,这也正符合级别低的客

---

① 朱熹:《诗集传》,上海古籍出版社,1980,第 87 页。
② 郑玄注,贾公彦疏:《周礼注疏》,上海古籍出版社,2010,第 1163 页。
③ 李镜池:《周易通义》,中华书局,1981,第 14 页;周振甫:《周易译注》,中华书局,1991,第 29 页。
④ 郑玄注,贾公彦疏:《周礼注疏》,上海古籍出版社,2010,第 555 页。

人的身份。

九五:需于酒食。贞吉。

初九是"需于郊",那么到九五,就应该是到达宾馆了。当时称之为"致馆"。

《周礼·秋官司寇》掌讶:"至于国,宾入馆,次于舍门外,待事于客。"①

所以"需于酒食"就是设酒筵迎候客人,是热情真诚的表现,有孚光亨啊!

《礼记·聘义》:"主国待客,出入三积。饩客于舍,五牢之具陈于内,米三十车,禾三十车,刍薪倍禾,皆陈于外。乘禽日五双,群介皆有饩牢。壹食再飨,燕与时赐无数。所以厚重,礼也。"郑玄注:"积,谓馈之牢礼,米禾刍薪之属。三牲(牛羊豕)备为一牢。"②

看来"需于酒食"是有制度支持的。

上六:入于穴,有不速之客三人来,敬之。终吉。

回到住处,却发现有三位不请自到的客人在家里等待主人了。那么,是什么样的客人,不需要邀请而自到呢?答曰:是"行夫"。

《周礼·秋官司寇》:"行夫,下士三十有二人。……掌邦国传遽之小事。"郑玄注:"此事之小者无礼。"③

即向邻国、友邦通报福庆丧荒之信息,不需邀请,也不需迎接。但既是客人,同样要表示敬重,显示主人的诚意,有孚,终吉。

《坤》卦与《需》卦都是讲聘问之礼的。不同的是,《坤》卦讲的是往聘邻国,而《需》卦讲的是接待来聘的邻国使者。这说明西周已经建立起了较为完备的朝聘制度,而且以"孚",即诚信作为与邻国交往的原则,所以与周边国家得以友好相处,为最终伐商积聚力量。

---

① 郑玄注,贾公彦疏:《周礼注疏》,上海古籍出版社,2010,第1505页。
② 郑玄注,孔颖达正义:《礼记正义》(《十三经注疏》本),上海古籍出版社,1997,第1693页。
③ 郑玄注,贾公彦疏:《周礼注疏》,上海古籍出版社,2010,第1314页;第1488页。

六、讼卦(坎下乾上)

讼卦

上九：或锡之鞶带,终朝三褫之。
九五：讼元吉。
九四：不克讼,复即命。渝。安贞吉。
六三：食旧德。贞厉。终吉。或从王事,无成。
九二：不克讼,归而逋其邑,人三百户。无眚。
初六：不永所事,小有言。终吉。
讼：有孚,窒惕。中吉,终凶。利见大人。不利涉大川。

"讼"者,争讼,打官司。古公建国,设五官有司。《诗经·大雅·绵》："乃召司空,乃召司徒,俾立家室"可证。五司为司徒、司马、司空、司士、司寇。司徒,掌国家教化。

《周礼·地官司徒》："凡万民之不服教而有狱讼者,与有地治者听而断之。"郑玄注云："争罪曰狱,争财曰讼。"[①]

"争罪",即今之刑事诉讼,"争财",即今之民事诉讼。司徒乃听讼之最高官员,即"利见大人"之"大人"。这说明法律诉讼制度已经建立起来,平息国内矛盾争端有了制度保障。到文王时期,更是逐步完善,故周边邻近小国如虞、芮因土地纠纷也来周以求裁决。由于虞、芮二国争讼调节成功,周之声望更盛,先后归附者四十余国。(见《史记·周本纪》)[②]本卦以"讼"为

---

① 郑玄注,贾公彦疏：《周礼注疏》,上海古籍出版社,2010,第373页。
② 司马迁：《史记》,中华书局,1962,第117页。

主题,说明已认识到诉讼制度对国家治理的极端重要性。

"有孚",诉讼要有诚信,所提供的证据必须是真实可靠的。

《周礼·秋官司寇》:"以两造禁民讼,入束矢于朝,然后听之。"郑玄注:"讼,谓以财货相告者。造,至也。使讼者两至,既两至,使入束矢乃治之也。不至,不入束矢则是自服不直者也。必入矢者,取其直也。《诗》曰:'其直如矢'。"①

"两造",原告、被告双方。束矢,一百支箭。为了防止诬告或伪证,双方要交纳一百支箭给官府。矢,取其直。上古无真字,直即真也。不入束矢,或开审时不到公庭,即视为理不直,判输,束矢没入官府。不仅如此,《秋官司寇》还规定:"凡以财狱讼者,正之以傅别,约剂。"②

"傅别""约剂",犹如现在之契约、合同、借据。土地之契约,除本人持有外,官府还有存根。合同、借据则双方各执一份。作为判决的依据。

《秋官司寇》:"司约:掌邦国及万民之约剂,治神之约为上,治民之约次之,治地之约次之。"③

"司约",大约相当于今之公证人及档案管理人员。

"若有讼者,则珥而辟藏,其不信者服墨刑。"郑玄注:"辟藏,开府视约书,不信,不如约也。"④

可见,在民事诉讼中,非常强调诚信的重要。

"窒惕",窒者,塞也,不通之谓;惕者,谨慎戒惧。争讼之心态必不轻松愉快。"中吉,终凶",即使官司赢了,也是中吉,只能起止损的作用。最终结局仍然是凶。就像战争,杀人一千,自损八百。

《老子》云:"兵者不祥之器,不得已而用之。战胜,以丧礼处之。"⑤

讼亦如此,备而不用是最佳选择。

"利见大人",打官司,当然以能见到最高长官为有利。"不利涉大川",

---

① 郑玄注,贾公彦疏:《周礼注疏》,上海古籍出版社,2010,第1322页。
② 郑玄注,贾公彦疏:《周礼注疏》,上海古籍出版社,2010,第1352页。
③ 郑玄注,贾公彦疏:《周礼注疏》,上海古籍出版社,2010,第1383页。
④ 郑玄注,贾公彦疏:《周礼注疏》,上海古籍出版社,2010,第1385页。
⑤ 楼宇烈:《老子道德经注校释》,中华书局,2008,第80页。

六、讼卦（坎下乾上）

官司缠身，当然无力也无心再办大事，历艰险了。此卦六爻，讲述一位封建领主争讼的全过程，三场官司，输了两场，第三场赢了，是"中吉"。但赢了官司却是虚幻的胜利，随时可能再次输掉。"终凶"。

这是中国古籍中关于争讼最早、最完整的一个案例，在中国法制史上应该是最重要的实证。但由于《周易》一直被看作预测学而被忽略了，是非常可惜的。

争讼的主体是一位有着三百户邑民的领主。那么，争讼的另一方之财产地位也应与之相当。

初六：不永所事，小有言。终吉。

"不永所事"，不能长久地做自己从事的事业。此乃讼之因。即不满足于现有的财产，不安于现在的地位，才和别的领主发生利益纠纷。"小有言"，初时只是言语的争吵，还未见司法行动，故终吉。

九二：不克讼。归而逋其邑。人三百户，无眚。

这是按孔颖达《周易正义》断句。李镜池、周振甫则"归而逋其邑人三百户"连读，不断句。[①]"克"者，胜也。"逋"者，逃也。断句与否关系到逃者何人？断句，可解为这位领主输了第一场官司，逃回自己的封邑，所幸还有三百户邑民，足够自己富足的生活，故无大祸患。而不断句，便可译为：回到自己的封邑，却发现有三百户邑民（奴隶）逃跑了。这是李镜池用阶级斗争观点解释奴隶对奴隶主的反抗。然而，何以是"无眚"呢？须知按当时的制度设计：

"九夫为井，四井为邑，四邑为丘，四丘为甸，四甸为县，四县为都。"[②]

每邑36户。每丘144户。逃走了300户邑民，却可以"无眚"，那该是多么大的领主啊！所以还是应以《周易正义》的断句为准。

六三：食旧德。贞厉。终吉。或从王事，无成。

"食旧德"即吃老本。此旧德，指过去按身份等级或军功获得的封邑。食者，食封也。占筮有危险，但结果很好。但从事王事不会成功。因为刚刚

[①] 李镜池：《周易通义》，中华书局，1981，第15页；周振甫：《周易译注》，中华书局，1991，第31页。

[②] 郑玄注，贾公彦疏：《周礼注疏》，上海古籍出版社，2010，第390页。

输了官司，而输官司的原因自然是不讲诚信，理不直。这样的人是不能参与王事的。

九四：不克讼，复即命。渝。安贞吉。

这是按我的理解断句。一般都是"复即命渝"连读。我所以如此断，理由有二，一是上古文献往往为能传播，采韵文形式，如《屯》卦九二："屯如邅如，乘马班如。匪寇婚媾"，及《泰》卦九三："无平不陂，无往不复。艰贞无咎，勿恤其孚，于食有福。"如此断句，读起来顺口。二，义理通顺。

这是第二场官司，又输了。"复即命"，与上爻"食旧德"同义。"命"，指官员之等级。初级为一命，最高为九命。各级所穿衣饰，所乘车辆，随侍人员多少，封邑大小，邑民多少都有规定。这次输了官司，再次回到原来的封邑，即是"复即命"。"渝"，改变。暂时改变态度，安于现在的财产地位，贞吉！

九五：讼元吉。

第三场官司，终于赢了，大吉！这大约是找到了于自己有利的证据，第二次上诉终于成功。

然而，这只是"中吉"，最终结局仍然是凶。这可以从两次失败的官司得到解释。两次失败，说明对方两次赢了官司。可由于失败者不服，韬光养晦一段时间，就又挑起官司，最终胜利了才肯罢手。这次对方失败了，肯罢手服输吗？未知数也。

上九：或锡之鞶带，终朝三褫之。

赢了官司，被赐予更高的官职，服饰等级也随之提高。"或"，听讼之大人。"鞶带"，标示官员等级的带饰。但凭借诉讼得到的东西，也随时都有可能被剥夺。"终朝三褫"是夸张手法，不到一早晨，被剥夺多次！

所以孔子说："听讼，吾犹人也。必也使无讼乎！"[①]孔子曾任鲁国司寇，主管司法的官员。其职责也是听讼。就听讼来说，他与别的司法官员没有什么不同，但他的理想是最好是没有打官司的。本卦通过一位领主的三场官司，表达的是同样的认识。

---

① 何晏注，邢昺疏：《论语注疏》(《十三经注疏》本)，上海古籍出版社，1997，第2504页。

七、师卦(坎下坤上)

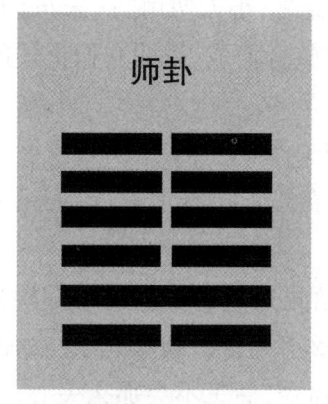

师卦

上六：大君有命，开国承家，小人勿用。
六五：田有禽，利执言。无咎。长子帅师，弟子舆尸。贞凶。
六四：师左次。无咎。
六三：师或舆尸。凶。
九二：在师中。吉。无咎。王三锡命。
初六：师出以律。否臧，凶。
师：贞丈人吉。无咎。

师者，军队也。

《周礼·春官宗伯》："大师之礼，用众也。"(见《屯》卦 17 页 脚注③)

所谓"用众"，就是上战场，真刀真枪地厮杀。所以本卦为战争卦。

"贞丈人吉。""丈人"，在战争的语境中，乃是指军队的统帅，如同《随》卦六二："系小子，失丈夫"，在战争的语境中，"小子"是士兵，"丈夫"就是统帅。据六五"长子帅师，弟子舆尸"可知，此"帅师"之"丈人"乃是国君的"长子"即国之储君。以储君的身份担任大军的统帅，足见对此次战争的重视。足以保证战争的胜利，故"无咎"。

初六：师出以律。否臧，凶。

严明的军纪，是胜利的保障。没有纪律的军队是乌合之众，是打不了胜仗的。司马迁在《史记》中写军事家，都格外重视军纪。《司马穰苴列传》，写司马穰苴刚任统帅，便杀了藐视军纪的监军庄贾，以立威也。《绛侯周勃世家》写周亚夫军细柳，军中只听将军令，不奉天子诏。故汉文帝感叹道：

"嗟乎,此真将军矣!向曩者霸上、棘门若儿戏耳。"①强调"师出以律",还因为这是西周建国后第一场大规模的战争行动,只能胜,不能败!

那么,这是一场什么性质的战争呢?答曰:伐鬼方的战争。何以知之?从《未济》卦九四"震用伐鬼方,三年有赏于大国"而知之。尽管《周易》叙事非常简略,往往省略掉时间、地点、人物,初看令人不知所云,但又往往在其他地方布下草蛇灰线,供人寻绎。此卦上六:"大君有命,开国承家,小人勿用",正是《既济》卦九三:"高宗伐鬼方,三年克之,小人勿用";《未济》卦九四:"震用伐鬼方,三年有赏于大国"两条爻辞整合而成,说明它们记述的都是"伐鬼方"之战。

关于伐鬼方,《史记》未载。相关记述见于《竹书纪年》:

"武乙三十五年,周公季历伐西落鬼戎。"在此之前"武乙三十四年,周公季历来朝,赐地三十里,玉十瑴,马十匹。"②

武乙赏赐季历一定与第二年"王季伐西落鬼戎"有关,如果不是接受殷商的命令,自行讨伐鬼戎,商王朝不会给予那么多赏赐。这从九二"在师中。吉。王三锡命"也可得到证明。不是商王的命令,商王不会那么关心,三次加官晋爵。或问:《未济》九四:"震用伐鬼方",震乃东方,而《竹书纪年》却说"伐西落鬼戎",方向不符啊?答曰:"西落鬼戎"乃是从殷商的方位说的,而"震用伐鬼方"乃是从西周的方位说的。鬼方处在殷商之西北,西周之东北方向。

九二:在师中。吉。无咎。王三锡命。

"在师中"者,丈人也。师之主帅,忠于职守,控御全军,枕戈待旦,足以应对任何紧急情况,故吉。"锡"者赐也。天子六师,诸侯三师,上中下三军。"在师中",即在中军也。

"王三锡命"。

《周礼·春官宗伯》:"以九仪之命,正邦国之位:一命受职,再命受服,三命受位。"郑玄注:"郑(司农)云:'受下大夫之位。'玄谓此列国之卿,始有列

---

① 司马迁:《史记》,中华书局,1962,第2158页,第2074页。
② 徐文靖注:《竹书纪年统笺》(《二十二子》本),上海古籍出版社,1986,第1067页。

位于王,为王之臣也。"①

下大夫的级别虽然不高,但却使王季从自立为方国的世子进入天子赐命之臣的序列,这为成为正式封国迈出了重要一步。

六三:师或舆尸。凶。

"或"者,师之某部,即与中军相对应的偏师。"舆尸",用战车运载战死者的尸体,表明打了败仗。故凶。何以战败?从初六"师出以律。否臧,凶"可推知,是因违反军令,以致战败。毕竟战争有许多不可预测性,所以,此爻写局部的战败,显得更真实,更可信。

六四:师左次。无咎。

《象传》:"左次无咎,未失常也。"②

很多解释都把此解作依据,翻译为:军队驻扎左方,无害。因为不违反战争常道。李镜池甚至认为"可能左方地形有利"。③

只有程颐在《周易程氏传》中解为:

"左次,退舍也。量宜进退,乃所当也,故无咎。"④

即退避敌之锋芒而扎营,符和军事法则。但未讲清楚左次为何就是退舍。余按《老子》三十一章:

"夫佳兵者,不祥之器……故君子居则贵左,用兵则贵右。……吉事尚左,凶事尚右。偏将军居左,上将军居右。"⑤

由此可知,上古时代,认为战争是凶事,故判断左右与吉事相反。凶事尚右,故左必处下。故"左次",由于某部违反军令,导致局部战败,牵累全军处于不利境地。主帅只得避敌锋芒,退避三舍,然后扎营,避免了更糟的情况发生,所幸"无咎"。

六五:田有禽,利执言。无咎。长子率师,弟子舆尸。贞凶。

初六是出师,六三、六四是交战,那么到六五必然是收兵。此爻就是战

---

① 郑玄注,贾公彦疏,《周礼注疏》,上海古籍出版社,2010,第675页。
② 王弼、韩康伯注,孔颖达正义:《周易正义》,中国致公出版社,2009,第56页。
③ 李镜池:《周易通义》,中华书局,1981,第18页。
④ 程颐:《周易程氏传》,中华书局,2011,第44页。
⑤ 楼宇烈:《老子道德经注校释》,中华书局,2008,第80页。

争结束后的总结。分两部分。"田有禽,利执言。无咎"是前半部分,取得最终胜利的原因。在历次的狩猎(军事演习)中,都有擒获,有利于在实战中抓获敌方官长,"执言",执讯也。

《尔雅·释言》:"讯,言也。"①

"言"即信息,情报也。只有官长才掌握情报信息。预先了解敌之虚实,故最终取胜。但由于此战胜中有败,故只是"无咎",而非元吉。

"长子率师,弟子舆尸。贞凶",是总结失败的教训。当然,王季不是长子,而是第三子,他有两个哥哥:太伯和仲雍。但由于古公亶父认为王季最贤,有意把继承权交给王季,太伯和仲雍相约逃往吴地,断发文身,以示无用,最终王季被立为世子。(见《史记·吴太伯世家》)②世子又称冢子。

《尔雅·释诂》:"冢,大也。"③

在余下来的嫡子中,是最年长的,所以也可称为长子。

或问:《竹书纪年》明明说的是伐鬼方者是周公季历,而此爻却说是"长子帅师",是不是对不上号?我们可以从武王伐纣一事得到解答。武王九年第一次孟津之会时"为文王木主,载以车,中军。武王自称太子发,言奉文王以伐,不敢自专"。④故王季伐鬼方,却打着古公的旗号,自称"长子"是完全合理的。

为什么"长子帅师,弟子舆尸"就是凶呢?赏功罚过,乃是军纪的核心,所谓"弟子"指的是世子以下的余子,他们身份高贵,有功,难以封赏;有过,难以惩罚,这样,军纪就无法维持。从此爻可知,"师或舆尸"乃是"弟子"指挥的偏师打了败仗。这是此次战争的重要教训。

上六:大君有命,开国承家,小人勿用。

根据以上考据,"大君"即商王武乙。也就是九二"王三锡命"中的王。什么叫"开国承家"?

《周礼·春官宗伯》:"七命受国,八命作牧,九命作伯。以玉作六瑞,以

---

① 郭璞注,邢昺疏:《尔雅注疏》,上海古籍出版社,2010,第151页。
② 司马迁:《史记》,中华书局,1962,第1445页。
③ 郭璞注,邢昺疏:《尔雅注疏》,上海古籍出版社,2010年,第14页。
④ 司马迁:《史记》,中华书局,1962,第120页。

等邦国。"①

"开国",七命以上,皆为诸侯,诸侯有国。"承家",三命以上,至六命,皆为大夫,大夫有家。作为统帅的王季,被封为诸侯。且是九命诸侯,有征伐之权。周之国君称伯自王季始。故《大雅·皇矣》中说:"帝作邦作对,自太伯王季。"有功的将军则封为大夫。士卒无封。

一提到王季,人们往往把他看作只是一位过渡性的君主。《周本纪》中,写王季只用了一句话:

"古公卒,季历立,是为公季。公季修古公遗道,笃于行义,诸侯顺之。"在《吴太伯世家》中,也只是记:

"季历贤,而有圣子昌,太王欲立季历以及昌,于是太伯、仲雍二人乃奔荆蛮,断发文身,示不可用。"②

似乎季历乃是因有圣子昌(文王)才被古公立为继承人的。然而,王季真的是对周立国毫无建树吗?当然不是!《大雅·皇矣》中,依次歌颂四王。其中对王季的描述是:

"帝作邦作对,自太伯王季。维此王季,因心则友。则友其兄,则笃其庆。载锡之光,受禄无丧。奄有四方。

维此王季,貊其德音。其德克明,克明克类。克长克君,王此大邦。克顺克比,比于文王。其德靡悔,既受帝祉,施于孙子。"

(郑玄)笺云:"作,为也,天为邦谓兴周国也。作配谓为生明君也。……德正应和曰貊,照临四方曰明,类,善也。教诲不倦曰长,赏庆刑威曰君。"《毛传》:"慈和徧服曰顺,择善而从曰比。"③

在此诗里,王季具备一代圣君所应有的一切德行品质。

前引《竹书纪年》武乙三十四年:

"周公季历来朝,赐地三十里,玉十毂,马十匹。"注:"双玉为毂,珏也。

---

① 郑玄注,贾公彦疏:《周礼注疏》,上海古籍出版社,2010,第 678 页。
② 司马迁:《史记》,中华书局,1962,第 116 页、第 1445 页。
③ 毛亨传,郑玄笺,孔颖达正义:《毛诗正义》(《十三经注疏》本),上海古籍出版社,1997,第 520 页。

今武乙赐季历者,乃公礼也。"①

  在此之前,周只是自立之小邦,只有得到商王晋封,才是真正的"开国"。"伐鬼方",乃是周成为西方大国的关键节点,而王季就是这一重大转折的领袖人物。为西周的发展史画出了浓彩重墨的一笔。所以《师》卦,乃是为王季立传树碑之卦。西周的历史,如果少了王季,则是不完整的。

---

① 徐文靖笺:《竹书纪年统笺》(《二十二子》本),上海古籍出版社,1986,第1067页。

八、比卦（坤下坎上）

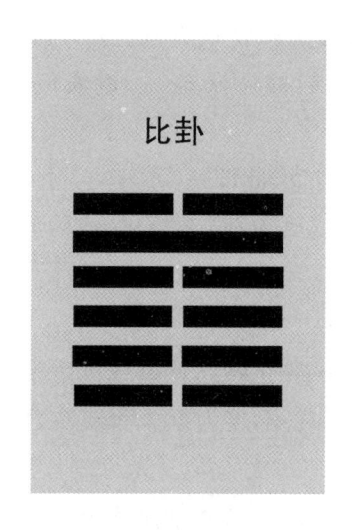

比卦

上六：比之无首。凶。

九五：显比。王用三驱，失前禽。邑人不诫。吉。

六四：外比之。贞吉。

六三：比之匪人。

六二：比之自内。贞吉。

初六：有孚。比之，无咎。有孚盈缶，终来有它。吉。

比：吉。原筮，元永贞。无咎。不宁方来，后夫凶。

《说文》："比，密也。二人为从，反从为比。"[①]

"比"指关系密切。二人左向为从字。上古尚左，故前人为主，后人为从，别尊卑也。反从为比，无尊卑之别，并肩而行，就是比。

那么本卦谁与谁比呢？"不宁方来"，透露出不少信息。方者，方国也。此卦不是讲人与人之间的比，而是讲方国与方国之间的比。来者为宾，迎候来者为主，主自然是指周。"后夫凶"，即后来的方国结局不好。又透露出另一重要的信息，即来亲比者非只一国，而是若干个方国，即是周与若干"不宁方"的亲比，即是会盟。

那么此次会盟是在何时何地呢？首先要排除灭商之后的周王朝时代。因为灭商之后，周变为天下共主，周与方国的关系就不是并列的关系，而是

[①] 许慎：《说文解字》，中华书局，1963，第 169 页。

天子与诸侯的关系。是"从"而非"比"。

那么在灭商之前,周有四王:太王(古公亶父)、王季、文王、武王。太王、王季时代,周新建国,百业待兴,无论《诗经》《尚书》《史记》,都无结盟的记载。王季伐鬼方,是接受商王武乙的命令,也没有和别国结盟。文王时代,伐戎、伐密、伐崇、伐邘,都是独立进行,也没有结盟的记载,故会盟只有武王时期。二次,地点都在盟津。

《史记·殷本纪》载:"(纣王时期)百姓怨望而诸侯有叛者。于是纣王乃重刑辟,有炮格之法。以西伯昌(文王)、九侯,鄂侯为三公。醢九侯,脯鄂侯,囚西伯于羑里①。"

醢,剁成肉酱。脯,晒成肉干。诸侯人人自危,此即是"不宁方"也。

"诸侯多叛纣而往归西伯。西伯既卒,武王之东伐,至盟津,诸侯叛殷会周者八百。"②

这就是"不宁方来"的原始记载。

"后夫凶",前人总引《国语·鲁语》中的一条资料:"昔禹致群臣于会稽之山,防风氏后至,禹杀而戮之。"但这只是传说,不足为据。而盟津之会则是历史实录。

《史记·齐太公世家》:"武王即位。九年,东伐以观诸侯集否。师尚父(姜太公)左杖黄钺,右把白旄以誓,……总而众庶,与尔舟楫,后至者斩!"③

这才是"后夫凶"的本来出处!

初六:有孚。比之,无咎。有孚盈缶,终来有它。吉。

此爻应该是第二次盟津会盟。"有孚",既然结盟,诚信应为第一要件,这种结盟才不会有问题。而"有孚盈缶",诚信自然高于有孚。满满的诚意,连瓦盆都盛不下,溢出来了。"终来有它",所以尽管最后到来,不仅未被斩首,反而认为大吉,那是有其他缘故。从"有孚盈缶"可猜想到,是为征集更多的军队,筹集更多的粮草,日夜兼程,终于赶在军事行动之前到达了集合地,故吉!

---

① 司马迁:《史记》,中华书局,1962,第 106 - 108 页。
② 司马迁:《史记》,中华书局,1962,第 106 - 108 页。
③ 司马迁:《史记》,中华书局,1962,第 1479 页。

六二:比之自内。贞吉。

与其他诸侯联合,前提是自己国内的团结一心,同仇敌忾,这样才会贞吉。

《尚书·周书·牧誓》载:"时甲子昧爽,(武)王朝至商郊牧野,乃誓。王曰:'嗟!我有国冢君,御事司徒,司马,司空,亚旅,师氏,千夫长,百夫长,及庸,蜀,羌,髳,微,纑,彭,濮人,称尔戈,比尔干,立尔矛,予其誓。'"①

百夫长以上为国内上下一心,"比之自内"也。庸,蜀以下及未提及国名的八百诸侯,是"外比之"。贞吉,没问题!

六三:比之匪人。

李镜池《周易通义》:"《释文》引王肃本,'匪人'下有'凶'字。"②我未见王肃此书,但从逻辑上看,有"凶"字方为合理。若无"凶"字,当从上爻兆辞"贞吉",是不合逻辑的。

"匪"者,彼也。

《诗经·桧风·匪风》:"匪风发兮,匪车偈兮。"陈子展《诗经直解》:"至诗'匪风'之'匪',当从王念孙《广雅疏证》读'匪'为彼。"③

"匪人"即彼人,以区别于自己人。"比之匪人",即会盟的八百诸侯中,有不是同心同德的自己人。由于利益诉求与结盟主旨不一致,甚至有可能是商纣王的奸细。多亏发现了,否则后果不堪设想。在正史中没有这方面的记载,但在现实中却几乎是必然的事。此爻可补正史之不足。

《萃》卦初六:"有孚不终",说的是武王伐纣前有一次南征,原因就是某方国与周结盟后,又投靠了殷商。很有可能就是本爻说的"比之匪人"。(参见《萃》卦的解读)

六四:外比之。贞吉。

已见前说。

九五:显比。王用三驱,失前禽。邑人不诫,吉!

几乎所有版本都解为,国君狩猎,三面包围,放开前面,供王射猎。放一

---

① 孔安国传,孔颖达正义:《尚书正义》,上海古籍出版社,2007,第420-422页。
② 李镜池:《周易通义》,中华书局,1981,第20页。
③ 陈子展:《诗经直解》,复旦大学出版社,1983,第450页。

部分猎物使之逃走,以示仁慈,并不赶尽杀绝。而且不惊扰邑民。国王与邑民构成了显比。

这样的解释不能说错,但却离开了周武王伐纣,会盟诸侯这一特定的语境,故吾不取也。古者田猎军战本为一事,此处乃是借田猎写伐纣之牧野之战。

武王《牧誓》:"勖哉,夫子! 尚桓桓! 如虎如貔,如熊如罴。于商郊,弗迓克奔,以役西土。勖哉夫子! 尔所不勖,其于尔躬有戮!"孔安国传:"商众能奔来降者,不迎击之,如此,则所以役我西土之义。"孔颖达疏:"迓,训迎也。不迎击商众能奔来降者,兵法不诛降也。役,谓使用也。如此不杀降人,则所以使用我西土之义。用义于彼,令彼知我有义也。"①

不得暴杀纣师之奔走者。你们一定要努力遵守,倘不遵守,将杀你们的头! 这不就是"王用三驱,失前禽"吗。

再看实战。

《史记·周本纪》:"帝纣闻武王来,亦发兵七十万人距武王。武王使师尚父与百夫致师,以大卒驰帝纣师。纣师虽众,皆无战之心。心欲武王亟入。纣师皆倒兵以战,以开武王。武王驰之,纣兵皆崩畔纣。纣走,反入登于鹿台之上,蒙衣其殊玉,自燔于火而死。……武王至商国,商国百姓咸待于郊。于是武王使群臣告语商百姓曰:'上天降休!'商人皆再拜稽首,武王亦答拜。"②

这就是"邑人不诫"! 不惊扰百姓! 这就是显比! 即最高明的比。

上六:比之无首。凶。

这是从反面讲。武王通过会盟,在八百诸侯的支持下,灭商,取得天下。但比虽不分尊卑,但却不能没有首领。没有首领统一指挥,多少军队都是一盘散沙,没有战斗力的。武王就是政治上的首,师尚父就是军事上的首。无首则凶,必败无疑!

---

① 孔安国传,孔颖达正义:《尚书正义》,上海古籍出版社,2007,第425-426页。
② 司马迁:《史记》,中华书局,1962,第124页。

九、小畜卦(乾下巽上)

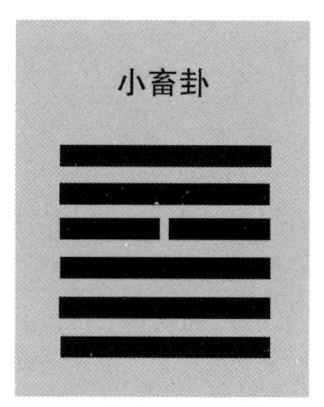

小畜卦

上九:既雨既处,尚德载。妇贞厉。月几望。君子征凶。
九五:有孚挛如,富以其邻。
六四:有孚。血去惕出。无咎。
九三:舆说辐,夫妻反目。
九二:牵复。吉。
初九:复自道,何其咎?吉。
小畜:亨。密云不雨,自我西郊。

先看卦名。

《说文》:"畜,田畜也。"《鲁郊礼》:"畜,从田从兹。兹,益也。"①是农田的产出、兹益。这是农业卦,收成不错,小有积蓄也。

小畜:亨。密云不雨,自我西郊。

收成不错,亨通。浓云密布,从西郊方向压了过来,看来,一场雨是免不了的了。

初九:复自道,何其咎?吉。

已经走在回家的路上,有什么可担心的呢!吉!

九二:牵复。吉。

《说文》:"牵,引前也。从牛,象引牛之縻也。"②

上古牛车为大车,载物。马车为小车,乘人。牵着牛车,运载着收割的庄稼,走在回家的路上,心里踏实。吉!

---

① 许慎:《说文解字》,中华书局,1963,第291页。
② 许慎:《说文解字》,中华书局,1963,第29页。

九三：舆说辐，夫妻反目。

乐极生悲，车轮辐条脱榫了，夫妻吵了起来。古时男耕女织，妇女是不下田劳动的。而这位妻子不仅下田帮丈夫收割，还一起赶车回家。可见不仅能干，而且敢于挑战传统。但这样的奇女子，往往泼辣、强势。眼看雨就要下来了，偏偏车子坏了。要知道，当时那种土路，一下雨就泥泞不堪，车上又装载着全家一年的希望，因此和丈夫急眼了。

六四：有孚。血去惕出。无咎。

这是说，男主人有诚信，被人尊敬，有邻居帮忙把车子修好了，不用担忧了。血者，恤的通假字，忧虑。与血无关。

九五：有孚挛如，富以其邻。

谁帮助修车的呢？后面赶车的邻居。要知道，当时田间的道路，往往只容一轨。

《周礼·地官司徒》："百夫有洫，洫上有涂。"郑玄注："涂容乘车一轨。"①

车轮都是在深深的车辙中行进的，一旦前面车子出故障，后面的车也无法前进。所以帮助邻居，也就是帮助自己。

《说文》："挛者，系也。从手。"②

就像双手被捆绑在一起，谁也离不开谁啊。致富也是如此，不能以邻为壑，而应互相帮助啊。

上九：既雨既处，尚德载。妇贞厉。月几望。君子征凶。

雨终于下来了，好在下的时间不长，很快就停了。处，止也。又可以上路了。德者，得也。牛车还可以运载庄稼回家。但这位妻子恐怕回去没好果子吃。终究男尊女卑啊，在路上，当着邻居的面，一点面子也不给丈夫留。

"月几望。君子征凶。"月圆为望，每月十五日。"几望"则为十四日。但这里是讲回到家时天色已晚，月亮也出来了。以表达农民下田劳动披星戴月的艰辛。看来农民要有点积蓄真不容易。"君子征凶"的君子不是指丈

---

① 郑玄注，贾公彦疏：《周礼注疏》，上海古籍出版社，2010，第555页。
② 许慎：《说文解字》，中华书局，1963，第255页。

九、小畜卦（乾下巽上）

夫。下田劳动的都是小人。君子是贵族，是不会下田劳动的，更不会和妻子一起下田赶车，当着外人吵架。所以"君子"应是邑主，如《讼》卦那位有邑民三百户的贵族。在收获的季节，邑主外出不是好事。"君子征凶"，似乎与前面几爻所述事件没有必然关系，显得突兀。这也是《周易》叙事系统配合符号系统有时是力不从心的，有牵强的地方。

但本卦写出了那个时代农村和农民的生活样态，尤其是"夫妻反目"，到"血去惕出"，是一出轻喜剧，生活气息非常浓厚。

十、履卦(兑下乾上)

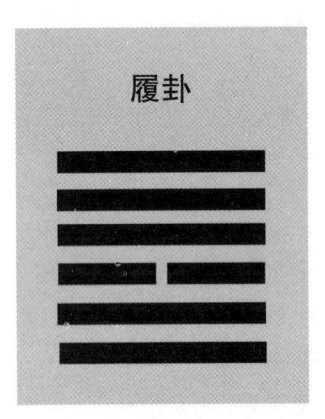

上九：视履。考祥其旋。元吉。
九五：夬履。贞厉。
九四：履虎尾，愬愬。终吉。
六三：眇能视，跛能履。履虎尾，咥人。凶。武人为于大君。
九二：履道坦坦，幽人贞吉。
初九：素履。往。无咎。
履：履虎尾，不咥人。亨。

此卦，前人各种解说，均未搔到痒处，都属泛泛之谈。愚以为，此卦核心信息是六三："武人为于大君。"此大君为谁？只要确定这点，全卦则迎刃而解。

"大君"不是诸侯，而是"天子"。在周初四王中，太王、王季都是追谥，可称大君者，只有两位，文王、武王。虽然文王也是追谥的，但当时已是"三分天下有其二"，在周人及其附庸之国眼中，已然是天子。可在此爻辞中，对"大君"是贬语，一是"武人为于大君"，显然非仁君也。二是用两个比喻，"眇能视，跛能履"，意思是说，这位大君，就像眇一目的独眼龙，虽也能视物，但看到的却是斜的。又像跛足的瘸子，虽然也能走路，但身子却是歪的。意思是，这位大君是不合格的昏君。三是"履虎尾，咥人"，"履虎尾"是比喻，现实生活中是不会有踩老虎尾巴的事情的。比什么呢？比冒犯了这位大君，就像是踩了老虎尾巴，老虎是要吃人的。"咥"，吃。至今陕西方言仍称吃东西为咥。

周人视文王、武王为圣王，所以大君绝不会是指他们。那么这位大君是

十、履卦（兑下乾上）

谁呢？只能从敌方去找。敌方，商也。"大君"，纣也。但"大君"前边有一限制语，即"武人"为于大君。怎么解释？周振甫未加解释，直说"武人做了大君"。李镜池解为"武人掌握了军权，往往就成了最高统治者"。① 似乎说是军队统帅发动政变，夺了君位。这在商周时代是完全不可能的！因为当时认为，为天子者，上膺天命。武王灭商，是顺天应人，是革命。即上天改变了命令。所以，商周二代从无军人夺取天子之位的记载。

《史记·殷本纪》："（纣王）材力过人，手格猛兽。"②

注意，"材"力，而非"才"力，是身材孔武有力。故武人，并非指军人，而是孔武有力之人当无疑义。履虎尾而被吃，《殷本纪》中就有"醢九侯，脯鄂侯，比干剖心"的记载。锁定纣王就是"武人为于大君"的历史本事，下面就都好解释了。

回到本卦卦辞：履虎尾，不咥人。亨。

既已锁定纣王就是老虎，那么，踩了老虎尾巴却没被吃掉的只有一位，那就是周文王，当时还称西伯。

《史记·周本纪》："帝纣乃囚西伯于羑里。闳夭之徒患之，乃求有莘氏美女，骊戎之文马，有熊九驷，他奇怪物，因殷嬖臣费仲而献之纣。纣大说，曰：'此一物足以释西伯，况其多乎！'乃赦西伯，赐之弓矢斧钺，使西伯得征伐。"③

文王不但没被吃，还被纣王赦免，并赋予征伐之权。经过几十年经营，这个建国时间不长的方国逐渐强大起来，先后有四十余方国归附，又灭崇伐密，终于奠定了灭商的国力基础，亨！

初九：素履。往。无咎。

"素履"，即没有华贵装饰的鞋子。暗示抛弃官位，脱掉朝服朝靴。"往"，离开。离开谁？离开老虎，离开朝廷，逃离了危险。

《史记·殷本纪》载："纣愈淫乱不止，微子数谏不听，乃与太师、少师谋，

---

① 周振甫：《周易译注》，中华书局，1991，第44页；李镜池：《周易通义》，中华书局，1981，第24页。
② 司马迁：《史记》，中华书局，1962，第105页。
③ 司马迁：《史记》，中华书局，1962，第116页。

遂去。"①

去即是"往",即是逃离朝廷。

九二:履道坦坦,幽人贞吉。

逃离朝廷之后,各奔东西。太师、少师乃持商之祭乐器奔周。但微子由于是宗室,不能叛商,故选择了隐居。"坦坦",平坦宽阔之义。

《尚书·周书·微子之命》孔颖达疏:"《吕氏春秋·仲冬纪》云:纣之母生微子启与仲衍,尚为妾。已而为妻,后生纣。纣父欲立启为太子,太史据法而争之:'有妻之子,不可立妾之子。'故纣为后。"②

微子由于身份特殊,不能奔周,只好隐居山林,是为"幽人"。武王灭商后,纣子武庚叛周,周公东征,诛伐武庚,乃迁殷之遗民于宋,改封微子启代殷后。此即为"幽人贞吉"也。

六三:眇能视,跛能履。履虎尾,咥人。凶。武人为于大君。

已见前解,不赘。

九四:履虎尾,愬愬。终吉。

"愬愬",惊惧貌。指箕子。纣王之叔父辈。

《史记·宋微子世家》:"纣为淫逸,箕子谏,不听。人或曰:'可以去矣。'箕子曰:'为人臣谏不听而去,是彰君之恶而自说于民,吾不忍为也。'乃被发佯狂而为奴。"③

"被发佯狂",自然是出于恐惧。但仍不被纣王放过,囚禁起来。直到武王灭商,特命召公释箕子之囚,并得到武王礼敬。并为武王讲述《洪范九畴》,成为中国文化史上重要的文献典籍之一。此即"履虎尾,愬愬。终吉"。

九五:夬履。贞厉。

"夬",决也,穿也。就是鞋子烂了。这是比喻。比什么?要与其他几爻对读方能明白。首先与初九"素履。往"对读。"素履"是朴素,不加任何华贵装饰的鞋子,着素履的几位君子,逃离了朝廷。那么说明"夬履"在没有烂掉之前,一定是华贵的官靴,直到穿烂了其主人也没有离开朝廷。再与九二

---

① 司马迁:《史记》,中华书局,1962,第108页。
② 孔安国传,孔颖达正义:《尚书正义》,上海古籍出版社,2007,第521页。
③ 司马迁:《史记》,中华书局,1962,第1609页。

"履道坦坦,幽人贞吉"对读,连纣王之兄微子都不得已走上了隐居之路,那么这位着"夬履"的人,一定不会选择隐居,而是仍然在朝廷享受高官厚禄。再次与六三"履虎尾,咥人"和九四"履虎尾,愬愬"对读,说明这位从来没有冒犯过大君,因而没有"愬愬"的恐惧,更没有被老虎吃掉的危险。因此,这位着"夬履"者,应是指贪图富贵,贪恋权势,为虎作伥,助纣为虐的佞臣。《殷本纪》载,纣王在醢九侯,脯鄂侯之后:

"(纣王)用费仲为政,费仲善谀,好利。殷人弗亲。纣又用恶来,恶来善毁谗。诸侯以此益疏。"[①]

可以肯定,"夬履"就是比喻费仲、恶来那样的佞臣。最后都成为纣王的陪葬。故贞厉!

上九:视履。考祥其旋。元吉。

这是全卦之总结。选择什么鞋子,是"素履"还是"夬履",其实就是选择走什么样的道路。一定要仔细审视,考虑周详,反复掂量,才会大吉。

本卦揭示了纣王时期商王朝的政治生态:纣王昏庸残暴,贤臣纷纷远举高蹈,或叛逃,或遁隐,或佯狂,唯有奸佞志得意满,翻云覆雨。殷商的土崩瓦解已经指日可待了。

---

① 司马迁:《史记》,中华书局,1962,第106页。

十一、泰卦(乾下坤上)
十二、否卦(坤下乾上)

泰卦

上六:城复于隍,勿用师。自邑告命。贞吝。
六五:帝乙归妹,以祉元吉。
六四:翩翩,不富以其邻。不戒以孚。
九三:无平不陂,无往不复。艰贞无咎,勿恤其孚,于食有福。
九二:包荒。用冯河,不遐遗。朋亡,得尚于中行。
初九:拔茅茹以其汇。征吉。
泰:小往大来。吉亨。

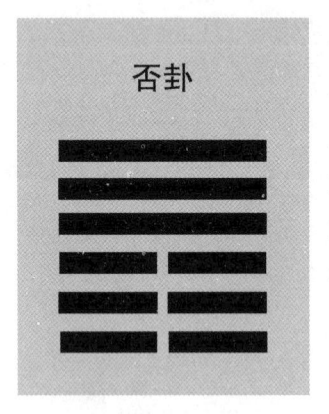

否卦

上九:倾否。先否后喜。
九五:休否。大人吉。其亡其亡,系于苞桑。
九四:有命无咎,畴离祉。
六三:包羞。
六二:包承。小人吉,大人否亨。
初六:拔茅茹以其汇。贞吉,亨。
否:否之匪人。不利君子贞。大往小来。

所谓泰,周历三阳之月,夏历正月。周历建子,一阳之月为复,二阳之月为临,三阳之月为泰。所谓"三阳开泰",就是这样来的。正月正是七九河开,八九燕来之时,身心通泰。

《礼记·月令》:"季春之月,是月也,生气方盛,阳气发泄,句(勾)者毕出,萌者尽达。"①

"句者",指弯曲蛰伏的虫类动物,"萌者"指刚刚萌生新芽的草木。一派生机勃勃的景象。

"小往大来",阴气为小,阳气为大。自此月起,阳长阴消,四阳之月,夏历二月,《大壮》;五阳之月,夏历三月,《夬》卦;全阳之月,周历六月,夏历四月,《乾》卦。此所谓"小往大来"也。此就自然时令而言也。

《说文》:"否,不也。从口从不。"②

即今"是否"之"否"字。前者为《泰》,那么《否》即《泰》之反。三阴之月,周历九月,夏历七月也。《诗经·豳风·七月》:"七月流火,九月授衣"之七月即是此月。自此月始阴长阳消。四阴之月,周历十月,夏历八月,《观》卦;五阴之月,周历十一月,夏历九月,《剥》卦;全阴之月,周历岁末,夏历十月,《坤》卦。此所谓"大往小来"也。

此乃就符号系统而言。关于卦象,我们还可以做进一步讨论。

《泰》卦下卦为乾,上卦为坤。《否》卦则相反,下卦为坤,上卦为乾。在八卦中,乾为天,坤为地。那么问题来了,天在上,地在下,本来如此啊!为什么却是《否》呢?反之,天在下,地在上却是《泰》呢?原来这要从天地运动规律来看。天为阳,阳气清轻而上浮;地为阴,阴气重浊而下沉。《泰》卦,天在下,向上运动,地在上,向下运动,用一句时髦的话说,是"相向而行","相反相成"。传统说法是"交感"。《易传》中的《彖传》和《象传》曾对此有非常精彩的解释。

《泰》卦《彖》曰:"泰:'小往大来,吉亨',则是天地交而万物通也,上下交而其志同也。内阳而外阴,内健而外顺,内君子而外小人,君子道长,小人道消也。"

"内"者,下卦也。"外"者,上卦也。

《否》卦《彖》曰:"'否之匪人,不利君子贞,大往小来',则是天地不交而

---

① 郑玄注,孔颖达正义:《礼记正义》(《十三经注疏》本),上海古籍出版社,1997,第1363页。
② 许慎:《说文解字》,中华书局,1963,第34页。

万物不通也,上下不交而天下无邦也。内阴而外阳,内柔而外刚,内小人而外君子,小人道长,君子道消也。"①

《泰》卦《象》曰:"天地交,《泰》";《否》卦《象》曰:"天地不交,《否》。"(同注①)

都强调了天地交感与否,乃是判别否、泰的依据。以上都是就符号系统而言,但《泰》《否》两卦的叙事系统则是另一码事。

要读懂这两卦,《泰》卦六四、六五两爻是关键。

六四:翩翩,不富以其邻。不戒以孚。

六五:帝乙归妹。以祉元吉。

从《既济》九五"东邻杀牛,不如西邻之禴祭"可知,"东邻",商也。因为牛乃太牢,只有天子祭天地宗庙等大祭时才可杀牛。那么西邻自然是周。周乃诸侯国,要向商进贡,还要承受商朝经常不断的勒索。此即"不富以其邻"也。但周仍然用诚信来对待这个邻居,此即"不戒以孚"也。"帝乙",纣王之父,殷商倒数第二代帝王。和武王之父文王是同时代的人。"帝乙归妹"在《周易》中曾两次提到。《归妹》就是讲述"帝乙归妹"的专卦。帝乙嫁妹,只能是嫁给周文王,而不可能是别的什么人。"不富以其邻"是"否","帝乙归妹"是"泰"。周之否、泰都与殷商息息相关。所以,本卦讲的否泰,是作为国家的周之否、泰,而不是某个人之否、泰。明乎此,此两卦之卦义就容易讲明白了。

《泰》卦:初九:拔茅茹以其汇。征吉。

《否》卦:初六:拔茅茹以其汇。贞吉,亨。

两卦初爻贞事辞相同,都是"拔茅茹以其汇"。汇者,聚也。物以类聚,人以群分。此为比喻。

《说文》:"茅蒐,茹藘,人血所生,可以染绛。"②

是说茅茹可以做红色染料,《七月》诗中"我朱孔阳,为公子裳",大约就是这种草染成的。所以拔草时不能与杂草混淆。比做人也要按类严分君

---

① 王弼、韩康伯注,孔颖达正义:《周易正义》,中国致公出版社,2009,第70—73页。
② 许慎:《说文解字》,中华书局,1963,第19页。

子、小人,不容混淆。国家之间的关系也是如此。所以,《泰》卦九二讲"朋",《否》卦九四讲"畴"。"朋、畴",类也。

贞兆辞略有差别。《泰》卦初九为"征吉",即行远路吉。因九二、九三都有行旅之事。《否》卦初六为"贞吉,亨"。因其无行旅的内容也。以下则分别讲述之。

《泰》卦。

九二:包荒。用冯河,不遐遗。朋亡,得尚于中行。

传统解释"包荒",为包容荒秽。但包容荒秽何以就是泰?说服力不强。有人训"包"为匏,葫芦,训"荒"为空,和"用冯河"联系起来。把葫芦挖空,作为腰舟,渡河没有危险,安泰。这是受庄子启发。

《逍遥游》:"今子有五石之瓠,何不虑以为大樽而浮乎江湖?"

李镜池、周振甫都认同此解。① 但漏洞仍存。

《诗经·小雅·小旻》:"不敢暴虎,不敢冯河。"毛亨传云:"徒涉曰冯河,徒博曰暴虎。"②

不使用任何设备涉水过河,才叫"冯河",不使用任何武器,空手与猛虎搏斗才叫暴虎。用瓠为腰舟,称浮,不能称之为"冯河"。庄子原话就是"浮乎江湖"。须知古汉语用字极为精确,不会混淆"浮"与"冯"的不同。故吾不取。愚以为"包"应训为包举,囊括之义。

贾谊《过秦论》:"秦孝公有席卷天下,包举宇内,囊括四海之意,并吞八荒之心。"③

"荒"应训为荒远。不是一般的远,极远为荒,也就是四野八荒之荒。

《史记·夏本纪》:"今之天子之国以外,五百里甸服,甸服外五百里侯服,侯服外五百里绥服,绥服外五百里要服,要服外五百里荒服。"④

---

① 李镜池:《周易通义》,中华书局,1981,第26页;周振甫:《周易译注》,中华书局,1991,第47页。
② 毛亨传,郑玄笺,孔颖达正义:《毛诗正义》(《十三经注疏》本),上海古籍出版社,1997,第449页。
③ 贾谊:《新书》(《二十二子》本),上海古籍出版社,1986,第731页。
④ 司马迁:《史记》,中华书局,1962,第75页。

换算成今日距离,则为距都城一千公里之外。在这里,"包荒"应是形容周已经拥有非常辽阔的领土,"三分天下有其二",走得再远,也是在自己的国土上,所以"征吉"。"征吉"即是泰。

"用冯河,不遐遗。"徒步涉水过黄河有利。用者,利也。需要强调一点,"河"不是泛指,而是专有名词"黄河"。

《诗经·卫风·河广》:"谁谓河广,一苇航之。"[①]

河即黄河也。涉水渡过黄河,目的是什么?据"朋亡"可知,是出使邻国。《坤》卦卦辞:"君子有攸往,西南得朋,东北丧朋。""征"即"有攸往","朋亡"即"丧朋","亡"者,丧失也。驾着马车涉水过河可以称之为"冯河","不遐遗",过河之后,盘点行囊,所携带的聘礼没有受到损失。

黄河在枯水期,某些平缓河段是可以涉水而渡的。20世纪80年代,我在兰州开会,曾乘大巴在上游河段涉水而渡。当地人称之为漫水桥。

"朋亡,得尚于中行。"由于从周地过黄河,是东北方向。因东北方向都是不太友好的国家,如戎狄、鬼方、崇、密等方国。"东北丧朋",只好折返西南方向,而西南方向则是与周友好的方国,"西南得朋""先迷后得主利",即"得尚于中行"也,故泰!"朋亡",非其类也。"得尚于中行",志同道合,以类聚也。对此,可参看《坤》卦的解读。

九三:无平不陂,无往不复。艰贞无咎,勿恤其孚,于食有福。

在周发展壮大的过程中,经历了无数的艰难曲折,正是克服了一个个艰难险阻,周才从弱小走向强大。就如同这出使的道路一样,不经过高坡,就到不了平地,不经过失败也就得不到成功。

"无平不陂,无往不复",有平则必有陂,有往则必有复。既不会总是一马平川,一帆风顺,也不会总是艰难险阻,崎岖不平。只有坚韧不拔,迎难而上的人才能取得成功!此即"艰贞无咎"。这是远行者的切身感悟,蕴含着深刻的人生哲理。

"勿恤其孚,于食有福。"周振甫译为:

---

① 毛亨传,郑玄笺,孔颖达正义:《毛诗正义》(《十三经注疏》本),上海古籍出版社,1997,第326页。

"勿忧他的诚信,对于粮食是有福的。"①

就字面讲,没错。但他是谁?无忧谁的诚信?明确了"征吉"是出使邻国,"其"指的就是结交的盟友,那么就是不要担忧盟友间的诚信,只有盟友之间相互信任,才能共同应对困难,包括最重要的战略物资:粮食。

六四:翩翩,不富以其邻。不戒以孚。

"翩翩",鸟儿连续不断地扇动翅膀。此处取其连续不断之义。《小畜》卦九五:"有孚挛如,富以其邻",此爻正与之相反,"不富以其邻"。可据此推之,"翩翩"是"有孚"的反面,没有诚信,连续不断、没完没了地勒索邻居。但此邻与《小畜》之彼邻不是一回事。根据语境,《小畜》之邻,乃农夫之邻,也是农夫。而此邻则是邻国殷商王朝。

六五:帝乙归妹,以祉元吉。

不少学者认为,《诗经·大雅·大明》一诗讲的就是帝乙嫁妹于文王之事:

大邦有子,俔天之妹。文定厥祥,亲迎于渭。造舟为梁,不显其光。

有命自天,命此文王。于周于京,缵女维莘,长子维行。笃生武王。

保佑命尔,燮伐大商。②

仔细一读,完全是两码事。此诗中的新娘子是有莘国的女儿,虽然也是商朝的诸侯国,但莘国是姒姓,殷商乃子姓。这位新娘就是文王之妻,武王之母——太姒,与帝乙一点关系都没有。看来,帝乙嫁妹予文王,在周人历史上被屏蔽了,只在《周易》中被保留了下来,因而更弥足珍贵。

窃以为,"帝乙归妹"就是因其父太丁已崩,故由帝乙主持嫁妹才合本义。

商周联姻,对于相对弱势的周来说,暂时缓和了紧张的关系,无疑是大好事,"以祉元吉"。纣王时期,文王(当时称西伯)为殷商朝廷的三公之首,也大约与这种姻亲关系有关。与西伯同为三公的九侯,就是因其女为纣王

---

① 周振甫:《周易译注》,中华书局,1991,第47页。
② 毛亨传,郑玄笺,孔颖达正义:《毛诗正义》(《十三经注疏》本),上海古籍出版社,1997,第507页。

之妃的原因。后来纣王醢九侯、脯鄂侯,囚西伯于羑里。① 周最终和殷商断绝了婚姻关系。详情可参看《归妹》卦的解读。

上六:城复于隍,勿用师。自邑告命。贞吝。

上古建都,掘壕为池,筑土为城,以卫王室。掘壕之土,正好用于筑城,一举两得,又双重防卫,极具智慧。固若金汤,即说的是城之固,水之深,泰。然"城复于隍",城墙倾覆,又填平了护城河,保泰的功能完全消失,泰转化为否。

但什么力量能使城墙倒塌得如此严重,以至填平护城河?绝不是战争。因为如果是战争,不可能把城墙摧毁得如此彻底。合理的解释只能是地震,是大自然的威力!还有一个问题,摧毁的是谁的都城呢?答案只能是周自己的都城。因为如果摧毁的是敌方的都城,正好乘势扩大战果,夺取彻底的胜利,不会"勿用师",停止战争的。

《竹书纪年》卷五:"(殷商)帝乙三年夏六月,周地震。"(清)徐文靖笺:"按郑樵《通志》曰:文王即位之八年寝疾,五日而地震。"②

按郑樵的推算,殷商帝乙三年,就是周文王八年。看来,在文王时期,西周的的确确发生过一次大的地震。上古,乃至中古都认为,地震乃上天之告警。帝王此时要自省修德,并采取实际行动以赎过愆。这些举措不外是赦免死囚,免除赋役,停建土木工程以及停止战争行动。

《周礼·春官宗伯》:"凡天地之大灾,类社稷宗庙。"郑玄注:"天灾,谓日月食,星辰奔陨。地灾,谓震裂。则类祭社稷及宗庙。类者,依其正礼而为之。"③

《汉书·宣帝纪》:"(本始四年)夏四月壬寅,郡国四十九地震,或山崩水出。诏曰:'盖灾异者,天地之戒也。朕承洪业,奉宗庙,讬于士民之上,未能和群生。乃者地震北海、琅邪,坏祖宗庙,朕甚惧焉。……律令有可蠲除以安百姓,条奏。被地震坏败甚者,勿收租税'。大赦天下。上以宗庙堕,素

---

① 司马迁:《史记》,中华书局,1962,第106页。
② 徐文靖笺:《竹书纪年统笺》(《二十二子》本),上海古籍出版社,1986,第1068页。
③ 郑玄注,贾公彦疏:《周礼注疏》,上海古籍出版社,2010,第718页。

服,避正殿五日。"①

由于汉宣帝时没有战争,所以修省内容也就没有停战这一条。而文王时期,周正处于开疆拓土的阶段,战争则是开拓疆土最有效的手段。或许就是这次地震,加之文王"寝疾"即病重,因而认为是上天在告警,才停止了战争行动。

"自邑告命。贞吝。"命者,王命也。王,在这里就是指周文王。上古,都、邑一也。自称敝邑,敬称上都,都即邑也。为什么说"自邑告命"就是指王命?因非王之邑主,是不能拥有军队的。由于都城被地震摧毁,文王从国都发布命令,停止一切军事行动。"贞吝",经过占筮,"吝",不吉。如果不及时停止战争,《泰》就会转为《否》。

下面讲《否》卦。

初六:拔茅茹以其汇。贞吉,亨。

已见前说,不赘。

六二:包承。小人吉,大人否亨。

六三:包羞。

李镜池训"包"为庖,厨房也。训"承"为肉。训"羞"为馐,珍馐美味,是为熟肉,那么"承"便是生肉。庖厨里有生肉和熟肉。对于小人来说是吉,对于大人来说是否。因为吃腻了。②

那么问题来了,"小人"哪里会有什么庖厨?又哪里能存放生肉和珍馐美味?《豳风·七月》曾写到农夫,即小人的生活状态:

"穹室熏鼠,塞向墐户。嗟我妇子,曰为改岁,入此室处。……

八月断壶,九月叔苴。采荼薪樗,食我农夫。"③

冬天来了,只能堵死鼠洞,把朝北的窗洞也堵上。用泥巴把树棍编成的门涂抹一遍,可怜我和老婆孩子就要在这样的房子里熬过严冬。这像有庖厨的人家吗?八九月份本是收获的季节,可农夫们还要用葫芦、苦菜补充粮

---

① 班固:《汉书》,中华书局,1962,第245页。
② 李镜池:《周易通义》,中华书局,1981,第28页。
③ 毛亨传,郑玄笺,孔颖达正义:《毛诗正义》(《十三经注疏》本),上海古籍出版社,1997,第391页。

食的不足,这像是有生肉和珍馐美味的生活吗?而且,商纣王酒池肉林都吃不腻,"大人"家里有珍馐美味怎么就吃腻了呢?即使吃腻了,也不应是《否》呀!似乎看到有漏洞,周振甫训"包"为包裹。"承",训为俎中小块生肉。"羞"训为蒸肉。那么这句话就变成,案板上有小块生肉和蒸肉,小人自然是吉,贵族就显寒酸了。故否。①

寒酸难道就是否吗,仍然难以令人信服。

其实,"包承、包羞"乃是残缺的信息碎片,而且似乎是《周易》的作者有意识地留下的残缺,以增强其神秘感。但他却也安排了破解这残缺信息的密码。只要找到散落在六十四卦中的相关信息材料,就可打开这千古之谜。

窃以为"包承、包羞"乃是《周易》爻辞中一种特殊的语言现象——拆句省文。所谓拆句,即把本来是一句话,拆成两句,并且分置于两爻之下。《履》卦,六三:"眇能视,跛能履,……武人为于大君。"《归妹》卦,初九:"归妹以娣,跛能履。征吉。九二:眇能视。利幽人之贞。"

《归妹》卦的初九"跛能履"和九二"眇能视"两条爻辞,就是《履》卦六三"眇能视,跛能履"拆分而成的。

孤证不足为凭,再举一例。《既济》卦,初九:"曳其轮,濡其尾。无咎。"到《未既》卦拆成初六:"濡其尾。吝。"九二:"曳其轮。贞吉。"此为拆句。

再说省文。一句话在另外一卦或另外一爻中出现,文意未变,但有省略。举例如下。《屯》卦六二:"屯如邅如,乘马班如,匪寇婚媾。"到上六变为:"乘马班如,泣血涟如。"省去了"匪寇婚媾"四字。这是抢婚,所以被抢的女子才"泣血涟如"。仍然是孤证不足为凭,再举一例。《益》卦,六三:"益之用凶事。无咎。有孚。中行告公用圭。"六四:"中行告公,从。利用为依迁国。"这两爻讲的是周灭商后一个重要的历史事件——周公东征,平定殷后武庚叛乱。胜利后,按成王之命,将殷民从故都朝歌迁往宋地。"凶事",战争。半路上,接到成王之命,以圭璋为信物,以封微子。至六四,"中行告公,从",中间省略"用圭"二字,但文意未变。此即省文也。

但以上拆句与省文乃两种不同的修辞手法,有没有拆句省文合而为一

---

① 周振甫:《周易译注》,中华书局,1991,第51页。

的例子呢？有。请看《颐》卦，六二："颠颐拂经于丘颐。征凶。"六四"颠颐。吉。虎视眈眈，其欲逐逐。无咎。"六五："拂经，居贞吉。不可涉大川。"

很明显，六四"颠颐"和六五"拂经"是六二"颠颐拂经于丘颐"拆开后又省略了"于丘颐"三字，并分置于两爻之下的结果。兆辞六二是"征凶"，六四是"不可涉大川"，意思相同，文意未变。此即是拆句省文也。

回到《否》卦。"包承、包羞"也是拆句省文。拆的是哪句话呢？《恒》卦九三："不恒其德，或承之羞。"意思是说，若不能恒久地保持自己的德行操守，那么就要承受因此而带来的耻辱。《象传》在解释此爻时说："不恒其德，无所容也"，省略了"或承之羞"，①但意思却是完整的。而此二爻则省略了"不恒其德"，保留了"或承之羞"四字中最关键的两个字"承羞"，然后拆开，分置于六二、六三两爻之下。这就是拆句省文。或许有人质疑，这样省略不会改变原意吗？只要我们熟悉《周易》，就知道，有些省文比这还要典型。如《遁》卦六二："执之用黄牛之革，莫之胜说。"意思是说，抓到逃跑的犯人，用黄牛皮革拧成的绳子捆绑起来，无论如何再也逃不掉了。但《象传》解此句时却说成"执用黄牛，固志也。"②把"执之用黄牛之革"，省为"执用黄牛"，省略了"之革"二字。如不知是"执之用黄牛之革"的省略，那简直莫名其妙。一旦明白了是前者的省文，就不会误解了。同此，"承羞"省略了"或"和"之"两个虚字，文意不变。

我们在讨论《恒》卦"不恒其德，或承之羞"时，考证出"或"，即"承羞"之主体乃是纣王本人。正是纣王抛弃了开国圣王商汤的美德，一意孤行，最终身死国灭，承受了羞辱。所以，"包承、包羞"，也是讲纣王倒行逆施，而承受羞辱。

"小人吉，大人否亨"。

小人以生存为第一要务，为了生存，可以不耻不仁，不畏不义。因为"礼不下庶人"。君子则承担修齐治平之社会责任，礼义廉耻是必须的。这就是为什么《泰、否》两卦严分君子小人之别。因二者道德观、价值观完全不一

---

① 王弼、韩康伯注，孔颖达正义：《周易正义》，中国致公出版社，2009，第145页。
② 王弼、韩康伯注，孔颖达正义：《周易正义》，中国致公出版社，2009，第147页。

样！此处之大人，乃是纣王朝廷中的正直之士，如微子、比干、箕子等，他们当然可称得上"大人"，但微子隐遁，比干剖心，箕子被囚。"否亨"也。

九四：有命无咎，畴离祉。

命者，王命也。身负王命，则可无咎。畴者，朋畴，同类之人。"离"，丽也，附丽。"祉"，福祉。凡有王命者，即与纣王佞臣如费仲等同类之人，都可以沾溉王的福祉。"王"，纣也。

九五：休否。大人吉。其亡其亡，系于苞桑。

"休"者，止也。大人君子之否运即将终结了。吉。"其亡其亡"，商王朝已经命存一线，就像把命运系在细弱的桑树枝条上一样，随时都有灭亡的危险。

上九：倾否。先否后喜。

"倾"者，覆也。逆转。否运完全逆转，否极泰来。指微子封于宋，箕子被武王礼遇，作《洪范》，垂名后世。

如此看来，《泰》《否》两卦乃是把周看作阳气，把商看作阴气，阴阳二气的此消彼长，正是商周两国国运转换的反映。结果是：周转为泰，商转为否。

十三、同人卦(离下乾上)

同人卦

上九：同人于郊。无悔。
九五：同人先号咷而后笑,大师克相遇。
九四：乘其墉,弗克攻。吉。
九三：伏戎于莽,升其高陵,三岁不兴。
六二：同人于宗。吝。
初九：同人于门。无咎。
同人于野。亨。利涉大川,利君子贞。

首先看看,本卦给出了哪些信息。

一、这是战争卦。同人者,军队也。军队尚同。

《诗经·秦风·无衣》："岂曰无衣,与子同袍。……岂曰无衣,与子同泽……岂曰无衣,与子同裳。"[①]

穿着同样的战袍。泽,内衣。连内衣都相同。听统一的号令,有同一个敌人。

二、"同人于野"。都外为郊,郊外为野。在离都城很远的野外集结部队。

三、"同人于门"。门者,王门也。在都城内,王门外集结部队。那么,这应该是两支部队。王门外的部队应是嫡系部队,远郊的部队应是诸侯的部队。

---

① 毛亨传,郑玄笺,孔颖达正义:《毛诗正义》(《十三经注疏》本),上海古籍出版社,1997,第373页。

《诗经·大雅·板》:"价人维藩,大师维垣。大邦维屏,大宗维翰。"①

对国家来说,大德之臣是藩篱,强大的军队是城墙。大的诸侯国是屏障,大的宗室是筑城的木板。国家面临战争,诸侯国是要派军队勤王的。

《尚书·周书·大诰》:"王曰:呜呼,肆哉!尔庶邦君越尔御事,爽邦由哲,亦惟十人迪知上帝命。"孔安国传:"叹今伐四国必克之,故以告诸侯及臣下御治事者。"②

《大诰》是武庚及管蔡叛乱时,周公称成王命,顺大道以告天下众国的宣言。说明周公东征,的确有诸侯国的军队参与。

四、为什么要在王门集结军队?

《周礼·地官司徒》:"若国有大故,则至万民于王门。"郑玄注:"大故,谓王崩及寇兵也。"孔颖达疏:"致万民于王门者,以待任用故也。"③

那么本卦中大规模的聚集军队,乃是发生了寇兵,国家面临严重的危机。

五、"同人于宗"。宗者,宗庙也。古代战争,发兵前要有告庙之礼,即向祖宗告知而后出征。由于发动这次叛乱的元凶就是王室的重要成员管叔和蔡叔(详见下面考证),在告庙礼上气氛沉重,故吝。

六、战争过程。两线作战,"伏戎于莽,升其高陵",一支部队,埋伏在丛林,进而抢占山头作为制高点。"乘其墉,弗克攻",另一支队伍则攻城,并登上敌城。胜利之后两路大军才得以会师。

七、战争的进程和烈度。"三岁不兴;乘其墉,弗克攻。""兴"者,举也,攻取。"克"者,战胜。战争进行了三年的时间。战况非常惨烈。当终于取胜之后,两支大军会师时,"先号咷而后笑"!胜利来得太难了,付出的代价太大了!故先是痛哭,然后才是庆幸难得的胜利,庆幸自己还活着!

那么,根据这些信息,我们可以知道什么?

首先,如此大规模的战争,集结的军队如此之多,战争历程如此之久,战

---

① 毛亨传,郑玄笺,孔颖达正义:《毛诗正义》(《十三经注疏》本),上海古籍出版社,1997,第550页。

② 孔安国传,孔颖达正义:《尚书正义》,上海古籍出版社,2007,第517页。

③ 郑玄注,贾公彦疏:《周礼注疏》,上海古籍出版社,2010,第376页。

十三、同人卦（离下乾上）

况如此惨烈,那一定是西周初期重大的历史事件。如此重大的历史事件,史书不会没有记载,否则就是历史的缺失。而且这样重大的历史事件,是不能凭空杜撰的。《周易》此卦对战争全过程的记录一定有其历史依据。只要把此卦所记述的战争进程与《尚书》《诗经》《史记》相关内容进行对照,一定能还原历史的真相!

《史记》中记载的西周初期较为重要的战争有,文王时期,从羑里脱身后,被纣王授予征伐之权:

"明年,伐犬戎。明年,伐密须。明年,败耆国。明年,伐邘。明年,伐崇侯虎。明年,西伯崩。"①

这几次征伐,都是当年进行,当年结束,充其量是中等规模的战争。而《诗经·大雅·皇矣》,只记载伐密、伐崇两次战争。应该是这几次征伐中最重要的。但这两次战争都进展顺利,并不那么惨烈。其中写伐崇:

"临冲闲闲,崇墉言言。执讯连连,攸馘安安。"②

居高临下的攻城车叫临,冲撞城门的攻城车叫冲,闲闲,舒缓貌。高耸的城墙很快登了上去,厚重的城门很快冲垮。抓住了很多重要的俘虏,割下许多战死的敌人耳朵,以报军功。所以没有"三岁不兴"的艰难,也没有"乘其墉,弗克攻"的遗憾! 显然与《同人》卦所描写的战争场面不符。

武王时期的重要战争只有一次,即伐纣灭商的牧野之战。牧野之战若从武王十一年一月戊午(二十八日)大军毕渡盟津算起,至二月甲子(初四日)昧爽(早晨)武王誓师,发起进攻,当天战争便以纣王自焚而死结束,前后共六天。若只算开战,那么战争只进行了一天。③故《诗经·大雅·大明》,写这次战争,只用一节:

"牧野洋洋,檀车煌煌。驷騵彭彭。维师尚父,时维鹰扬。凉彼武王,肆

---

① 司马迁:《史记》,中华书局,1962,第118页。
② 毛亨传,郑玄笺,孔颖达正义:《毛诗正义》(《十三经注疏》本),上海古籍出版社,1997,第522页。
③ 司马迁:《史记》,中华书局,1962,第122页。

伐大商,会朝清明。"①

即到第二天早上,天下便已经清明。很明显,这场战争也与《同人》卦所写三年艰苦卓绝的持久战不符!

武王灭商之后,"纵马于华山之阳,放牛于桃林之墟。偃干戈,振兵释旅,以示天下不复用也。"(见《史记·周本纪》)②马,驾战车者也。牛,驾载重大车供后勤运输者也。干戈,武器也。兵旅,军队也。弃之不用,以示天下不再有战争。这便是"刀枪入库,马放南山"成语之由来。所以,终武王之世,再无发生战事。

成王继位,不久发生一场中国历史上有名的战争——周公东征。《尚书·周书·大诰》讲的就是这场战争。《诗经》中有两首诗讲述这场战争,都在《豳风》中,一首《东山》,一首《破斧》。③但都未说明战争的起因。要了解这场战争,就必须考察《史记·周本纪》的相关记载。

周灭商后,封商纣子禄父殷之余民。武王为殷初定未集,乃使其弟管叔鲜、蔡叔度相禄父治殷。

张守节正义云:"周既灭殷,分其畿内为三国,《诗》邶、鄘、卫是也。邶以封纣子武庚。鄘,管叔尹之,卫,蔡叔尹之。以监殷民,谓之三监。"④

武庚即是禄父。由于对他不放心,所以把殷地一分为三。武庚只有邶一国。还要管叔、蔡叔为相,武庚是没有实际权力的。鄘、卫两国,则由管、蔡分别管理。

"成王少,周初定天下,周公恐诸侯畔周,公乃摄行政当国。管叔、蔡叔群弟疑周公,与武庚作乱,叛周。周公奉成王命,伐诛武庚、管叔,放蔡叔。以微子开,代殷后,国于宋。"⑤

这就是周公东征的前因后果。《益》卦六三:"益之用凶事。无咎,有孚。

---

① 毛亨传,郑玄笺,孔颖达正义:《毛诗正义》(《十三经注疏》本),上海古籍出版社,1997,第508页。

② 司马迁:《史记》,中华书局,1962,第129页。

③ 毛亨传,郑玄笺,孔颖达正义:《毛诗正义》(《十三经注疏》本),上海古籍出版社,1997,第396页;第398页。

④ 司马迁:《史记》,中华书局,1962,第127页。

⑤ 司马迁:《史记》,中华书局,1962,第132页。

十三、同人卦（离下乾上）

中行告公用圭。"六四："中行告公，从。利用为依迁国。"讲的就是周公迁殷之历史。迁殷是伐诛武庚、管叔、蔡叔之善后。那么，《周易》中有没有周公东征全过程的记述呢？答案是有！即本卦《同人》。证据如下：

首先，"同人于门"，前引《周礼》，是由于国有大故。武庚、管、蔡作乱叛周即是大故，而且是猝不及防之大故。本来将殷一分为三，又派两位亲弟弟去监控，以为万无一失，岂料到监视者和被监视者勾结起来叛周。

其次，此次东征，按《史记》说是征伐三国邶、鄘、卫。但《豳风·破斧》的说法却是"征四国"："既破我斧，又缺我斨。周公东征，四国是皇。"前引《尚书·周书·大诰》孔安国传也说是四国，多出来的一国为奄国，也趁机造反。要同时征伐四个方国，调集兵力必然众多，"同人于野"便有了依据。

第三，关于周公东征，《史记·周本纪》还有一段补充：

"初，管蔡畔周，周公讨之，三年而毕定。"①

也就是说东征用了整整三年的时间，才彻底平定。那么"三岁不兴"就有了着落。《豳风·东山》，开篇曰："我徂东山，慆慆不归。"慆慆者，久久也。多久呢？"自我不见，于今三年。"《史记》说"三年而毕定"；《同人》卦说"升其高陵，三岁不兴"。三者互相印证，《同人》中的战争就是周公东征之战，还有什么疑义吗？

关于战争的艰难惨烈，《史记》说"三年毕定"，已经可以想见，倘若战争顺利，何须三年！而《东山》则从解甲归来的战士之口，道出战士们的艰辛：

"蜎蜎者蠋，烝在桑野。敦彼独宿，亦在车下。"

看到路边桑树上蜷曲的野蚕，就想到这三年来，野外宿营，蜷着身子，睡在战车底下，连野蚕都不如啊！《东山》还写到想念中的家乡的凋敝：

"果臝之实，亦施于宇。伊威在室，蟏蛸在户。町疃鹿场，熠耀宵行。不可畏也，亦可怀也。"

野葫芦挂在屋檐底下，屋子里爬满潮虫，门上结了蛛网，院子里布满野鹿蹄印，村子外坟场闪着鬼火。多么可怕的景象，那就是我日思夜想的故乡啊！可见战争的消耗已使农村破败到何种程度。

---

① 司马迁：《史记》，中华书局，1962，第132页。

而《破斧》开篇即是"既破我斧,又缺我斨"。三年征战,武器都成了废铜烂铁,可见战争的惨烈。而《同人》卦中,"升其高陵,三岁不兴。乘其墉,弗克攻",遇到激烈抵抗,眼看就要突破,但就是攻不进去。《诗经》《周易》又互相印证了战争的艰难。

再说胜利后,战士们的心境。《史记》作为宏大叙事,对此没有着墨。《同人》卦九五:"同人先号咷而后笑。大师克相遇。"

经过三年苦战,终于胜利了。两支大军成功会师,但最初的表情却是号啕大哭。太难了!《东山》则是:

"我东曰归,我心西悲。制彼裳衣,勿士行枚。"

听到复员回家的消息,第一反应是悲伤,对家乡的思念潮水般涌出。然后才是不用再穿战袍,不用再衔竹枚禁声,可以穿平常衣服的放松和喜悦。悲喜交加!再看《破斧》最后一节:

"既破我斧,又缺我銶。周公东征,四国是遒。哀我人斯,亦孔之休。"

也是先哀而后喜。休者,喜也。陈子展在《诗经直解》中说:"极言我人之庆幸生还。"①悲喜交集,杂糅情感。《东山》《破斧》《同人》都是如此。这大约就是人同此心,心同此理吧。如果没有设身处地的同情心是写不出来的。

上九:同人于郊。无悔。

收兵之时,要在敌方城郊举行郊祭之礼。

按《礼记·王制》:"天子将出征,类乎上帝,宜乎社,造乎祢,祃乎所征之地。"②

出征时祭天之礼称类,收兵时在敌方郊祭称祃。《大雅·皇矣》,写伐崇之后"是类是祃",指的就是这种仪式。三年苦战,赢得胜利。为国效力,故无悔!至此,《同人》从征集军队,告庙出征,设伏诱敌,夺取高地,登上敌城,到两军会师,郊祭收兵。完整地记述了周公东征的全过程。与《诗经》《史记》相互印证,相互补充,丰富了我们对那场三千年前的战争的了解。是不可多得的珍贵史料。

---

① 陈子展:《诗经直解》,复旦大学出版社,1983,第499页。
② 郑玄注,孔颖达正义:《礼记正义》(《十三经注疏》本),上海古籍出版社,1997,第1333页。

十四、大有卦（乾下离上）

大有卦

上九：自天佑之。吉，无不利。
六五：厥孚交如威如。吉。
九四：匪其彭。无咎。
九三：公用亨于天子，小人弗克。
九二：大车以载，有攸往。无咎。
初九：无交害。匪咎。艰则无咎。
大有：元亨。

都说这是农业专卦。如果就从字面上看，不能说错，但起码是不全面的。破解本卦的关键在于"九三：公用亨于天子，小人弗克"。首先看看"天子"指的是谁？周文王虽被视为受命之君，但终究没有取得天下，那时的天子还是纣王。武王灭商，取得天下共主的地位，当可称为天子。但很可惜，灭商的第二年便去世了。虽然卦中天子有可能是他，但概率不高。因刚刚得天下，百废待兴，八月间还得了一场大病，恐怕还没有这种庆祝大丰收的场景。最大的可能是继位的成王。但成王继位时尚在襁褓（见《史记·鲁周公世家》），[①]还没有亲政的能力，需周公摄政，代他治理天下。所以，在周公摄政时期，还不能主持宴享大臣的活动。七年后，成王成年，周公还政于成王，退居臣子之位。成王成为名副其实的天子。故天子指亲政后的成王，可能性最大。

那么再看"公"指的是谁。正因为没弄明白"公"是谁，以为是王公大臣

---

① 司马迁：《史记》，中华书局，1962，第1518页。

之统称,才使得九四:"匪其彭",解得五花八门,不伦不类。六五:"厥孚交如威如",也解得不明所以。

窃以为"公",指的就是辅成王的周公旦!

武王灭商,大封功臣同姓。但最重要的是三位:太公(姜子牙)封齐,周公旦封鲁,召公奭封燕。太公就国。周公、召公留在朝廷夹辅成王。所以鲁、燕是由周公、召公的儿子承其封国的。那么朝中可称公者,只有周、召二公。然召公位虽甚重,但只是同姓贵族,非王室成员,故位望均无法与周公比肩。

周公在对赴鲁国即位的儿子伯禽曾说:"我文王之子,武王之弟,成王之叔父,我于天下亦不贱矣。"(见《史记·鲁周公世家》)岂止不贱,都说"一人之下,万人之上",然用"一人之下"对周公来说都不准确,因为当时他是摄天子位的。周公何以称周公呢?因其不就国,故武王在王畿内还赐予采邑,即太王古公亶父建国之地,岐山之阳的周原。虽曰采邑,但政治地位、经济实力远高于其他方国。大家知道,在《诗经·国风》中,《周南》为十五国风之始。《周南》之周,即周公之周也。周公封地、封号均与周朝廷相同,所以,不加封地,一提公,则非周公莫属,不会出现歧义!而"公"特指周公,最权威的文献证据在《尚书·周书·召诰》和《洛诰》中。《召诰》是周公摄政七年后,即将归政于成王时,召公以成王命告于周公也。

"太保(召公)乃以庶邦冢君(指成王)出取币,乃复入,锡周公曰:'拜手稽首,旅王若公。'"孔安国传:"称成王命赐周公。"[①]

成王称呼周公只用"公"。《洛诰》是周公营建洛邑告成,将归政成王时,告以居洛之义,周公和成王之间的对话。

"王拜手稽首,曰:'公不敢不敬天之休,来相宅,其作周匹休。公既定宅,来视予卜休恒吉,我二人共贞,公其以予万亿年敬天之休。'"[②]

一连三次都只称呼周公为"公"。在《洛诰》中,成王称周公为"公"有十四次之多。再看一个反证:

[①] 孔安国传,孔颖达正义:《尚书正义》,上海古籍出版社,2007,第577页。
[②] 孔安国传,孔颖达正义:《尚书正义》,上海古籍出版社,2007,第594页。

十四、大有卦（乾下离上）

《尚书·周书·君奭》其序言曰："召公为保，周公为师，相成王，为左右。召公不悦，周公作《君奭》。"周公若曰："君奭，弗弔天降丧于殷，殷既坠厥命，我有周既受。……"①

周公称召公只称君，并直呼其名"奭"并不称"公"。由此可知，在周初年，凡只称"公"者，非周公莫属，更无他人。

再添一证。《益》卦六三："中行告公用圭。"六四："中行告公，从。利用为依迁国。"

多家注释都认为"公"，即指周公，唯独在《大有》卦中，认为是泛指朝之重臣，与彻底解开此卦失之交臂，不能不说是一种缺憾！

"公"之所指，一经锁定，此卦卦义豁然开朗。

《大有》与《小畜》可为对照，《小畜》是小有收成，《大有》则是大丰收。故卦辞是"元亨"，即大亨通。而从"公用亨于天子"可以推知，是周公的领地周原获得了大丰收。

初九：无交害。匪咎。艰则无咎。

"交"可二训：交替，交并。交替为异时关系，如日月交替。交并为同时，如风雨交加。

陶诗："炎火屡焚如，螟蜮恣中田。风雨纵横至，收敛不盈廛。"②

即是"交害"。"无交害"，即是说，只要灾害不是轮番袭来，或各种灾害同时袭来，那么就造不成大的损失，不算什么灾害。"艰"者，艰辛之谓。遇到小灾小害，多辛苦点，旱则浇灌，涝则排涝，蝗灾则灭蝗，不会有大的减收。"周原膴膴，堇荼如饴"，土地太肥沃了，是个给点阳光就灿烂的地方。

九二：大车以载，有攸往。无咎。

我此前说过，攸者，远也。凡说攸往，均指远行。《坤》卦，"君子有攸往"，那是出使。《屯》卦，"勿用有攸往"，是不要再长途跋涉。所以，李镜池将"有攸往"解为"把收获的粮食一大车一大车地拉回去"，③是不准确的。《小畜》卦初九："复自道，何其咎！"九二："牵复，吉"，那才是拉回家。农田

---

① 孔安国传，孔颖达正义：《尚书正义》，上海古籍出版社，2007，第644页。
② 陶渊明：《陶渊明集》，人民文学出版社，1956，第64页。
③ 李镜池：《周易通义》，中华书局，1981，第31页。

距家不会太远。故不用"攸往"一词。

那么,"攸往"既然是远行,要运往哪里去呢?答案是,周之京城——丰镐。文王建都于丰,武王建新都于镐,相距不远,隔着一条丰水。成王有时居丰,有时居镐。即今户县境内。距离周原三四百华里,可称"攸往"。

《周礼·地官司徒》:"凡建邦国,以土圭土其地而制其域。诸公之地,封疆方五百里,其食者半;诸侯之地,封疆方四百里,其食者三之一。"①

周公爵位是上公,封疆的收获,自己可以享受其中的一半,另一半则必须纳贡于朝廷。按《尚书·禹贡》:

"五百里甸服,百里赋纳总,二百里纳铚,三百里秸服,四百里粟,五百里米。"②

总,禾蒿也,即束草,喂牛马用。铚,割下的粮穗。秸服,庄稼秸秆。粟,未脱壳之粮。米,脱壳后谓之米。考虑到运输困难,离京越远,交纳的实物赋税越精细,可节省运力。那么,从周原运往丰镐的应是粟和米。试想,要运送那么多的粟米,该需要多少辆大车?庞大的车队,浩浩荡荡,何等壮观!一路平安,无咎。

九三:公用亨于天子。小人弗克。

"亨",享的通假字。

《诗经·商颂·殷武》:"昔有成汤,自彼氐羌。莫敢不来享,莫敢不来王。"孔疏:"享,献。"③

《尔雅·释诂》:"享,献也。"郭璞:"致物于尊者曰献。"④

由于是周公领地大丰收,向朝廷交纳丰厚赋税及贡品。是为"用享于天子"。以此表明周公结束摄政,归政于成王,退居臣位后,谦恭、谨慎,恪守臣子之道。"享"还有宴享之义,成王设宴,燕享周公,也是应有之义也。天子冢宰,叔父侄儿,相聚一堂,其乐融融,国家幸甚!

---

① 郑玄注,贾公彦疏:《周礼注疏》,上海古籍出版社,2010,第355页。
② 孔安国传,孔颖达正义:《尚书正义》,上海古籍出版社,2007,第241页。
③ 毛亨传,郑玄笺,孔颖达正义:《毛诗正义》(《十三经注疏》本),上海古籍出版社,1997,第627页。
④ 郭璞注,邢昺疏:《尔雅注疏》,上海古籍出版社,2010,第80页。

"小人弗克",运粮的农夫是没资格参与这种宴会的。尽管最辛苦的是他们。

九四:匪其彭。无咎。

由于未弄明白"公"指的是谁,为何用享?故九四爻辞一直是死结。李、周都认为"彭"字应为"尪",即骨骼扭曲的男巫,天大旱,求雨时焚烧身体变形之男巫做祭品用。①

但经不住细究,本卦为《大有》,即大丰收之年,怎会有大旱?已经收获完了,何必求雨?不是自相矛盾吗?何况有改字解经之嫌,故吾不取也。

窃以为,"匪其彭"之"其",周公也。

《说文》:"彭,鼓声也。"②

鼓声雄壮,故用作军队进攻之号令,以激励士气。一鼓作气即是此意。引申义为雄壮。《诗经·小雅·四牡》:"四牡彭彭。"彭彭者,雄壮也。《车攻》:"四牡庞庞。""庞庞"即"彭彭",一音之转。均指驾车之战马雄壮高大。"匪其彭",是说周公虽地位显赫,功盖天下,但相貌却不是人们想象的那样高大雄伟,而是文质彬彬。

关于周公相貌,虽史无明文,但其风度气质,却有史料可查。

《尚书·周书·金縢》记武王病重,周公向三王(古公、王季、文王)之灵祈祷,要求以身自代时曾自称:

"旦予仁若考能,多才多艺,能事鬼神。乃元孙不若旦多才多艺,不能事鬼神。"③

祈求上天把自己收走,放过武王发。因为我比武王多才多艺。周公死后,谥为文公,也可证明他不是身材魁梧,孔武有力之人,而是文质彬彬的文化人形象。此即"匪其彭"之本意也。但身材不高大,并不影响周公之伟大,无咎。

六五:厥孚交如威如。吉。

厥者,周公也。他的坦诚,他的平易近人,容易交流沟通,他的宽厚中流

---

① 李镜池:《周易通义》,中华书局,1981,第32页。
② 许慎:《说文解字》,中华书局,1963,第102页。
③ 孔安国传,孔颖达正义:《尚书正义》,上海古籍出版社,2007,第495页。

露出的威严(所谓不怒而威)。使人一望而知,是个天生的大人物。国家有这样的人治理。吉!

上九:自天佑之。吉,无不利。

由于前人把此卦看作农业卦,农业要靠天吃饭,所以把此爻解为老天保佑,风调雨顺,吉,无不利。明白了"公"指周公,那么此爻就该解为:老天保佑周公这样的一身肩负国家安危的国之柱石,"吉,无不利"。

十五、谦卦(艮下坤上)

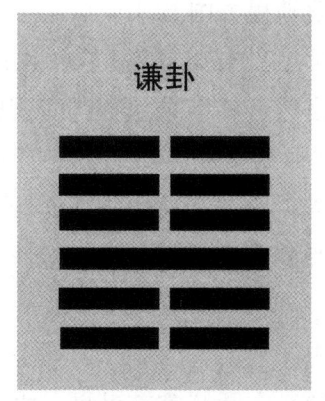

谦卦

上六:鸣谦。利用行师征邑国。
六五:不富以其邻。利用侵伐。无不利。
六四:无不利。捴谦。
九三:劳谦。君子有终。吉。
六二:鸣谦。贞吉。
初六:谦谦君子,用涉大川。吉。
谦:亨。君子有终。

首先看卦象。

艮下坤上。艮为山,坤为地。

《象传》云:"地中有山,谦。"

窃以为这是六十四卦中最形象、最贴切的一个卦象。2018年暑假,我和魏老师陪一位专家去黄花沟,聊天时说到《谦》卦。到了黄花沟,才明白《谦》卦取象之妙。从地表看,一马平川,下到沟底,向上仰视,但见高山深谷,怪石嶙峋,蔚为壮观。就像人心雄天下,腹中万卷,外表却深藏不露,才是真正的谦谦君子!

此卦前人都看作是道德修养之卦。并认为六十四卦中唯《谦》卦六爻皆吉,可见谦德之美。当然很有道理。但是否就是卦之本义,还需认真研究。窃以为,是否为本义,在于是否有本事。"谦谦君子"是泛指还是专指。弄清这个问题的关键在于六五、上六两爻。

六五:不富以其邻。利用侵伐。无不利。

上六:鸣谦。利用行师征邑国。

问题来了，两爻都讲的是战争。六五："不富以其邻"，在《泰》卦中出现过："翩翩，不富以其邻。"我们经过讨论，认为这"其邻"指的是商王朝。那么，本卦中的"其邻"还是商王朝吗？上六给出了答案："行师征邑国"。商王朝是天下共主，不能称邑国。只有诸侯国才能称邑国。此邑国就是武庚禄父的邶国，治理殷商遗民，仍奉商之正朔，有自己的宗庙祭祀，宗庙颂歌为《商颂》，故可称之为邻。为什么"不富以其邻"？因其造反，叛乱。"征邑国"征的就是邶以及管蔡治下的鄘、卫三个商之遗民方国。

谁挂帅征邑国呢？周公，也就是本卦卦主之"谦谦君子"！故，"谦谦君子"不是泛称，是专称。本卦是有其本事的，自然有其本义，就是赞美周公。《同人》卦赞美周公东征，《大有》卦赞美周公"厥孚交如威如"，此卦赞美周公"谦谦君子"。三卦构成赞美周公之组卦。当然，《损》《益》两卦也是写周公东征的。因为周公在西周的历史地位太重要了。

现在回到卦辞。

亨。君子有终。

《周易》六十四卦，计有四处"有终"。《坤》卦六三："含章可贞。或从王事，无成有终"；《睽》卦六三："见舆曳，其牛掣，其人天且劓。无初有终"；《巽》卦九五："贞吉，悔亡，无不利。无初有终。"

"有终"总是与"无初"或"无成"相联系的。那么《谦》卦也不例外，没有"无成"或"无初"的字眼，省文也。

那么周公也有初时无成的经历吗？有的。

周公虽为文王之子，武王之弟，出身显赫，但在灭商之前，并无大功业。在伐纣灭商之役建立不世之功的是师尚父太公望。故大封诸侯时太公为首封。尽管太公为异姓，功业仍在周公之上。周公之功业主要在辅成王。但当时就流言汹汹，认为周公有取成王而代之的野心，并因此酿成武庚管蔡的大叛乱。平定叛乱后，周公继续辅政，但流言并未因此而停止，以致周公一直在穷穷如畏然的状态。《史记·鲁周公世家》载：成王亲政，周公退为臣属，流言反而更凶，连成王也怀疑起来，不得已周公奔楚。就是逃往国外啊！逃命避祸啊！这就是"无初"，或曰"初时无成"。

周公逃走后，成王发府，即打开石室金匮，发现了周公在武王病危时向三王神灵祈祷,愿以身代武王的誓辞,才知周公之忠,周公得以反国。制礼作乐,青史留名。逝后,成王又发现石室金匮中藏有自己生病时,周公祈自代的祷文,问管理石室的官员何以不报告,回答是周公生前不准说。这才最终解除了对周公的怀疑,后悔不已。

《史记·鲁周公世家》:"成王执书(誓书也)以泣,曰,……昔周公勤劳王家,惟予幼人弗及知。今天动威以彰周公之德。……于是成王乃命鲁得郊祭文王。鲁有天子礼乐者,以褒周公之德也。"不仅如此,还把周公葬于毕原文王墓侧,"以明予小子不敢臣周公也。"[1]

可以说,是周公死后才彻底洗脱流言,获得万世殊荣,这就是"君子有终"!

初六:谦谦君子,用涉大川。吉。

"用"者,利也。"涉大川",办大事也。从《同人》卦,及本卦六五、上六可知,所谓大事,即是东征,平定武庚管蔡之乱,使国家重新安定下来。此外,为了国家长治久安,制礼作乐,营建东都成周(洛邑,今洛阳。因为洛邑乃天下之中,诸侯朝贡,道里均也)。每一件都是名垂千古的大事,却是由一位谦谦君子来完成的。敢于担当,能办大事而深藏不露、虚怀若谷才叫谦。如果办不成大事而不张扬,那是无能。

六二:鸣谦,贞吉。

"鸣"者,声名在外之谓也。周公送儿子伯禽就国时曾以自己为例告诫儿子:

"吾文王之子,武王之弟,成王叔父,吾于天下亦不贱矣。然我一沐三捉发,一饭三吐哺,起以待士,犹恐失天下之贤人。子之鲁,慎无以国骄人。"[2]

自己不敢骄士,告诫儿子不敢骄人,人者民也。有天下贤士为之传颂,周公之谦岂不天下传扬!曹操《短歌行》有句云:

"山不厌高,水不厌深。周公吐哺,天下归心。"[3]

不仅名扬天下,而且名扬千古。是为"鸣谦"。

---

[1] 司马迁:《史记》,中华书局,1962,第1518–1524页。
[2] 司马迁:《史记》,中华书局,1962,第1518–1524页。
[3] 沈德潜:《古诗源》,中华书局,1963,第103页。

九三:劳谦。君子有终。吉。

劳有二义。一曰辛劳。不再述。二曰心劳。古云:君子劳心,小人劳力。周公之劳,不但要善于谋国,还要善于谋己。在流言汹汹的险恶政治环境中,既要办大事,又要保平安,岂不劳心乎!武王病危,他祈祷三王以身代死,将誓词保存在石室金匮。[①] 奔楚后,成王发府见誓,才把他召回,解除第一次危难。成王病,他再次向神灵求以身代,"曰:'王少,未有识。奸神命者乃旦也。'"又藏之秘府且嘱执事者不可泄露。但却在身后留下万世殊荣。这就是"劳谦",就是"君子有终"。

六四:无不利。㧑谦。

"㧑"者,挥也。

《说文》:"挥,奋也。从手,军声。"[②]

谦谦君子,一旦奋起,却能统百万雄兵,平定天下。故无不利也。

六五、上六已见前解,不赘述。

《诗经·豳风》之《东山》《破斧》,虽也号称美周公东征之作,但却是通过征人自述战争的艰辛,侧面反映周公的功绩。《史记》则是平实地记述周公的业绩。惟《谦》卦正面歌颂周公之品格德行。三者互相印证,互相补充,使后世读者得以了解一位有血有肉的周公。不仅有历史价值,还有文学价值。

当然,《谦》卦中隐去周公的名号,把"谦谦君子"化为泛称,又给《谦》卦赋予道德教化的意义。是本义的溢出效应,也应予以肯定。

关于"劳心",《诗经·桧风·羔裘》可添一证:

"羔裘逍遥,狐裘以朝。岂不尔思,劳心忉忉。"

"羔裘逍遥",指的是桧国之君,"狐裘以朝"是卿大夫。"劳心忉忉",为国忧心也。[③]

[①] 司马迁:《史记》,中华书局,1962,第1518-1524页。
[②] 许慎:《说文解字》,中华书局,1963,第255页。
[③] 毛亨传,郑玄笺,孔颖达正义:《毛诗正义》(《十三经注疏》本),上海古籍出版社,1997,第381页。

十六、豫卦(坤下震上)

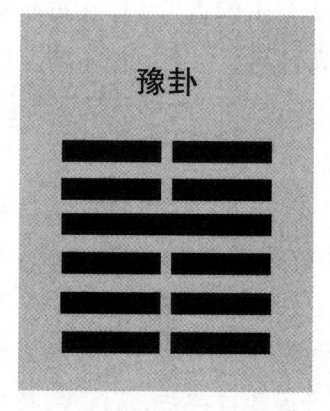

豫卦

上六:冥豫。成,有渝。无咎。
六五:贞疾,恒不死。
九四:由豫。大有得,勿疑。朋盍簪。
六三:盱豫。悔,迟有悔。
六二:介于石,不终日。贞吉。
初六:鸣豫。凶。
豫:利建侯行师。

《尔雅·释诂》:"豫,乐也。"又:"豫,安也。"①

按,此卦之卦辞为"利建侯行师",乃帝王之事也。而帝王病危,有专门用语,曰"不豫",即不安乐之义。

《尚书·周书·金縢》:"武王有疾。既克商二年,王有疾,弗豫。"孔安国传:"不悦豫。"孔颖达疏:"何休因此为例,云:'天子曰不豫,诸侯曰负兹,大夫曰犬马,士曰负薪。'"②

也就是说,天子病危称"不豫",乃自武王始。

六五:"贞疾,恒不死。"也与疾病有关。那么"豫"就是"安"或"悦豫"的意思。但不是普通人的安和悦豫,而是帝王之安和悦豫,也就是武王之安和悦豫。由于虽已灭商,但"天下未集",即尚不稳定,还有不顺服于周之方国。只有武王身体安康悦豫,才利于"建侯行师"。

初六:鸣豫。凶。

---

① 郭璞注,邢昺疏:《尔雅注疏》,上海古籍出版社,2010,第19页;第62页。
② 孔安国传,孔颖达正义:《尚书正义》,上海古籍出版社,2007,第493页。

"豫"者,不豫也。不说不豫,讳言之也。因武王是天子,故说话有很多忌讳。

《汉书·高帝纪》:"上(高帝)击布时,为流矢所中,行道疾。疾甚,吕后迎良医。医入见,上问医。曰:'疾可治。'颜师古注:不医曰可治。"①

"鸣豫"者,武王的健康出了大问题,消息已经传扬开了,故"凶"。

六二:介于石,不终日。贞吉。

大多《易》书都译为:"坚如石,不过一整天。占问吉。"②什么东西坚硬如石头?又为什么不超过一天,就是贞吉?莫名其妙!谁也说不清。后人往往用《象传》的解释:"介于石,不终日,以中正也。"因此爻乃是下卦《坤》卦之中,纯属象数学。

《尚书·周书·金滕》:"武王有疾,不豫。周公曰:'未可以戚我先王',公乃自以为功,为三坛,同墠。为坛于南方,北面周公立焉。植璧秉圭,乃告太王、王季、文王。史乃册祝曰:'惟尔元孙某,遘厉虐疾。若尔三王,是有丕子之责于天,以旦代某之身。……今我即命于元龟,尔之许我,我以其璧与圭归俟尔命。尔不许我,我乃屏璧与圭'。"孔安国传曰:"许,谓疾瘳,待命将以事神也。屏,藏也。"③

原来,周公"植璧秉圭"以求三王之神,自己愿以身代武王。若应许我,则归其璧和圭。若不应许我,我就把璧和圭藏起来。祖先许与否,都与璧、圭联系在一起。要知道,璧和圭璋都是国之重宝,如同后来之传国玉玺。武王生而周公代死,则"归璧与圭",武王死而周公"藏璧与圭",即国家无主之意。

那跟"介于石"有什么关系呢?

《老子》三十九章:"故至誉无誉。是故不欲碌碌如玉,珞珞如石。"高亨注曰:"碌碌,玉美貌;珞珞,石恶貌。"④

老子认为,碌碌也好,珞珞也罢,本质都是石头!明乎此,"介于石,不终

---

① 班固:《汉书》,中华书局,1962,第78页。
② 周振甫:《周易译注》,中华书局,1991,第64页。
③ 孔安国传,孔颖达正义:《尚书正义》,上海古籍出版社,2007,第494页。
④ 高亨:《老子正诂》,古籍出版社,1956,第91页。

日"就好理解了。接上引文:

"于是乃即三王而卜。卜人皆曰吉。发书视之,信吉!明日,武王有瘳!"

从以璧、圭祭神立誓,占卜为吉,到武王有瘳,不到一昼夜。这就是"介于石,不终日。贞吉"。介者,介质,即人与神沟通之中介。

六三:盱豫。悔。迟有悔。

《尔雅》:"盱,忧也。"①

《说文》:"盱,张目也。从目,于声。"②

瞪大眼睛,惊惧貌。武王之不豫,群臣有的忧虑,有的惊惧。

"惧",盱豫也。然却不知所措。如果都像群臣,只知惊恐,就会有天大的遗憾。悔者憾也。幸亏周公当机立断,祈祷三王,愿以身代。倘若再迟疑不决,那真的要造成永久的悔恨。

九四:由豫。大有得,勿疑。朋盍簪。

"由"者,合道之谓。万物之所由,道也。《颐》卦上九:"由颐。厉吉。利涉大川"之"由",也作合道解。故虽遇危险,仍可获吉。"由豫"也是合道而豫,指神之保佑,武王病愈。"大有得,勿疑。"对国家来说,不用怀疑,是天大的好事。

"朋盍簪",众说纷纭,尤以"朋贝合为首饰"最具代表性。但却令人莫名所以,因与上下文不搭界。窃以为,"朋",在《周易》中,往往是指盟国,而非个体的人。《坤》卦:"西南得朋,东北丧朋";《泰》卦九二:"朋亡,得尚于中行";《蹇》卦九五:"大蹇朋来"可证。对此,我取程颐的说法:

"簪,聚也。簪之名簪,取聚发也。"③

即把散乱的头发聚拢在一起。那么"朋盍簪",就应该是天下未集之方国,由于武王健在,就像散乱的头发被发簪聚拢一样,聚集到周王朝周围了。

六五:贞疾,恒不死。

此爻已见前解,不赘。

---

① 郭璞注,邢昺疏:《尔雅注疏》,上海古籍出版社,2010,第49页。
② 许慎:《说文解字》,中华书局,1963,第71页。
③ 程颐:《周易程氏传》,中华书局,2011,第94页。

上六:冥豫。成,有渝。无咎。

还是武王之病,周公祈祷神灵有灵验。成者,灵验也。到了晚上,病情有了好转。冥者,夜晚。渝者,变化,没危险了。《金縢》载:"明日,武王有瘳",病好了。故《豫》卦就是讲武王病危,又奇迹般转危为安的过程。但对周王朝来说则是大事件。而且,也彰显了周公对武王的耿耿忠心,故记录在案。

十七、随卦（震下兑上）
三十、离卦（离下离上）

随卦

上六：拘系之，乃从维之。王用亨于西山。
九五：孚于嘉。吉。
九四：随有获。贞凶。有孚。在道以明，何咎？
六三：系丈夫，失小子。随有求得。利居贞。
六二：系小子，失丈夫。
初九：官有渝。贞吉。出门交有功。
随：元亨利贞。无咎。

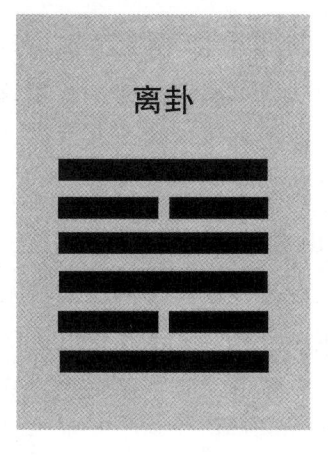

离卦

上九：王用出征，有嘉折首，获匪其丑。无咎。
六五：出涕沱若，戚嗟若。吉。
九四：突如其来如，焚如，死如，弃如。
九三：日昃之离。不鼓缶而歌，则大耋之嗟。凶。
六二：黄离。元吉。
初九：履错然，敬之。无咎。
离：利贞。亨。畜牝牛。吉。

我为什么把这两卦放在一起考察？它们之间有什么联系？

请看《随》卦九五："孚于嘉。吉。"以及上六："拘系之，乃从维之。王用亨于西山。"再看《离》卦的上九:"王用出征,有嘉折首,获匪其丑。无咎。"《随》卦九五"孚于嘉"乃是取信于嘉地的百姓,而《离》卦上九之"有嘉折首"乃是嘉国国君向周王低头。"嘉"即"有嘉"也,加一有字,证实"嘉"乃是方国。周王为什么能取信于有嘉之百姓?又为什么能让有嘉国君低头?因为周与有嘉之间发生了战争,有嘉输了,国君也被俘获。《随》卦和《离》卦共同记述了这场战争,两卦互相补充,战争的起因、过程、结果就非常完整了。

《随》卦卦辞:元亨利贞。无咎。

我们此前曾说,凡卦辞为"元亨利贞"者,都是与建国有关的大事件。那么,《随》卦中的大事件是什么呢?曰:文王迁都于丰。何以知之?从初九爻辞知之。

初九:官有渝。贞吉。出门交有功。

"官有渝。""官"者,官府也。太王迁岐建国,"作五官有司",即司徒、司马、司空、司士、司寇,乃辅佐国君的最高长官,他们的办事机构就是官府,通常都在王宫附近。另外,他们在王宫内也有办公地点。

《礼记·玉藻》:"凡君召以三节,二节以走,一节以趋。在官不视屦,在外不视车。"郑玄注:"官,谓朝廷治事处也。"孔颖达疏:"外,谓其室及官府也。在官近,故云屦,在外远,故云车。"[①]

这段话是说,国君召唤大臣,用三支节杖,随事缓急,两支节杖,需要走(跑步),事情紧急也。一支节杖,疾走即可。在宫内办事处,接到召唤,顾不上穿鞋。在官府接到召唤,顾不上驾车。无论是官府还是宫内办事处,都在都城之内。所以,"官有渝"就是国都发生了改变。"渝"者,变也。上六:"王用亨于西山",西山者,岐山也。古公迁岐山之阳的周原,并于此建王宫,见于《大雅·绵》:"作庙翼翼",庙,宗庙也。上古左宗右社,都在王宫附近。然,周原在岐山之阳,称岐山应为北山,《小雅·北山》:"陟彼北山,言采其杞"是也。只有迁都于丰之后,岐山才能称之为西山。因丰在今之户县,岐山以东三四百里之丰水西畔。

[①] 郑玄注,孔颖达正义:《礼记正义》(《十三经注疏》本),上海古籍出版社,1997,第1482页。

十七、随卦(震下兑上) 三十、离卦(离下离上)

《诗经·大雅·文王有声》：

"文王受命，有此武功。既伐于崇，作邑于丰。丰水东注，维禹之绩。四方攸同，皇王维辟。皇王烝哉！"郑玄笺："徙都于丰，以膺天命。"①

为什么要迁都呢？由于连年征战，伐犬戎、伐密须、伐耆国、伐邘，最后伐崇。周的领土爆炸式地扩张，周原已经失去了国家地理中心的位置，这给国家治理带来很多不便。迁都就是为了解决这个问题。这也是形势使然，顺势而作。随，就是与时俱进之义。可以说，文王迁都于丰，达到了他功业的最高点，其意义绝不在太王迁岐之下。故《屯》卦卦辞是"元亨利贞"，《随》卦卦辞也是"元亨利贞"，就不难理解了。

"出门交有功。"既然是迁都于丰，那么出门之门，就必然是新都丰邑之王门。出王门之前提必然是聚于王门，然后出发。《同人》卦初九："同人于门。"《周礼·地官司徒》："国有大故，则致万民于王门。"(见该卦注释)

这次有什么大故呢？这就得从《离》卦九四去找答案了："突如其来如，焚如，死如，弃如。"有嘉国对周发动一次突袭，烧、杀、抢、掠，非常猖狂。故紧急聚兵，出王门抵御、征伐！未写"同人于门"，省文也。何以知道突然发起侵略的就是有嘉国呢？由《离》卦上六："王用出征，有嘉折首"可知。"交有功"之"交"，交替也，不断取得战果。

六二：系小子，失丈夫。

何谓小子？何谓丈夫？《师》卦卦辞："贞丈人吉。"在战争的语境下，"丈人"就是统帅，"小子"就是士卒。《随》卦中的"丈夫"，即《师》卦中"丈人"的同义词，指有嘉国的统帅。"系小子"，系，捆绑。捉住了不少有嘉的士卒，但是却让统帅逃掉了。这是第一场胜利，但不彻底。

六三：系丈夫，失小子。随有求得。利居贞。

这是第二场胜利，也是最彻底的胜利。因为捉住了有嘉的统帅。要知道，统帅就是有嘉国君啊。何以见得？因为《离》卦上九："王用出征，有嘉折首"，周的统帅是文王，敌方有嘉的统帅也一定是国君，否则岂不失了身份？

---

① 毛亨传，郑玄笺，孔颖达正义：《毛诗正义》(《十三经注疏》本)，上海古籍出版社，1997，第526页。

既然捉住了国君,士卒也就不重要了,任其逃走了。俘获国君,自然可以提条件了,这也是顺势而为,即"随"。结果有嘉国君答应了周所提的条件,此即是"有求得""利居贞",有利于两国和平相处,有利于两国百姓安居乐业。

九四:随有获。贞凶。有孚。在道以明,何咎?

捉住了敌方的国君,当然是"有获",是大获。何以"贞凶"呢?因为这是两国关系的关键节点,是和平或战争的慎重选择,一旦失误,兵连祸结,后果惨重。好在双方都有诚意,"有孚"。"明"者,盟也。在道路上就达成了和解,缔结了盟约。"何咎?"这有什么害处呢?

九五:孚于嘉。吉。

周振甫译为:"在美好处掠夺。"令人莫名其妙。"孚"是诚信,"孚于嘉"自然是对有嘉表示诚信。须知缔结和约,不仅对战败一方有约束力,对战胜一方同样有约束力。周文王恪守了胜利者一方的条件,从而获得了有嘉朝野的信任。吉!

上六:拘系之,乃从维之。王用亨于西山。

"拘系之"自然是指俘获有嘉国君一事。"乃从维之",是说文王却能因势利导,把敌人变成了友邦,维系了两国的和平,实在是高明之举。文王用战争的胜利和新的盟约,到西山祭享天帝。"西山",岐山也。乃周之发祥地,在周来说,岐山就是圣山,相当于东周的嵩山或秦汉以后的泰山,是祭享天帝的处所。

再看《离》卦。

在八卦中,离为火。在六十四卦中,下卦为日,是为天上之火;上卦为火,是为地上之火,人为之火。

《彖》曰:"离者,丽也。日月丽乎天。"[1]

附丽,附着。在下卦中说得通,即太阳附丽在天上。到上卦,似乎与附丽没有关系。

卦辞:利贞,亨。畜牝牛。吉。

牝牛,母牛也。畜牝牛与本卦有何关系?我讲《随》卦时,曾说《离》卦

---

[1] 王弼、韩康伯注,孔颖达正义:《周易正义》,中国致公出版社,2009,第136页。

与《随》卦讲的是同一件事,即文王时期西周与有嘉之间一次突发的战争。根据《随》卦初九"官有渝",指文王迁丰。

《礼记·曲礼》:"问庶人之富,数畜以对。"①

牲畜乃是庶民财富的标志。那么,"畜牝牛。吉",就容易理解了。其背景是,文王迁丰之后,对外征伐已基本完成,该转入和平发展了。故百姓要致富,必须在农耕之外,发展养殖业。"畜牝牛",为的是繁衍小牛,壮大牛群,故吉。

初九:履错然,敬之。无咎。

根据六二:"黄离。元吉",指的是日到中天,正午。九三:"日昃之离",指的是傍晚,太阳正在西落。那么,初九指的必然是清晨,旭日东升之时。"履错然",步履错杂。上古日出而作,日入而息。初九即是日出时分,那么人们步履匆匆,开始了一天的劳作。"敬之",指对太阳的敬畏,对和平生活的珍惜。故无咎。

六二:黄离。元吉。

日到中天,阳光灿烂。一派祥和景象。午饭时间也到了,大吉。

九三:日昃之离。不鼓缶而歌,则大耋之嗟。凶。

傍晚,太阳就要落山了。人们没有像往常一样,鼓缶而歌,而是早早休息了。没想到,一场大灾难就在毫无警觉的情况下发生了。生命、财产损失之惨重,令七八十岁的老人都感叹,这是从来没经历过的大灾难。"凶"。

九四:突如其来如,焚如,死如,弃如!

从上九"有嘉折首"可知,这是有嘉对西周发动的突然袭击。西周百姓还在睡梦中,惨祸发生了。到处都是烧、杀、抢、掠,百姓的财物不能抢走的,丢弃得到处都是。

六五:出涕沱若,戚嗟若。吉。

面对惨祸,虎口余生的人们,有的在痛哭,有的在叹息,悲痛、愤怒笼罩大地。何以是吉?民心可用!哀兵必胜!

---

① 郑玄注,孔颖达正义:《礼记正义》(《十三经注疏》本),上海古籍出版社,1997,第1268页。

上九：王用出征,有嘉折首,获匪其丑。无咎。

面对有嘉的入侵,文王果断发起反击,亲自挂帅,率领大军讨伐有嘉。终于取得彻底胜利。有嘉国君被俘,认罪服输。折首,低头也。擒获有嘉大批俘虏。"匪"者,彼也,指有嘉。

下卦是和平景象,乃突出战争之背景。上卦写战争过程,应和《随》卦结合起来读,就完整了。

十八、蛊卦(巽下艮上)

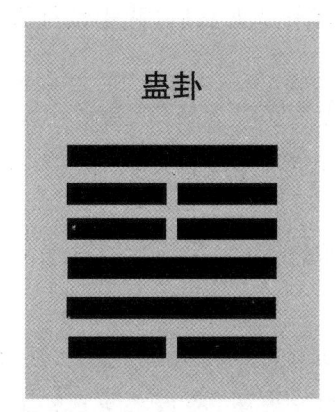

蛊卦

上九:不事王侯,高尚其事。
六五:干父之蛊,用誉。
六四:裕父之蛊,往见吝。
九三:干父之蛊,小有悔,无大咎。
九二:干母之蛊,不可贞。
初六:干父之蛊,有子考。无咎。厉,终吉。
蛊:元亨。利涉大川。先甲三日,后甲三日。

何谓蛊?《说文》曰:"腹中虫也。"显然与本卦主题"干父之蛊"不沾边。那么只能认同《序卦》的解释:"蛊者,事也。"①蛊与故同音相假,过去的事。

本卦关键信息有,一、"利涉大川。"从我们已讲的十几卦中可知,凡利涉大川,都是指办大事,成大功。而且往往与过大河有关。二、"先甲三日,后甲三日。"不少学者都推出"先甲三日"是辛日,"后甲三日"是丁日。但为什么设定甲日为基线,甲日到底发生了什么事?却至今没有人能说明白。故,要解开此卦,就必须从"先甲三日"说起。

《周礼·春官宗伯》:"凡祀大神、享大鬼、祭大示,帅执事而卜日。"②

最大的神就是昊天上帝;最大的鬼是宗庙内供奉的祖先;"示",读为地祇之祇,即社稷之神。凡祭祀"大神、大鬼、大示",必定是要办大事。国之大事,唯祀与戎。

《礼记·王制》:"天子将出征,类乎上帝,宜乎社,造乎祢,祃于所征之

---

① 王弼、韩康伯注,孔颖达正义:《周易正义》,中国致公出版社,2009,第314页。
② 郑玄注,贾公彦疏:《周礼注疏》,上海古籍出版社,2010,第692。

地,受命于祖,受成于学。"①

也就是说,天子出征打仗,要将"大神、大鬼、大示"都要祭祀一遍,那自然需要春官宗伯来卜日了。那么,西周初年,哪一场大的战争发生在甲日呢？只有武王伐纣的牧野之战。

《尚书·周书·牧誓》:"时甲子昧爽,王朝至于商郊牧野,乃誓。"②

商朝于当天灭亡。所以,甲日,就是牧野之战的开战日。当无疑义。那么"先甲三日,后甲三日"又是怎么回事呢？原来是灭商后,武王祭社稷,正式接受天命成为天下共主的日子。

《史记·周本纪》:"其明日除道,修社及商纣宫。及期,百夫荷罕旗以先驱。武王弟叔铎奉陈常车,周公旦把大钺,毕公把小钺,以夹武王。既入,立于社南大卒之左。"③

甲子的后一日是乙丑日,"除道,修社及商纣宫。"后二日,是丙寅日,乃是刚日。而刚日是不能祭祀社稷的。

《礼记·曲礼》:"外事以刚日,内事以柔日。"孔颖达疏:"外事,郊外之事也。刚,奇日也。甲、丙、戊、庚、壬五奇为刚。内事,郊内之事也,乙、丁、己、辛、癸,五偶为柔。崔灵恩云:外事指用兵之事,内事指宗庙之事。"④

牧野之战卜在甲子日,符合外事之例。社稷,乃土地之神,为阴,故用柔日。甲子后三日乃丁卯日,正符合郊内和宗庙之事,用柔日。《周本纪》"及期",正是"后甲三日"的丁卯日。武王完成了革殷商之天命的最后一道程序,周朝正式登上了历史的舞台。关于祭社稷是否用柔日,也有不同的说法(见《礼记·曲礼》"外事以刚日"条,孔颖达疏)。不过据《尚书·周书·武成》:

"王来自商,至于丰。……丁未,祀于周庙。"⑤

---

① 郑玄注,孔颖达正义:《礼记正义》(《十三经注疏》本),上海古籍出版社,1997,第1333页。
② 孔安国传,孔颖达正义:《尚书正义》,上海古籍出版社,2007,第419页。
③ 司马迁:《史记》,中华书局,1962,第125页。
④ 郑玄注,孔颖达正义:《礼记正义》(《十三经注疏》本),上海古籍出版社,1997,第1251页。
⑤ 孔安国传,孔颖达正义:《尚书正义》,上海古籍出版社,2007,第428页。

十八、蛊卦(巽下艮上)

武王在丁未祭祀周庙,而丁日是柔日,可以推知武王在灭商之后,祭祀社稷也应是"后甲三日"的柔日:"丁卯"。

弄清楚了卜日是怎么一回事,《蛊》卦的卦主也就明确了,那就是武王。

初六:干父之蛊,有子考。无咎。厉,终吉。

"干父之蛊"是继承父亲之事业。武王所继承的正是其父文王的建国大业。

《史记·周本纪》:"武王即位,太公望为师,周公旦为辅。召公、毕公之徒左右王,师修文王绪业。"①

这就是干父之蛊。文王有子孝,"考"者,"孝"字之讹。国家安定了,无咎。文王崩,是厉。武王即位,文王后继有人,终吉。

九二:干母之蛊,不可贞。

武王之母太姒,虽贵为王后,号称贤达。但王后所职乃主中馈,母仪天下。武王作为继承人,继承的是文王大业,继承母亲的事业是武王王后的职责。故对武王来说,"干母之蛊,不可贞。"

《家人》卦,九五:"王假有家",可见家人指的是文王之家人。非百姓之家人。九二:"无攸遂,在中馈。贞吉。"那么这位家人应该是文王家之主妇,即王后太姒也。孔颖达《周易正义》解此爻曰:

"妇人之道,巽顺为常,无所必遂,其所职主,在于家中馈食供祭而已。"②

故武王只能"干父之蛊",而不会"干母之蛊",明矣。

九三:干父之蛊,小有悔,无大咎。

情理之中。接过天下重任岂有一切顺利之理?小的遗憾总会有的,但没有大的祸患。

六四:裕父之蛊,往见吝。

"干父之蛊"是守成,"裕父之蛊"是开拓。伐纣灭商就是"裕父之蛊"。但并非一帆风顺。经过九年的精心准备:

"武王上祭于毕(文王陵墓)。东观兵,至于盟津。为文王木主,载以车,

---

① 司马迁:《史记》,中华书局,1962,第120页。
② 王弼、韩康伯注,孔颖达正义:《周易正义》,中国致公出版社,2009,第159页。

中军。武王自称太子发,言奉文王以伐,不敢自专。"

可见,这次观兵,是以文王的名义,供奉文王木主,确确实实是"裕父之蛊",而且是准备开战的。然而:

"武王渡河,中流,白鱼跃入王舟中。武王俯取以祭……诸侯皆曰'纣可伐矣。'武王曰:'女(汝)未知天命,未可也。'乃还师归。"①

经过一番评估,认为时机尚不成熟。徒然奔波千里,无功而返。这就是"往见吝"。到了战场才知道,事情的艰难,吝!而且就是第二次盟津之会,开局也不顺利。《史记·齐太公世家》载:

"武王将伐纣,卜,龟兆不吉,风雨暴至,群公尽惧,惟太公强之劝武王,武王于是遂行。"②

可见,光大父亲文王的事业,不是一帆风顺的。

六五:干父之蛊,用誉。

这是第二次会师盟津,终于在十一年二月甲子日,展开了牧野之战。(关于牧野之战的年份,《泰誓》自相矛盾。在序言中说:"惟十有一年,武王伐殷,一月戊午,师渡孟津,作《泰誓》三篇。"但在正文中,却又说:"惟十有三年春,大会于孟津。"不知孰是?司马迁在《史记·周本纪》中认同序言"十有一年"之说,吾取之。)一战成功,成就了文王未竟之大业,也使武王成为圣主。儒家说起先圣就是:尧舜禹汤,文武周公。这就是"用誉"!

上九:不事王侯,高尚其事。

说的是伯夷叔齐隐居首阳山,不食周粟的故事。伯夷叔齐与武王"干父之蛊"有什么关系呢?

《史记·伯夷叔齐列传》:"伯夷叔齐,孤竹君之二子也,父欲立叔齐,父卒,叔齐让伯夷,二人争让王位,伯夷曰:'父命也,'遂逃去。二人闻西伯昌善养老,盍往归之!"③

孰料,至而文王崩,武王继位。那么养老也是文王之遗业,武王继承了下来,也是"干父之蛊"。待到武王伐纣时,这两位冬烘先生却扣马而谏,认

---

① 司马迁:《史记》,中华书局,1962,第 120 页。
② 司马迁:《史记》,中华书局,1962,第 1479 页。
③ 司马迁:《史记》,中华书局,1962,第 2121 页。

为武王伐纣是"以暴易暴",与商纣没什么区别。武王当然不会听从这样的劝阻,但也没有为难这两位先生,照常供养。可这两位先生却不领情,跑到首阳山采薇而食,还说什么"义不食周粟"。后来有人说"普天之下,莫非王土",首阳山也是周之领土,薇也是周之食物。两位先生于是绝食而死。这就是"不事王侯"。但后世却对伯夷叔齐不事王侯的气节表示钦佩,此即"高尚其事"。

十九、临卦(兑下坤上)

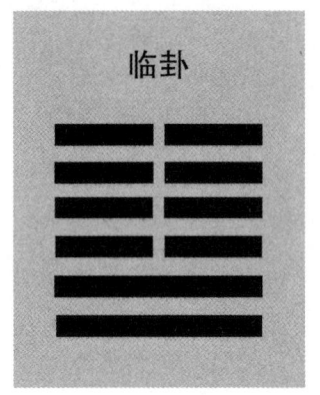

临卦

上六:敦临。吉。无咎。
六五:知临。大君之宜。吉。
六四:至临。无咎。
六三:甘临。无攸利。既忧之,无咎。
九二:咸临。吉。无不利。
初九:咸临。贞吉。
临:元亨利贞。至于八月有凶。

《说文》:"临,监临也。"①

以上视下之谓临。引申义,临民也。即治理百姓。卦辞:"元亨利贞",大吉大利!《周易》中,凡"元亨利贞",均与周建国大业有关。那么此卦与什么大事有关呢?看看本卦卦主是谁就明白了。六五:"知临。大君之宜。吉。"大君,是王,是天子,是天下共主!周初,可以称大君者,唯武王一人。而武王灭商之后,才可称大君。但在位时间却非常短,灭商的第二年便去世了。

"至于八月有凶",多数解释都引《礼记·玉藻篇》:"至于八月,不雨,君不举。"恐怕不符合卦意。查《礼记》此条郑玄注:

"此谓建子之月不雨至建未之月也。《春秋》之义,周之春夏无雨,未能成灾。至其秋秀实之时而无雨,则雩。雩而得之,则书雩喜,记有益也。雩

---

① 许慎:《说文解字》,中华书局,1963,第170页。

而不得,则书旱,明灾成也。"①

可见八月(夏历六月)无雨还不是灾,只有到十月(夏历八月),仍然无雨,且经过祈祷求雨仪式之后还是无雨,才算灾成。诸侯国君若八月未见下雨,只是不杀牛,不举宴。《大有》卦:"无交害,非咎。"只要不是水、旱灾害交相降临,就不是大灾,不能算"有凶"。细品此句,应是卦主有凶事发生。通过《豫》卦解读,我们知道,武王在位只一年有余,却得过一场大病,"不豫,群臣惧"。通常史书讲帝王不豫,都是病危,弥留之际。往往第二天就驾崩,自然是凶。但在周公祈祷三王,愿以身自代之后,"武王有瘳"。病奇迹般地好了。但在《金縢》和《史记》中,武王不豫没有明确记载于何时,据此卦,才明确了武王患病的时间:克殷二年之八月。这也与《本纪》记载"天下未集"相合。"不豫",凶也。

初九:咸临。贞吉。

九二:咸临。吉。无不利。

无论传统经学,还是现代学者,把"咸"都释为感。"咸临",即以感化政策治民,即后来之所谓德治。但为什么接连两爻都是咸临,却没有说清楚。而且,上六:"敦临。"敦者,敦厚,诚朴。不也是德治,以感化政策治民吗?所以我们还得回到"咸"字之本义。

《说文》:"咸,皆也,悉也。"②

即全部,所有的。周灭商之前,是方国,周王临民,只治一国之百姓。灭商之后,为天下共主,此时临民,天下所有方国百姓都在大君治理之下,是为"咸临"也。

为什么初九、九二两爻是同一内容呢?这是因为,灭商,对周来说,其意义无论怎样高的评价都不为过,甚至诞生了汉语中一个重要词汇:革命!所以,言之不足,故重言之也。就像《诗经·国风》中的重章一样,反复咏叹,以充分抒情。而此二爻是反复强调"咸临"的伟大意义。"元亨利贞"啊!

六三:甘临。无攸利。既忧之,无咎。

---

① 郑玄注,孔颖达正义:《礼记正义》(《十三经注疏》本),上海古籍出版社,1997,第1474页。

② 许慎:《说文解字》,中华书局,1963,第32页。

"甘",王弼、孔颖达释为"佞邪说媚不正之名也"。① 程颐释为"以甘说临人者也"。② 意思差不多,甜言蜜语,却口惠而实不至。李、周释为钳制的钳,意为强迫百姓服从。③ 窃以为,"甘临,无攸利"应与"既忧之,无咎"对读。"甘"就是无忧无虑之意。生于忧患,死于安乐。"甘临",就是没有忧患意识,贪图享乐,如此治国,国运无法长远。攸,长也。纣王就是反面教员。酒池肉林,当臣下告诉他危机四伏时,他还大言曰:"我生不有天命乎!"终至灭亡。武王吸取了商朝灭亡的深刻教训。《周本纪》载,灭商后:

"武王至于周,自夜不寐。周公旦即王所,曰:'何为不寐?'王曰,告汝:'维天不飨殷。自发未生于今六十年,麋鹿在牧,蜚鸿满野,天不享殷,乃今有成。……我未定天保,何遐寐!'"④

可见,武王对殷何以亡,周何以兴,有着清醒的认识。这就是"既忧之,无咎。"

六四:至临。无咎。

"至临",多解为亲自治国。无疑义。相比后继者成王,前七年都是周公摄政,代成王治国的。留下管蔡之乱的隐患。而武王则直到驾崩,都是大权在握,国家稳定。

六五:知临。大君之宜。吉。

"知"者,智也。明智,深谋远虑,有战略眼光,这才是天子该有的品质。

上六:敦临。吉,无咎。

"敦"者,厚也。即以宽厚诚朴之道治国,大吉大利,不会有什么危险。

---

① 王弼、韩康伯注,孔颖达正义:《周易正义》,中国致公出版社,2009,第99页。
② 程颐:《周易程氏传》,中华书局,2011,第110页。
③ 李镜池:《周易通义》,中华书局,1981,第40页;周振甫:《周易译注》,中华书局,1991,第74页。
④ 司马迁:《史记》,中华书局,1962,第129页。

二十、观卦（坤下巽上）

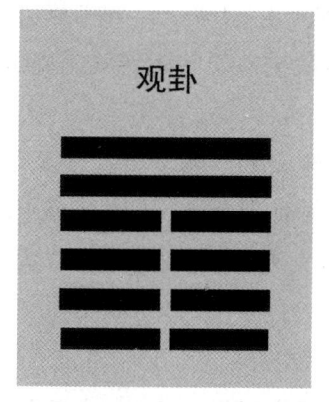

观卦

上九：观其生，君子无咎。
九五：观我生，君子无咎。
六四：观国之光。利用宾于王。
六三：观我生。进退。
六二：窥观。利女贞。
初六：童观。小人无咎，君子吝。
观：盥而不荐，有孚颙若。

《说文》："观，谛视也。"①

即仔细观察。解读此卦的信息密码在六四：观国之光。利用宾于王。

首先，此行之目的："观国之光"，"国"者，周之都城。"光"者，大也，明也，即光耀、风采。而此行之高潮："利用宾于王"，即与周王会面。

那么，这位观国之光的"宾"，是何许人也？

《周礼·秋官司寇》："大行人掌大宾之礼及大客之仪，以亲诸侯。"郑玄注："大宾，要服以内诸侯；大客，谓其孤卿。"②

"要服"，距离都城两千里以内的方国。其国君来朝，称之为国宾。其最高官员称之为大客。可知这位大宾，身份乃是诸侯。

东道主自然是周王了。

---

① 许慎：《说文解字》，中华书局，1963，第177页。
② 郑玄注，贾公彦疏：《周礼注疏》，上海古籍出版社，2010，第1441页。

《诗经·小雅·鹿鸣》:"呦呦鹿鸣,食野之蘋。我有嘉宾,鼓瑟吹笙。"①

迎接国宾,场面自然是热烈隆重的。那么,是哪位周王呢?

首先排除灭商后之武王。因此时武王成了天下共主。率土之滨,莫非王臣。天子与所有人都是君臣关系,而非宾主关系。《礼记·郊特牲》所谓"天子无客礼"。②

灭商之前,周有四王。太王、王季,乃后来追封。文王崩后,武王即位。但直到牧野之战,武王都奉文王木主,自称太子发,不称王。故"利用宾于王"之王,只能是文王。而文王时期有记载的最早来朝的诸侯就是虞、芮两国的国君。

《诗经·大雅·绵》:"虞芮质厥成,文王蹶厥生。"毛亨传:"虞芮之君,相与争田,久而不平,乃相与朝周。入其境,则耕者让畔,行者让路。入其邑,男女异路,斑白者不提携。入其朝,士让为大夫,大夫让为卿。二国之君感而相谓曰:'我等小人,不可以履君子之庭。'乃相让以其所争田为闲田而退。天下闻之而归者四十余国。"③

虞、芮两国土地纠纷的调节成功,极大地提高了周的声望,先后归附的诸侯国有四十多个,周一跃而成为西方大国。可见此次朝周意义之重大,当然值得大书特书。

虞、芮两国国君不仅"入其境",而且"入其邑"(都城),进而"入其朝",观察可谓仔细深入。此即"谛视也"。"观国之光"落在了实处,"利用宾于王",也是题中应有之义了。那么,观者即是虞、芮二国国君,当无疑义。卦辞、爻辞就是二国国君观国之光之所见、所感。

"观国之光",当然要观其大者。何为大?国之大事,为祀与戎。祭祀是大事中的大事。

---

① 毛亨传,郑玄笺,孔颖达正义:《毛诗正义》(《十三经注疏》本),上海古籍出版社,1997,第406页。

② 郑玄注,孔颖达正义:《礼记正义》(《十三经注疏》本),上海古籍出版社,1997,第1447页。

③ 毛亨传,郑玄笺,孔颖达正义:《毛诗正义》(《十三经注疏》本),上海古籍出版社,1997,第512页。

二十、观卦(坤下巽上)

卦辞:盥而不荐,有孚颙若。

"盥",也作祼或灌。

《礼记·祭统》篇云:"夫祭有三重焉,献之属莫重于祼,声莫重于升歌,舞莫重于《武宿夜》。此周道也。"①

《礼记·郊特牲》:"周人尚臭,灌用鬯臭,郁合鬯臭,阴达于渊泉。灌以圭璋,用玉气也。既灌然后迎牲,致阴气也。"[清]陈澔注:"周人尚气臭,而祭必求诸阴。故牲之未杀,先酌鬯酒灌地以求神。以鬯之有香气也,又捣郁金香草之汁和合鬯酒,使香气兹甚。"②

《礼记·曲礼》:"凡执,天子鬯,诸侯圭。"③

用郁鬯和圭璋进行灌礼,那么主持灌礼的必定是周文王本人无疑。而且,宗庙祭祀行祼礼时,是祭、歌、舞三位一体,非常隆重,非常具有仪式感。那种真诚,那种庄严、肃穆,那种崇高感、神秘感,置身于那种场合,会感受到精神的洗礼。

"颙若",孔颖达在《周易正义》中,解为严正貌,是正确的。"荐",是指祼礼尾声向神灵献牲之礼。"不荐",即不待献牲之礼,那种诚信已显露无遗了。

初六:童观。小人无咎,君子吝。

六二:窥观。利女贞。

这是"入其境""入其邑""入其朝"以及观宗庙祭祀之礼后,虞、芮两位国君的感悟。与周民风之淳朴,政治之清明以及宗庙祭祀那种崇高感相比,自己所关注的土地之争是何等渺小,何等狭隘!"童观"是渺小,"窥观"是狭隘。小人争田"无咎",国君争田则是"吝"。鄙吝也。是小人和妇人之见。

六三:观我生进退。

经学也好,现代学者也好,把"生"都释为姓,即亲族。无歧义。但似乎

---

① 郑玄注,孔颖达正义:《礼记正义》(《十三经注疏》本),上海古籍出版社,1997,第1604页。
② 陈澔注:《礼记集说》,上海古籍出版社,1987,第150页。
③ 郑玄注,孔颖达正义:《礼记正义》(《十三经注疏》本),上海古籍出版社,1997,第1270页。

还不到位。我们知道,上古,不同的国家姓氏亦不同,如,夏,姒姓;商,子姓;周,姬姓;挚国,任姓;齐国,姜姓。故姓即国也。"观我生"即是反观我们国家的祭礼,就比周的祭礼差远了。何为"进退"?李镜池认为是"为政措施",周振甫认为是"进用或退斥"。① 窃以为,他们都未弄清"进退"一词之语境。如果放到观宗庙祭祀之礼的语境中,"进退"之本义就明白了。还是《礼记·祭统》篇,接下来是:

"凡三道者,所以假于外而以增君子之志也。故与志进退,志轻则亦轻,志重则亦重。轻其志而求外之重也,虽圣人弗能得也。"②

意思是说,祭祀时祼、歌、舞虽然是外在形式,但其"轻重进退"却取决于内心的诚信,即"有孚"与否。诚信足,则必庄严肃穆,令人动容。诚信不足,则徒有其表,不能感人,更不能获得神之福佑。这就是《既济》卦九五:"东邻杀牛,不如西邻之禴祭,实受其福。"东邻指商,献祭虽重,却比不上西周之薄祭更受神灵之福佑。

明白了进退之语境,这句话就好理解了。是观周之宗庙祭祀之礼后,反思自己国家在宗庙祭祀时,轻重进退,诚信是否不足。认为这就是周受神灵福佑之所在。

六四:观国之光,利用宾于王。

虞、芮两国国君在认真观察了周之郊野、国都、宗庙祭祀之后,终于和周文王进行了会面,三位国君会面的气氛非常好。这次观光收获非常大。而且诞生了一个新的汉语词汇:观光。

九五:观我生,君子无咎。

上九:观其生,君子无咎。

此二爻,是虞、芮二国国君,再次把"观国之光"的收获与自己国家的现状做认真的比较,看差距,找不足。对自己(君子)今后治国没害处。"观其生",即观周也。

---

① 李镜池:《周易通义》,中华书局,1981,第43页;周振甫:《周易译注》,中华书局,1991,第76页。
② 郑玄注,孔颖达正义:《礼记正义》(《十三经注疏》本),上海古籍出版社,1997,第1604页。

二十一、噬嗑卦(震下离上)
二十七、颐卦(震下艮上)

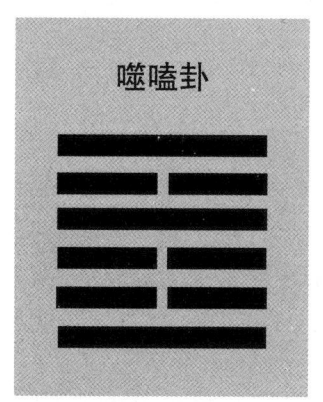

噬嗑卦

上九:何校灭耳。凶。
六五:噬干肉,得黄金。贞厉。无咎。
九四:噬干胏,得金矢。利艰贞。吉。
六三:噬腊肉,遇毒。小吝,无咎。
六二:噬肤灭鼻。无咎。
初九:屦校灭趾。无咎。
噬嗑:亨。利用狱。

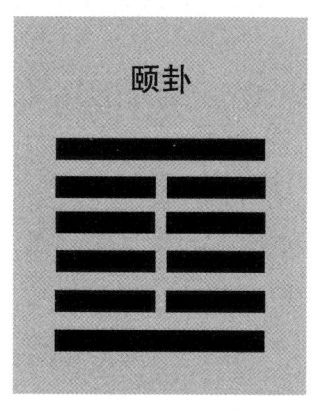

颐卦

上九:由颐。厉。吉。利涉大川。
六五:拂经。居贞吉。不可涉大川。
六四:颠颐。吉。虎视眈眈,其欲逐逐。无咎。
六三:拂颐。贞凶。十年勿用。无攸利。
六二:颠颐,拂经于丘颐。征凶。
初九:舍尔灵龟,观我朵颐。凶。
颐:贞吉。观颐。自求口食。

《噬嗑》卦,《彖》曰:"颐中有物,曰噬嗑。"[1]可见两卦是有密切关联的。故我们也把两卦连在一起来讲。

---

[1] 王弼、韩康伯注,孔颖达正义:《周易正义》,中国致公出版社,2009,第104页。

首先看卦象。"颐"字本义虽为面颊、腮,但卦象却是口的象形。上下两排牙齿,《噬嗑》的卦象则是上下牙之间有食物在。"噬嗑",咬合也。《系辞》在讲《周易》取象时说"远取诸物,近取诸身"。这两卦就是取诸身的代表。取诸物,如《谦》卦,地中有山,虚怀若谷。《屯》卦,阴云密布,雷声隆隆,就是不下雨,艰难之象。就像造字六法之会意,而《颐》与《噬嗑》则是象形。

卦辞:噬嗑:亨。利用狱。

"争财曰讼,争刑曰狱。""讼"是民事案件,"狱"是刑事案件。卦名为《噬嗑》,卦辞却讲刑事犯罪,那么,这个罪一定与吃有关,是为吃,也就是为了生存铤而走险,从而进了监狱。

《周礼·秋官司寇》:"以圜土聚教罢民,凡害人者,置之圜土而施职事焉,以明刑耻之。"郑玄注:"圜土,狱城也。……施职事,以所能役使之。明刑,书其罪恶于大方板,著其背。"[1]

就是关进监狱,强迫劳动,还要背着写有罪恶的大牌子羞辱他。

初九:屦校灭趾。无咎。

上九:何校灭耳。凶。

初九,犯罪较轻,所以只在脚上钉上木枷,使其看不到自己的脚,还要干活。但对身体没什么伤害。无咎。

上九,则罪行较重,故在脖子上也钉上木枷,把耳朵都遮住了。按当时的规定"其不能改而出圜土者,杀!"这样就是想逃也逃不掉了。

总之,这些犯罪的人,都是小民。程颐说:

"九居初,最下无位者也。下民之象,为受刑之人。上过乎尊位,无位者也。"[2]

六二:噬肤灭鼻。无咎。

六三:噬腊肉,遇毒。小吝,无咎。

九四:噬干肺,得金矢。利艰贞,吉。

---

[1] 郑玄注,贾公彦疏:《周礼注疏》,上海古籍出版社,2010,第1321页。
[2] 程颐:《周易程氏传》,中华书局,2011,第118-122页。

六五：噬干肉，得黄金。贞厉。无咎。

中间四爻，程颐认为："用刑者也。"①即执法者。都是讲吃。但李镜池认为这是贵族"大啃其鲜肉鲜鱼"，尽情享乐，恐怕不确。② 六二："噬肤灭鼻"，吃肥肉，把鼻子都陷进去了，吃相何等难看！六三："噬腊肉，遇毒。小吝，无咎"，连发霉有毒的腊肉都吃，算什么贵族？只能是低层的执法者，类似于狱卒。

《周礼·秋官司寇》："司圜，中士六人，下士十有二人，府三人，史六人，胥十有六人，徒百有六十人。掌囚，下士十有二人，府六人，史十有二人，徒百有二十人。"③

司圜，最高长官才是中士，掌囚，最高长官才是下士，都是低级贵族。至于府、史、胥等办事人员，连低级贵族都算不上，只是由平民来充任。所以，他们也是为了生活才从事这个职业，也就是为了吃。九四、六五都提到：噬干肺，得金矢；噬干肉，得黄金，可见是狩猎所获猎物。

《豳风·七月》："二之日其同，载缵武功。言私其豵，献豜于公。"④

是把好的、完整的、大的猎物献给贵族后留下的余物。

总之，民以食为天。最底层为了吃，走险受刑，进了监狱。执法者也是为了吃在为贵族效力、管理监狱。如此而已。"利用狱"，乃是兆辞，占得此卦，有利于管理监狱。

民事诉讼，有《讼》卦，刑事惩罚有《噬嗑》卦，说明周刑法诉讼制度已经建立起来。

再看《颐》卦。

颐：贞吉。观颐。自求口实。

《颐》之卦象，口中无物。要想吃，得"自求口食"，也就是靠自己努力谋取食物。《颐》卦虽然也讲吃，但更讲求吃之道。"观颐"，即看你如何取得

---

① 程颐：《周易程氏传》，中华书局，2011，第118－122页。
② 李镜池：《周易通义》，中华书局，1981，第44页。
③ 郑玄注，贾公彦疏：《周礼注疏》，上海古籍出版社，2010，第1302页。
④ 毛亨传，郑玄笺，孔颖达正义：《毛诗正义》（《十三经注疏》本），上海古籍出版社，1997，第391页。

食物以谋生。"自求口实"者,小民也。此卦正是从民的角度看谋生之道的。

初九:舍尔灵龟,观我朵颐。凶。

"我",小民也。小民之朵颐,即腮帮子鼓鼓的,那是"自求口食"得来的。"尔",君子也,贵族阶层,只有他们才有"灵龟"。"灵龟"是财富地位的象征。其实这句话只是比喻,现实生活中,不会有君子盯着看小民吃饭的。只是借以表达小民对君子过度剥夺自己的劳动果实的不满。诗有四义:兴,观,群,怨。此爻表达的也是庶民之怨。

六二:颠颐,拂经于丘颐。征凶。

何为"颠颐"?必须先弄明白何为"丘颐"。此卦卦象震下艮上。艮为山,山即丘。《艮》之主在上九,其爻辞为:"由颐。厉。吉。利涉大川。"在商周时代,还没有"道"这一概念。"由"就相当于道。"由颐"也就是谋生有道。"由颐"则虽遇厉也会终吉,利涉大川,利办大事。可见,"由颐"就是"丘颐"。《周易正义》孔颖达疏:"拂,违也;经,义也。"[1]这句话可以译成,颠倒的养生,是违背正当的养生之道的。

但这仍然没有说清"丘颐"到底是什么样的谋生方式。所以必须对西周时代人们的生活样态有所了解才能明白。我们知道,周人的生存地域主要是在黄土高原。说是高原,其实大多是丘陵,被水冲刷得沟壑纵横。人们主要聚居在一个个被分割成的原上。周原,文王陵墓所在毕原,唐代有名的乐游原,现代出名的白鹿原……何谓原?高而平者之谓原,也就是"丘"。

《说文》:"丘,土之高也。从北从一,一,地也。人居在丘南,故从北。"[2]

有一首陕西民歌《黄土高坡》,说的就是人民生产生活都是在山丘之上,聚丘而居,生于斯,长于斯,繁衍生息于斯。又,根据《周礼》的制度设计:"九夫为井,四井为邑,四邑为丘。"[3]一夫,乃一个成年男子,代表一个家庭。每丘可以为一百四十四个家庭提供赖以生存的土地和住宅。所以,"丘颐"即是庶民皆有所养,都能自求口食,故遇厉亦可化吉,可办大事。"颠颐"为"丘颐"之反,必是不能养众多庶民,自求口食都很艰难,更别说办大事了,外出

---

[1] 王弼、韩康伯注:《周易正义》,中国致公出版社,2009,第127页。
[2] 许慎:《说文解字》,中华书局,1963,第169页。
[3] 郑玄注,贾公彦疏:《周礼注疏》,上海古籍出版社,2010,第390页。

远行则凶。

六三:拂颐。贞凶。十年勿用。无攸利。

"拂颐",就是违背谋生之道,不去自谋生计,自求口食,那一定是懒汉,好逸恶劳之辈。"十年",谓其时间之长,其实就是永远也富不了。

六四:颠颐。吉。虎视眈眈,其欲逐逐。无咎。

六五:拂经。居贞吉。不可涉大川。

这两爻乃六二:"颠颐,拂经于丘颐"之拆句省文。六四:"颠颐",是原句之上半段,六五:"拂经"是下半段,又省去"于丘颐"三字。所以这两爻要合在一起讲。"虎视眈眈,其欲逐逐",是比喻。老虎发现猎物,死死盯住,那种捕食的欲望是压不住的。老虎的生存,绝对是自求口实。庶民有老虎的求食欲望,故无咎。但由于非庶民皆有所养,故居家过日子还行,但办不成大事。与六二原句是一致的。

上九:由颐。厉。吉。利涉大川。

"由颐"即是养生有道,就是能养万众庶民,所以能办大事。即使遇到危险仍然能逢凶化吉。

二十二、贲卦(离下艮上)

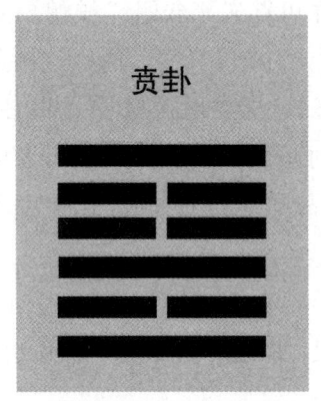

贲卦

上九:白贲。无咎。
六五:贲于丘园,束帛戋戋。吝。终吉。
六四:贲如皤如,白马翰如,匪寇婚媾。
九三:贲如濡如。永贞吉。
六二:贲其须。
初九:贲其趾,舍车而徒。
贲:亨。小利有攸往。

《说文》:"贲者,饰也。"[1]

贲,修饰打扮之谓也。从六四:"匪寇婚媾"可知,此为婚姻卦。

按《礼记·昏义》:"婚礼者,将合二姓之好,上以祭宗庙,而下以继后世也。故君子重之。"[2]

婚礼有六个环节:纳采、问名、纳吉、纳徵、请期、亲迎,称之为六礼。此卦讲的是婚礼的最后环节——亲迎。但从六五:"贲于丘园,束帛戋戋"来看,这不是贵族的婚礼,而是平民百姓的婚礼。何以知其然?因按当时规定,亲迎之礼,婿要执雁:

"婿执雁入,揖让升堂,再拜奠雁。"

由于雁礼只有贵族之家才有能力预备,而平民小户人家只能用寻常礼物来代替。在本卦中,这位新女婿就是用束帛来代替雁礼。由此可知,本卦

---

[1] 许慎:《说文解字》,中华书局,1963,第130页。
[2] 郑玄注,孔颖达正义:《礼记正义》(《十三经注疏》本),上海古籍出版社,1997,第1680页。

卦主就是亲迎新妇的新郎官。卦主既明,卦义就好解释了。

卦辞:亨。小利有攸往。

结婚是大喜事,亨!"小利有攸往",应是"利小有攸往"之倒装句。周礼规定,同姓不婚。婚姻必然是结异姓之好。而周人聚族而居,不同族姓,聚居在不同之原上。此卦乃新郎官往另一原上迎亲的场景。相距有一段距离,但又不太远,"小有攸往"也。

初九:贲其趾,舍车而徒。

所谓"贲其趾",其实就是新郎官穿着一双漂亮的新鞋。"舍车而徒",舍车不坐而徒步行走。亲迎一定要有马车,无论贫富。只不过车的数量和质量不同而已。诸侯娶亲,车队百辆。

《诗经·召南·鹊巢》:"维鹊有巢,维鸠居之。之子于归,百两御之。"[①]
御,迎也。平民娶亲,车只一辆。

《卫风·氓》:"尔卜尔筮,体无咎言。以尔车来,以我贿迁。"[②]

这位新郎官有车不坐,而是跟着车跑,并不是为显示自己的新鞋,而是心情激动,在车上坐不住,宁愿下车跟着跑,颇具喜剧色彩。

六二:贲其须。

胡须也经过精心修饰。有解释认为是迎亲队伍中的老人。未必!亲迎当然要突出新郎官本人。有须,不一定就是老人。上古无剃须刀,胡须只能修剪,无法刮净,故男子又称须眉。

九三:贲如濡如。永贞吉。

"濡如",濡者,湿也,润泽貌。这是说头发也洗得干干净净,插上新的发簪。从头到脚都打扮得漂漂亮亮的,体体面面的,像个新郎官的样子。永远都是吉祥如意!

六四:贲如皤如,白马翰如,匪寇婚媾。

皤,白色。这里指迎亲的车子,配上白马。翰,飞翔貌。由于新郎官心

[①] 毛亨传,郑玄笺,孔颖达正义:《毛诗正义》(《十三经注疏》本),上海古籍出版社,1997,第283页。

[②] 毛亨传,郑玄笺,孔颖达正义:《毛诗正义》(《十三经注疏》本),上海古籍出版社,1997,第324页。

急,催促车辆,跑得飞快,怕对方误解,不是强盗,而是迎亲!

六五:贲于丘园,束帛戋戋。吝。终吉。

"丘园",很明显指女方家居住的庄园,也装饰出喜庆气氛,就像现在谁家有婚庆喜事,在小区门外贴上喜字一样。进了家,递上聘礼——"束帛"。

《周礼·春官宗伯》贾公彦疏:"束者十端,每端丈八尺,皆两端合卷,总为五匹,故云束帛也。"①

"戋戋",少了一点。看来,女方家长不太满意,气氛有点尴尬,吝。其实,按当时规定,是不算少的。

《仪礼·士昏礼》贾公彦疏:"凡嫁子娶妻,入币缁帛无过五两。"②

五两,即五匹、十端。平民小户人家,束帛要比雁礼实惠得多,所以最终还不错,同意新郎官把新娘接走。

上九:白贲。无咎。

很明显,"白贲",指新娘子。白者,素也。

《诗经·召南·羔羊》:"羔羊之皮,素丝五纯。"毛亨传:"素,白也。"③

白贲,即是打扮素雅,如清水出芙蓉,天然去雕饰。本色的美。再次印证新娘子是平民家的姑娘。

至此,迎亲之礼,大功告成。

从全卦来看,这是普通平民之家的婚姻,使我们对那个时代平民百姓生活有了直观的认识,是不可多得的民俗文化记录。而且生活气息非常浓厚,有喜剧气氛,太妙了。

---

① 郑玄注,贾公彦疏:《周礼注疏》,上海古籍出版社,2010,第681-682页。
② 郑玄注,贾公彦疏:《仪礼注疏》(《十三经注疏》本),上海古籍出版社,1997,第963页。
③ 毛亨传,郑玄笺,孔颖达正义:《毛诗正义》(《十三经注疏》本),上海古籍出版社,1997,第289页。

二十三、剥卦（坤下艮上）
二十四、复卦（震下坤上）

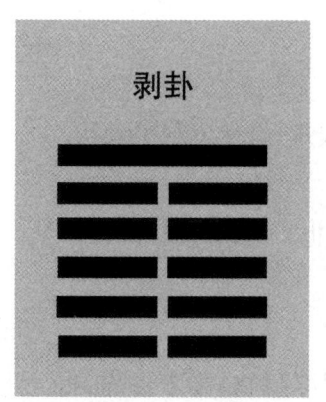

剥卦

上九：硕果不食，君子得舆，小人剥庐。
六五：贯鱼。以宫人宠。无不利。
六四：剥床以肤。凶。
六三：剥之。无咎。
六二：剥床以辨。蔑。贞凶。
初六：剥床以足。蔑。贞凶。
剥：不利有攸往。

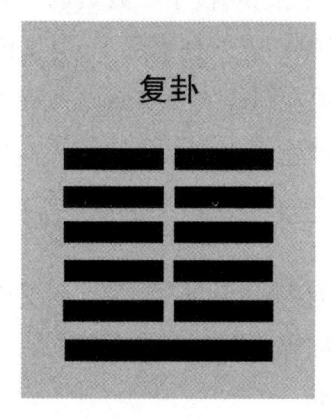

复卦

上六：迷复。凶。有灾眚。用行师，终有大败。以其国君，凶。至于十年不克征。
六五：敦复。无悔。
六四：中行独复。
六三：频复。厉。无咎。
六二：休复。吉。
初九：不远复。无祗悔。元吉。
复：亨。出入无疾，朋来无咎。反复其道，七日来复。利有攸往。

这两卦与《否·泰》一样，是典型的对卦。人们挂在嘴边的话"否极泰来"，接着就是"剥极必复"。

《说文》:"剥者,裂也,从录从刀。录,割也。"①

但《剥》卦用其引申义:剥夺、侵削的意思。

"复"者,反也。《泰》卦九三:"无平不陂,无往不复。"即此复之义。

此两卦,就其符号学之本义来说,指的是阴阳消长。从时令来说,《剥》卦对应的是周历十一月,夏历九月。阴气长而阳气消,至周历十二月为全阴之月,对应卦象为《坤》,此为剥之极。至正月一阳复始,对应的是《复》卦。此后则阳长阴消,进入新的一年。

但两卦的叙事系统,却是将阴阳消长的规律移之于人事。《剥》卦就是把阴气侵削剥夺阳气,比作小人侵夺君子。

卦辞:剥:不利有攸往。

君子在受小人侵夺之际,自保其身尚且艰难,自然不利于远行。

初六:剥床以足。蔑。贞凶。

六二:剥床以辨(床上、床下之分际,床板也)。蔑。贞凶。

六三:剥之(全部夺走)。无咎。

六四:剥床以肤(即床上用品)。凶。

都是以床为喻,指小人闯入君子家中,侵夺财物,步步侵逼,得寸进尺,没有止境。"蔑"者,无也。财物被夺走,对君子来说,没了。故贞凶。而六三:"剥之",兆辞却是"无咎",是怎么一回事呢?应该是想通了,财富终究是身外之物,只要人身安全,财富无所谓了。但六四:"剥床以肤",兆辞为什么又变为"凶"了呢?用《象》传的话:"切近灾也。"②因为直接威胁到人身安全了。

六五:贯鱼。以宫人宠。无不利。

此爻要多费些口舌。从逻辑上说,从"剥足"到"剥肤",那么,此爻必然到了剥人,而且是女人这一步了。阿Q要革命,除去"发财,发财"之外,还有"女人,女人,女……"此爻表达的就是这个逻辑。

"贯鱼",影响较大的解释有二,其一是李、周二人的解释。

---

① 许慎:《说文解字》,中华书局,1963,第92页。
② 王弼、韩康伯注,孔颖达正义:《周易正义》,中国致公出版社,2009,第112页。

引《礼记·射义》："天子将祭，必先习射于泽而后射于射宫。射中者得与于祭，不中者不得与于祭。"然后加以解读说"宫人射中了鱼，得到了参加祭祀的荣宠。"

周振甫又改为：

"天子射中了鱼，是因为宫人帮助的缘故，所以那宫人得了宠。"①

然而一查原文，漏洞就出来了。

《礼记·射义》："是故古者，天子以射选诸侯、卿大夫、士。射者，男子之事也。"按周礼，女子是不可能参与射礼的。又，原引文少了一句话"天子将祭，必先习射于泽，泽者，所以择士也。"②

原来习射于"泽"，是取其与选择之"择"同音，取个吉利。射的是箭靶子，根本没有射鱼这码事。似此似是而非、断章取义的引用，学术界太多了，要求真知，可不慎欤！

所以，就"贯鱼"这两个字，我宁愿相信王弼、孔颖达的解释：

"贯鱼，谓众阴也。骈头相次，似贯鱼也。"③

予幼时见集市卖鱼，鱼贩用马莲穿鱼鳃，买者一提就走，即贯鱼。以比喻小人剥夺君子得寸进尺，从剥足到剥宫人这一连串的举动。

"宫人"，未必是天子之宫人，因为周初还未有天子被小人侵夺的事件发生。诸侯之家亦可称宫。

《诗经·召南·采蘩》："于以采蘩，于涧之中。于以用之，公侯之宫。"④

总之是贵族之家即可。"宠"者，爱也。爱总和保护有联系。所以，此句可解为：当小人一路如贯鱼般剥夺君子，君子也一路退让，但当自己的家人也受到被侵夺的危险时，不再退让了，而是把家人保护起来了。故"无不利"，家人未受到伤害。

---

① 李镜池：《周易通义》，中华书局，1981，第 48 页；周振甫《周易译注》，中华书局，1991，第 85 页。
② 郑玄注，孔颖达正义：《礼记正义》（《十三经注疏》本），上海古籍出版社，1997，第 1687-1689 页。
③ 王弼、韩康伯注，孔颖达正义：《周易正义》，中国致公出版社，2009，第 112 页。
④ 毛亨传，郑玄笺，孔颖达正义：《毛诗正义》（《十三经注疏》本），上海古籍出版社，1997，第 284 页。

上九:硕果不食。君子得舆,小人剥庐。

上九是本卦唯一阳爻,又处最上,是为君子。"硕果不食",比喻就像一个硕大果实,没有被夺走吃掉。君子最终生存下来,又获得了舆车。舆,不仅仅是交通工具,更是权力地位的象征。"得舆"即重新获取了权力地位,而小人连原来赖以存身的草房都被拆掉了。物极必反也。

下面说《复》卦。

卦辞:亨。出入无疾,朋来无咎。反复其道,七日来复。利有攸往。

"出入无疾,朋来无咎。"是非常朴素的一种企盼。出,往也。入,复也。希望无论是出门在外,还是回到家里,家人和朋友都平平安安的,没灾没病最好。"有朋自远方来,不亦乐乎!"自当好好招待。

"反复其道,七日来复。"反即是复。反复其道就是回家之路。《小畜》初九:"复自道,何其咎?吉。"就是说走在回家的路上感觉真好。唯"七日来复",须多费口舌。孔颖达《周易正义》说得很神秘,引《易纬·稽览图》,有一个非常复杂的计算公式,最后得到的数字是六日七分。举成数则为七日。① 不过,纬书盛行于西汉哀、平、新莽之际,时值天下大乱,多怪诞无稽之谈,妖言惑众之语,故我不取。从"出入无疾,朋来无咎"这样朴素的话语看,其本义绝不会那么神秘,那么复杂。应该是虽"利有攸往",但也有限度,那就是七天可打来回。因为从全卦来看,没有"从王事"的迹象,是民间往来。在那个时代普通人的活动半径不会太大。大多数人都是生于斯,长于斯,终老于斯。婚恋对象抑或是邻里:

"将仲子兮,无逾我里。"(《诗经·郑风·将仲子》)

或同城:

"静女其姝,俟我于城隅。"(《邶风·静女》)

或隔河相望:

"子惠思我,褰裳涉溱。"(《郑风·褰裳》)

或登高可见:

"乘彼垝垣,以望复关。"(《卫风·氓》)

---

① 王弼、韩康伯注,孔颖达正义:《周易正义》,中国致公出版社,2009,第115页。

所以，七天往返，已经是人们外出远行的极限。超过这个限度，"出入无疾"就没有保障了。因为当时方国，公侯不过百里。天子治下，邦畿千里，但天子治下也分许多领地，像周公之周，召公之召，都是国中之国。远行超过七天，就是异国他乡了。

初九：不远复。无祗悔。元吉。

出门不要太远，早早回家，最好。"祗"者，大也，没有大遗憾。

但此爻辞在文学史上却另有其义。

屈原《离骚》："悔相道之不察兮，延伫乎吾将返。回朕车以复路兮，及行迷之未远。"①

陶渊明《归去来兮辞》："悟以往之不谏，知来者之可追。及行迷之未远，觉今是而昨非。"②

都是认识到原来选择的道路是错的，现在要重新选择人生之路。这样就扩大了本爻的内涵，尽管并非本义。

六二：休复。吉。

休者，喜也。高高兴兴地返回家中，吉。

六三：频复。厉。无咎。

从王弼、孔颖达到李、周都认为"频"即颦蹙之"颦"字之通假字，无疑义。我补充点说明，之所以训颦蹙之"颦"，应与"休复"之"休"对读，休是喜，颦则是忧。"休复"吉，故"频复"厉。有危险。但终于回家了，故无咎。

六四：中行独复。

本爻没有贞兆辞。凡没有贞兆辞者，其兆同于前爻。六三："频复。厉。无咎"。那么，"中行独复"也应是"厉。无咎"。从"独复"可知，此行不止一人。从"中行"可知，并未到达目的地。却一个人半路回来了，一定有什么突然变故，是"厉"，但回到家里，任何问题都不算什么了，无咎。

六五：敦复。无悔。

"敦"之本义为厚，即厚道。但这里用其第二义，敦促。被别人敦促返回

---

① 洪兴祖：《楚辞补注》，中华书局，1983，第 16 页。
② 陶渊明：《陶渊明集》，人民文学出版社，1956，第 111 页。

家中,没有什么遗憾。

　　从初九至六五,表达同一个理念,家是一个人的港湾,不管遇到什么问题,只要能回家,所有问题就都不是问题。

　　上六:迷复。凶。有灾眚。用行师,终有大败。以其国君,凶。至于十年不克征。

　　这是讲迷失道路,回不了家,那就是凶。一定有灾难发生。一个人如此,一支军队迷失了回国之路,那一定是大败仗。其灾难性后果只能由国君承担,至于国力恐怕十年都难以恢复。

二十五、无妄卦(震下乾上)

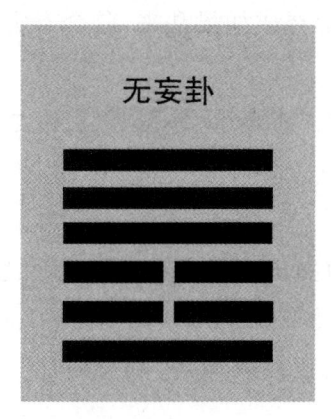

无妄卦

上九:无妄行。有眚。无攸利。

九五:无妄之疾,勿药有喜。

九四:可贞。无咎。

六三:无妄之灾。或系之牛,行人之得,邑人之灾。

六二:不耕,获;不菑,畬。则利有攸往。

初九:无妄。往吉。

无妄:元亨利贞。其匪正,有眚。不利有攸往。

《说文》:"妄,乱也。"①

胡作非为为妄作,胡说八道为妄言,胡思乱想为妄想。无妄,则是合常道,合常理,守规矩。

本卦似乎没有建国、迁都等大事件,为什么卦辞也是"元亨利贞"呢？答案就在九五:"无妄之疾,勿药有喜"之中。《兑》卦九四:"商兑未宁,介疾有喜。"我们经过讨论,认为说的是武王病危,奇迹般康复的事。那么,此卦九五,说的则是同一件事。武王灭商的第二年八月突然病危,此时"天下未宁",国家尚不安定(见《临》卦解读)。武王之病关乎国家命运。经过周公祈祷,第二天"武王有瘳",病好了。周人认为武王之病,就是"无妄之疾",没有吃药就康复了,自然是"元亨利贞",有利于国家安定。

本卦在六十四卦中是非常特殊的一卦。除九五武王患"无妄之疾"外,

---

① 许慎:《说文解字》,中华书局,1963,第263页。

还记录了一系列"无妄"之行却没有得到正面回报的现象。正是因为有这样一卦,我认为《周易》作者是一位现实主义者,他不仅看到事物的正面,还深刻认识到事物的反面。不仅认识到事物的一般规律,还认识到事物的特殊规律。即做人做事守正道,合常理,守规矩,按一般规律说,应该是"元亨利贞"!但现实生活中却往往与之相反,即"其匪正,有眚"。甚至于寸步难行,此即"不利有攸往"。

对"其匪正,有眚",此前各种《易》书都解释成如果乱来,就会有灾殃。窃以为不符合此卦之本义,有爻辞为证。

本卦六爻,除初九:"无妄。往吉"和九四:"可贞,无咎"以及九五之外,其余三爻都是在讲其非正常现象。

六二:不耕,获;不菑,畬。则利有攸往。

不耕地,却有收获,正常吗?不开荒,却有熟田,正常吗?(菑,新开垦的土地。畬,种了三年的熟田)要么是权势者,巧取豪夺,那是妄作;要么就是懒汉,异想天开,那是妄想!都是"妄",可是,贞兆辞却是"利有攸往"。这可是仅次于"利涉大川"的吉兆啊,合理吗?

周振甫解释这句话是:"出外去(经商)有利。"[①]想当然耳。我们讲了这么多卦,"有攸往"和经商没有必然联系。本卦也看不到有经商的迹象。就是在讲不合理现象。

六三:无妄之灾。或系之牛,行人之得,邑人之灾。

或者,假设之辞,打个比方。"行人",过路者。"邑人",常住民。假设一头牛拴在路边,被过路人顺手牵牛偷走了。牛主人却诬赖邑人把牛藏起来了,要求赔偿。邑人却百口莫辩。邑人有什么错?但灾祸却平白无故地落在头上,去哪里讲道理?世界上很多的冤案,不就是这么来的吗?

九四:可贞,无咎。

此爻没有贞事辞。故不予讨论。

九五:无妄之疾,勿药有喜。

武王莫名其妙得了重病,也是"无妄之疾"。所幸没有乱吃药就康复了。

[①] 周振甫:《周易译注》,中华书局,1991,第90页。

二十五、无妄卦(震下乾上)

上九:无妄行。有眚。无攸利。

攸者,长也,远也,久也。没有任何妄举妄言妄行。却有了灾祸,不仅是一时之灾,而是长久受到伤害,天理又何在?

故本卦表达的是和司马迁在《伯夷叔齐列传》中同一感慨:

"或曰:'天道无亲,常与善人。'若伯夷叔齐,可谓善人者非耶?积仁洁行如此而饿死!且七十子之徒,仲尼独荐颜渊为好学。然回也屡空,糟糠不厌。而卒早夭。天之报施善人,其何如哉?盗跖日杀不辜,肝人之肉,暴戾恣睢,聚党数千人横行天下,竟以寿终,是遵何德哉?此其尤大彰明较著者也。若至近世,操行不轨,专犯忌讳,而终身逸乐,富厚累世不绝。或择地而蹈之,时然后出言,行不由径(抄近路)。非公正不发愤,而遇祸灾者,不可胜数也。余甚惑焉,傥所谓天道,是邪非邪?"①

陶渊明有一首《怨诗楚调示庞主簿邓治中》:

天道攸且远,鬼神茫昧然。结发念善事,僶俛六九年。

弱冠逢世阻,始室丧其偏。炎火屡焚如,螟蜮恣中田。

风雨纵横至,收敛不盈廛。夏日抱长饥,寒夜无被眠。

造夕思鸡鸣,及晨愿乌迁。在己何怨天,离忧凄目前。

吁嗟身后名,于我若浮烟。慷慨独悲歌,钟期信为贤。②

自己从懂道理时就开始做好事,积德行善,结果怎么样呢?刚刚成年就赶上动乱,刚刚结婚,妻子就去世了。水灾旱灾接连不断,似乎一年到头都在为吃饱饭而发愁。善恶有报的道理去哪里找?世界就是这么不公道,没办法!这就是社会,这就是人生!

所以,有时遭受点小的无妄之灾也是一种人生阅历。不然,人生只有一种味道也太平淡了。但愿别遇大的"无妄"!

---

① 司马迁:《史记》,中华书局,1962,第 2124–2125 页。
② 陶渊明:《陶渊明集》,人民文学出版社,1956,第 64 页。

二十六、大畜卦(乾下艮上)

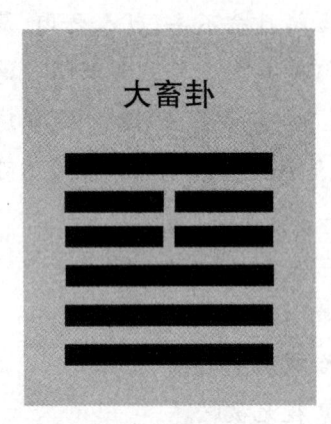

大畜卦

上九:何天之衢。亨。
六五:豶豕之牙。吉。
六四:童牛之牿。元吉。
九三:良马逐,利艰贞。曰闲舆卫。利有攸往。
九二:舆说輹。
初九:有厉。利巳。
大畜:利贞。不家食。吉。利涉大川。

畜者,力田所积也。引申义,凡财富之积聚,皆可称畜。小畜,是积聚粮食。大畜,则是积聚牲口。

《尔雅·释畜》郭璞注:"按:畜是畜养之名,兽是毛虫总号。故释畜唯论马、牛、羊、鸡、犬。"邢昺疏:"畜,兽也,人之畜养者也。"[①]

今天仍称家养之动物为牲畜,只是读声变为畜(chù)。可见此卦乃是畜牧卦。

在周代,畜牧养殖,分官养和民养。

先说官养:

《周礼·地官司徒》:"牧人,掌牧六牲而阜番其物,以供祭祀之牲牷。"在牧人之下,还有"牛人,掌养国之公牛以待国之政令"。[②]

以及"羊人""犬人""鸡人",都是负责养殖供祭祀用的牲畜。

《夏官司马》:"校人,掌王马之政。辨六马之属,种马一物,戎马一物,齐

[①] 郭璞注,邢昺疏:《尔雅注疏》,上海古籍出版社,2010,第583页。
[②] 郑玄注,贾公彦疏:《周礼注疏》,上海古籍出版社,2010,第451页,第454页。

马一物,道马一物,田马一物,驽马一物。"①

以供天子在不同场合乘用不同的马车所驯养的马匹。

再说民养。

《礼记·曲礼下》:"问国君之富,数地以对。……问大夫之富,曰有宰食力。……问士之富,以车数对。问庶人之富,数畜以对。"清陈澔注云:"国君,举其土地之广狭。大夫,宰,邑宰也。有宰,有采地矣。食力,谓食下民赋税之力。士,上士三命,得赐车马。庶人受田有定制,惟畜牧之多寡在乎人。"②

可见,养殖牲畜的多少,才是平民百姓财富的标志。

"不家食",《象传》认为:"养贤也。"③但本卦全是饲养家畜,根本与养贤无关。

李镜池解为农民在地里劳动,在田头吃饭,并引《豳风·七月》:"同我妇子,馌彼南亩,田畯至喜"为证。然《七月》是讲农业劳动,此卦则讲的是畜牧养殖,对不上号。周振甫则解为:"不靠家里吃饭",并加注解说,"从卦爻辞看,指出外经商或从事农业可有积蓄。"④但除九二"舆说輹",能和农业挂点边(见《小畜》卦),无论如何找不到经商的迹象。即使从事农业有积蓄,那也是"小畜"而非"大畜",而且也仍然要靠家里吃饭,所以此解也难成立。

窃以为,"不家食",指的是畜养之牲,不是为了自家食用。官养的牛、羊、豕乃是供祭祀之用。马匹则是供天子驾车之用。而民养的牛马,除去供自家驾车之外(那时还没有发明牛耕,种田还用耒耜),还可卖给国家,供军队使用。因官养六牲,数量有限,不足以供应军队的需要。自家食用,只是自给自足,不能致富。而且,《礼记·王制》规定:

"天子无故不杀牛,诸侯无故不杀羊,士无故不杀犬豕。"⑤

---

① 郑玄注,贾公彦疏:《周礼注疏》,上海古籍出版社,2010,第1251-1252页。
② 陈澔注:《礼记集说》,上海古籍出版社,1987,第24页。
③ 王弼、韩康伯注,孔颖达正义:《周易正义》,中国致公出版社,2009,第121页。
④ 李镜池:《周易通义》,中华书局,1981,第52页;周振甫:《周易译注》,中华书局,1991,92页。
⑤ 郑玄注,孔颖达正义:《礼记正义》(《十三经注疏》本),上海古籍出版社,1997,第1337页。

可见,平民百姓之家,是难得吃自家所养的牲畜的。一是不许吃,二是吃不起。据《孟子·梁惠王上》:

"鸡豚狗彘之属,勿失其时,七十者可以食肉矣。"①

到了战国时期,只有好年景,七十岁的老人才可能吃上肉。可见平民百姓吃肉之难。所畜之牲,尤其是牛马等大型牲畜,无论是驾车还是卖给国家,供应军队,收益都比自家食用有价值得多。此即"不家食。吉"。

"利涉大川"。

无论官养还是民养,无论是供祭祀还是供军队,都是办大事需要,对国家大事有利。

初九:有厉。利巳。

《周易正义》王弼注:"故进则有厉,已则利也。"孔颖达疏:"己今若往,则有危厉,维利休己,不需前进,则不犯凶祸也。"②

"有厉",有危险。无疑义。"利巳",则众说纷纭。《周易》经文是辰巳午未之"巳"字(见《十三经注疏》影印本,现代标点本擅改为已经之已。马王堆帛书本也作巳);王弼则认为是已经之"已"字;引申义为停止。孔颖达则认为是自己之"己"字。③ 那么,到底"巳""已""己"哪个字是对的呢?

《说文》:"巳,已也。四月,阳气已出,阴气已藏,万物见,成文章。故巳为蛇,象形。"④

原来在《说文》中,"巳""已"是同一个字,从地支说读巳蛇之巳,从阳气已出,阴气已藏来说,读已经的已。在这里读什么,要看语境。从六二:"舆说輹"可知,载重的大车固定车轴的部件脱落,那么在此之前,已经看出危险,此是"有厉",解决之道当然是及时把车停下来,防止危险出现。这就是"利巳"。

九二:舆说輹。

---

① 焦循:《孟子正义》,中华书局,1987,第59页。
② 王弼、韩康伯注,孔颖达正义:《周易正义》,中国致公出版社,2009,第123页。
③ 王弼、韩康伯注,孔颖达正义:《周易正义》,中国致公出版社,2009,第123页。
④ 许慎:《说文解字》,中华书局,1963,第311页。

二十六、大畜卦(乾下艮上)

《说文》:"䡒,车轴缚也。"①

装载农作物的大车,固定车轴的部件脱落,无法前进了。所幸及时停了下来,没有发生危险。但此爻要表达的乃是驾车的是农民自家养的牛,不能家食,用来拉车更有价值。

何以知道是平民百姓家用的牛车呢?

《周礼·冬官考工记》:"凡察车之道,必以载于地者始也。是以察车自轮始。轮人为轮,斩三材,必以其时。轮敝,三材不失职,谓之完。"郑玄注:"敝尽而毂、辐、牙不动。"贾公彦疏:"毂、辐、牙各有职任,自相支持,虽尽不动,是不失职也。"②

可见,官车对车轮的质量非常重视,检查非常严格,是不会轻易"说辐"或"说䡒"的。倘若"说辐",那是重大责任事故,轮人和负责监督的司空都脱不了干系。因为,官车或是天子诸侯之乘舆,或是军官所乘之战车。如果"说䡒",工匠和主管官员是要掉脑袋的。只有平民百姓家的农用车,才会经常车辐脱落,《小畜》卦九三:"舆说辐,夫妻反目"可证。

九三:良马逐,利艰贞。曰闲舆卫。利有攸往。

官养的好马跑得很快,道路再艰险也不必担忧。可以为天子的銮舆驾车,利于走远路。问题是"闲"字该做何解?王弼、孔颖达解"闲"为"阂",阻隔之义。

"有人欲闲阂车舆,乃是防卫见护也。"③

程颐则解为:"日常闲习其车舆与其防卫,则利有攸往。"④

按:《周礼·夏官司马》:"天子十有二闲,马六种;邦国六闲,马四种;家(大夫之采邑)四闲,马二种。"郑玄注:"每厩为一闲。"⑤

王马十二闲,就是有十二所马厩。其中两厩为驽马,供杂役,其余十厩,均为良马,可分别驾驶玉路、戎路、田路、道路等等。所以,"闲"乃不同等级

---

① 许慎:《说文解字》,中华书局,1963,第 301 页。
② 郑玄注,贾公彦疏:《周礼注疏》,上海古籍出版社,2010,第 1533 - 1536 页。
③ 王弼、韩康伯注,孔颖达正义:《周易正义》,中国致公出版社,2009,第 121 - 124 页。
④ 程颐:《周易程氏传》,中华书局,2011,第 147 页。
⑤ 郑玄注,贾公彦疏:《周礼注疏》,上海古籍出版社,2010,第 1254 页。

的良马,分别驾驶不同等级的车辆——"舆卫"。

六四:童牛之牿。元吉。

"童牛",小牛也。"牿",指为了保护牛角,用木棍绑在牛角上作为防护的架子。

《礼记·王制》:"祭天地之牛角茧栗,宗庙之牛角握,宾客之牛角尺。"①

祭天地之牛,角小的像蚕茧或板栗;祭宗庙的牛,角小的能够握在手里。为什么要如此小的童牛?因这样小的牛还不懂得牝牡之合,祭天、祭祖更显神圣。至于招待宾客,牛角一尺才可以,取其肥大而已。

六五:豶豕之牙。吉。

《说文》:"豶,羠豕也。"②

即阉割了的猪。阉猪,现在是为育肥。上古除育肥外,还为消除猪的野性。

《诗经·召南·驺虞》:"彼茁者葭,壹发五豝。……彼茁者蓬,壹发五豵。"③

豝,牡豕也,公猪。豵,小猪。可见那时狩猎,猎物多为野猪,吃不完的驯养起来方为家猪。故那时的猪都有长牙,且仍具野性。为了保护猪的长牙,没办法像给牛角绑木棍那样加个什么装置,只好阉割,既有益于育肥,又消除了野性。为什么对牛角和猪牙那么精心保护呢?答案是,做牺牲用。即天子诸侯祭天地社稷和宗庙时献祭用的太牢之礼。

《礼记·曲礼下》:"凡祭……天子以牺牛,诸侯以肥牛,大夫以索牛,士以羊豕……"注云:"毛色纯而不杂曰牺,养于涤者为肥,求得而用之为索。"这就是牺牲。④《说文解字》:"牲,牛完全。"⑤

---

① 郑玄注,孔颖达正义:《礼记正义》(《十三经注疏》本),上海古籍出版社,1997,第1337页。
② 许慎:《说文解字》,中华书局,1963,第197页。
③ 毛亨传,郑玄笺,孔颖达正义:《毛诗正义》(《十三经注疏》本),上海古籍出版社,1997,第294页。
④ 郑玄注,孔颖达正义:《礼记正义》(《十三经注疏》本),上海古籍出版社,1997,第1268页。
⑤ 许慎:《说文解字》,中华书局,1963,第29页。

即必须是完整、没有损伤的牛。猪羊也是如此。一旦没了角和牙,便无法用于祭祀了,价值也就大跌。但若保护得好,可作牺牲,立即身价百倍。

《礼记·曲礼下》载:"凡祭宗庙之礼,牛曰一元大武,豕曰刚鬣,羊曰柔毛,鸡曰翰音,犬曰羹献……"[1]

连名字都变得高大上了。还舍得自家吃吗?

上九:何天之衢。亨。

明白了饲养牛、猪是祭天用的,那么它们担负的是与天沟通的重要角色。自然是"亨"。"衢"者,通也。"何"者,荷也。承负之义。《噬嗑》卦上九:"何校灭耳",即此"何"字。

---

[1] 郑玄注,孔颖达正义:《礼记正义》(《十三经注疏》本),上海古籍出版社,1997,第1269页。

二十八、大过卦(巽下兑上)

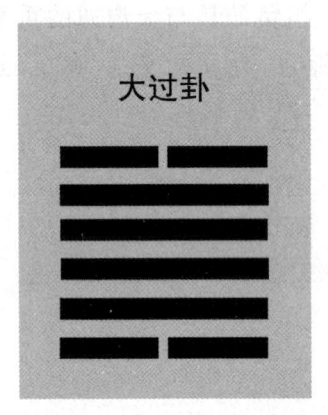

大过卦

上六:过涉灭顶。凶。无咎。
九五:枯杨生华。老妇得其士夫。无咎无誉。
九四:栋隆。吉。有它,吝。
九三:栋桡。凶。
九二:枯杨生梯。老夫得其女妻。无不利。
初六:藉用白茅。无咎。
大过:栋桡。利有攸往。亨。

孔颖达《周易正义》:"过谓过越之过,非经过之过。"①

即过越于常,有悖于常识,常理,常情。李镜池解为过头,周振甫解为过错,都有道理。但仔细品味卦爻辞,窃以为用刘震云的话"拧巴"可能更贴切。北京话"别扭"也沾边。《象传》据卦象初、上二爻为阴,中间四爻为阳,解为"本末弱也"。然卦辞取象"栋桡",九四取象"栋隆",都是中间弯曲。《象传》之解并不恰当。

《说文》:"栋,极也。"朱骏声《通训定声》:"屋内至中至高之处,……俗谓之正梁。"②

卦辞"栋桡",须与九四"栋隆"对读。栋隆,乃正梁向上隆起,那么,栋桡则是向下弯曲。由于向下弯曲,所有重力都向中间弯曲处传导,从而承受双倍压力,房屋有坍塌的危险。面对这种危险,解决之道有二:一为避开,即"利有攸往"。二为因势利导,改变它,方法是把弯曲的朝向反过来,使之向

---

① 王弼、韩康伯注,孔颖达正义:《周易正义》,中国致公出版社,2009,第128页。
② 许慎著,芳园主编:《说文解字详解》,天津人民出版社,2015,第155页。

上隆起,那么,重力则从中间向两边墙壁传导,危险自然消除。故"亨"。《周易》根本宗旨是教人趋吉避凶,趋利避害。从"栋桡"和"栋隆",我们或许能从中得到某种启发。

初六:藉用白茅。无咎。

《象》传:"藉用白茅,柔在下也。"①

因初六为阴,性柔,九二为阳,性刚。柔下刚上,阴阳和合,故无咎。与内容实质为何无涉。李镜池、周振甫认为是用白茅铺垫,上面放着祭品,表示恭敬。又说是在封诸侯时,白茅上面放五色土,表敬重。② 可通。但这都是正常现象,不是"过"。本卦既为"大过",那么"藉用白茅"一定是不太正常之事,但由于初六,乃"过"之初始,不严重,故"无咎"。那么上面的解释就不符合原意。

《礼记·曲礼下》:"执天子器则上衡……执玉,其有藉者裼,无藉者袭。"③

何谓有藉?璧或琮,由于器物较为轻薄,下须垫以束帛,是为有藉。圭璋,器形硕大厚重。所谓大圭不琢,几近原石状态,无须垫以束帛,是谓无藉。但圭璋本天子之重器,且只有祭天祭祖,或封诸侯,或礼聘友邦时才用。用时非常隆重,大夫执天子之器则上衡,即双臂高于心,并保持平衡状态。内衣之上为"裼",裼上为"袭",故持圭璋须著袭衣,显得更隆重。而持璧琮,则减等,穿裼服即可。④ 此"藉用白茅",是说垫在璧琮下面的不是束帛,而是白茅,是不符合规定的。是过。但此过属于《小过》卦《象传》所云:"行过于恭,丧过于哀,用过于俭。"⑤这是用过于俭。但只要内心诚信,则可无咎。

九二:枯杨生稊。老夫得其女妻。无不利。

---

① 王弼、韩康伯注,孔颖达正义:《周易正义》,中国致公出版社,2009,第129页。
② 李镜池:《周易通义》,中华书局,1981,第56页;周振甫:《周易译注》,中华书局,1991,第100页。
③ 郑玄注,孔颖达正义:《礼记正义》(《十三经注疏》本),上海古籍出版社,1997,第1256页。
④ 陈澔:《礼记集说》,上海古籍出版社,1987,第17页。
⑤ 王弼、韩康伯注,孔颖达正义:《周易正义》,中国致公出版社,第240页。

按,此爻须与九五对读。

"枯杨生稊"是比喻,"枯杨"指老夫,"女妻"是说娶的妻子很年轻。"生稊",比喻老夫和这位年轻的妻子竟然生了一个孩子。没有什么不好。

九五:枯杨生华,老妇得其士夫。无咎无誉。

"枯杨生华"者,只开花不结果。暗指老妇嫁得少年郎,虽然如枯木逢春,却不能生育后代。虽然没什么不好,但也不值得称道。

此二爻都是不般配、反常态之婚姻,是过,即拧巴,让人感到别扭。但婚姻终究是个人私事,只要不影响他人,就不要妄加评论,少了多少烦恼!这说明《周易》作者对不影响他人的事,即使不合常理,也采取包容态度,不去做无谓的道德评判。相比之下,《象传》则未免过于迂腐。对"老夫女妻"批评说:"过以相与也",是错误的结合。而对"老妇士夫"则更为严厉,曰:"亦可丑也。"认为太丢人。[①] 如此看来,《周易》的作者比后来的腐儒开明多了。

九三:栋桡。凶。

主梁向下弯曲,没有及时避开,故凶。

九四:栋隆。吉。有它,吝。

把向下弯曲的主梁翻转过来,使之向上拱起,化凶为吉。如果有其他变故,则不大好。

九五:以见上解,不赘。

上六:过涉灭顶。凶。无咎。

涉水过河,事先要察看水之深浅。此处涉水已至灭顶,说明此前判断失误,凶险异常。但最后总算挣扎出来了,无咎。

此卦描写了当时社会的人生百态,使我们对那时的社会生活有了比较直观的了解。

---

① 王弼、韩康伯注,孔颖达正义:《周易正义》,中国致公出版社,第130页。

二十九、坎卦(坎下坎上)

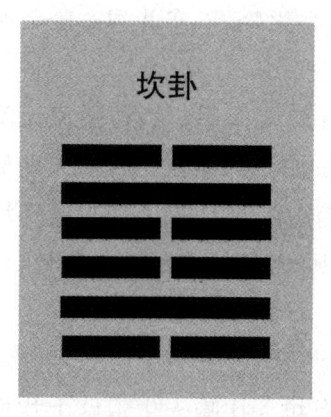

上六：系用徽纆，寘于丛棘，三岁不得。凶。
九五：坎不盈，祇既平。无咎。
六四：樽酒，簋二，用缶。纳约自牖。终无咎。
六三：来之坎，坎险且枕。入于坎窞。勿用。
九二：坎有险，求小得。
初六：习坎。入于坎窞。凶。
坎：习坎。有孚。维心。亨。行有尚。

八卦中，坎为水。两个坎卦重叠，《象传》："水洊至，习坎。"①《说文》："坎者，陷也。"②即我们常说的陷阱。俗语为坑。《说文》："习，数飞也。"③鸟儿不断地扇动翅膀，练习飞翔。此处只用其连续不断之义。水不断地到来，地上又是连续不断的陷阱，故险之又险。

卦辞：习坎。有孚。维心。亨。行有尚。

卦名是《坎》，卦辞却是"亨"而不是"凶"，为什么？

君子在进取的过程中，事业遭到挫折，自身也遭受磨难是为坎。但君子处坎则不应改其志。所谓"有孚。维心"，就如孔子对"仁"的执着一样："君子无终食之间违仁，造次必于是，颠沛必于是。"④

又如孟子对"道"的坚持：

---

① 王弼、韩康伯注，孔颖达正义：《周易正义》，中国致公出版社，2009，第133页。
② 许慎：《说文解字》，中华书局，1963，第288页。
③ 许慎：《说文解字》，中华书局，1963，第74页。
④ 何晏注，邢昺疏：《论语注疏》，上海古籍出版社，1997，第2471页。

"得志,与民由之,不得志,独行其道。富贵不能淫,贫贱不能移,威武不能屈。此之谓大丈夫。"①

君子处坎,即是颠沛流离,即是不得志。但必须保持诚信之心。"行有尚",尚者,上也,更高的追求。以此处坎,虽险而亨!

其实,人生在世,遇到点坎和险,不是坏事,既可磨炼意志,又可提高克难之能力。故我较为欣赏《象传》的话:

"天险,不可升也,地险,山川丘陵也。王公设险,以守其国。险之时义大矣哉!"②

意思是说,自然之险,对防御外敌入侵有重要作用。倘若国家无险可守,也一定人工修筑国防工程以保家卫国。人也一样,艰难困苦对人的健康成长有利,倘出生于富贵之家,也绝不能一贯溺爱,要让孩子到艰苦环境中磨炼,以利健康成长。就像英国王子,必须服兵役,而且要到海外领地,以普通人身份接受训练,是有道理的。

初六:习坎。入于坎窞。凶。

一个坑接着一个坑,连续不断。坑中又有坑。比喻人生道路上坎坷接着坎坷,一次比一次凶险。

九二:坎有险,求小得。

此前说过,"行有尚",即君子遇坎,也不应放弃应有之追求。但这种追求,一定要符合实际,不要贪多,贪大,小有得即可。一点一点、一步一步地走出险境。

六三:来之坎,坎险且枕。入于坎窞。勿用。

"枕"者,沉之通假。刚从又深又险的陷阱爬出来,又掉到更深的陷阱里,这时,不要有作为,幻想办大事。"用"者,用世也,办大事之谓。此时要沉住气,保持冷静,仔细观察,思考走出险境的方法乃第一要务。

六四:樽酒,簋二,用缶。纳约自牖。终无咎。

---

① 焦循:《孟子正义》,中华书局,1987,第419页。
② 王弼、韩康伯注,孔颖达正义:《周易正义》,中国致公出版社,2009,第132页。

此爻是讲君子遇坎,坐牢。李镜池、周振甫解为把俘虏关到牢里。① 不确!俘虏是不会有"樽酒"之待遇的。那时的俘虏即使不杀头,也是做奴隶,怎么会供应酒食呢?只有君子贵族遭难时,才会有酒食可供。但生活条件比自由时不可同日而语了。

《诗经·秦风·权舆》:"于我乎!每食四簋。今也每食不饱。吁嗟乎,不承权舆。"②

这是贤者感叹国君对人才有始无终。开始接待贤人君子时,每食四簋。"簋",竹编方形食器,用于盛主食。可知君子平日每食四簋,乃是礼遇。现在变为二簋,待遇减半,饱腹而已,礼遇没了。"缶",瓦器,用以盛羹汤之类。君子日常用铜器,但改瓦器,也是礼遇没了。"纳约自牖"。纳,入也。约,少也。这些简单的饮食从窗口送进来,一定是坐牢了。但最终无大害。

九五:坎不盈,祇既平。无咎。

陷阱里,水不多。盈,满也。祇者,底也。井底刚刚填平。比起初六、九二,出坎、入坎、坎中有坎,境遇好多了,无咎。

上六:系用徽纆,寘于丛棘,三岁不得。凶。

案情突然恶化了。徽者,三股之绳;纆者,二股之绳。用绳子捆绑起来,转到看守更严的牢狱,三年也不放出来,凶。

《周礼·秋官司寇》:"司圜,掌收教罢民,凡害人者,弗使冠饰而加明刑焉。任之以事而收教之。能改者,上罪三年而舍,中罪二年而舍,下罪一年而舍。"③

根据这些规定,可知原来在坎窞之中,还只是定谳之前的羁押。"寘于丛棘",是狱成之后,押入圜土,即监狱。"上罪三年而舍",那么"三年不得",说明判定为上罪。这是遇上了大坎。

---

① 李镜池:《周易通义》,中华书局,1981,第 59 页;周振甫:《周易译注》,中华书局,1991,第 104 页。
② 毛亨传,郑玄笺,孔颖达正义:《毛诗正义》(《十三经注疏》本),上海古籍出版社,1997,第 374 页。
③ 郑玄注,贾公彦疏:《周礼注疏》,上海古籍出版社,2010,第 1394 页。

三十一、咸卦(艮下兑上)

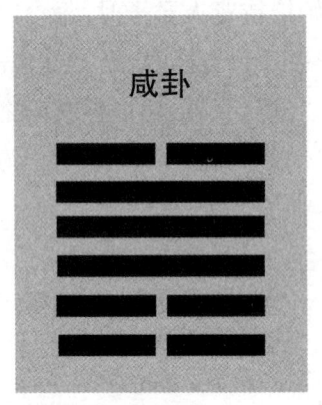

咸卦

上六：咸其辅颊舌。
九五：咸其脢。无悔。
九四：贞吉，悔亡。憧憧往来，朋从尔思。
九三：咸其股，执其随。往吝。
六二：咸其腓。凶。居吉。
初六：咸其拇。
咸：亨，利贞。取女吉。

本卦为婚姻卦。

为正确理解本卦卦义，先罗列几条资料。

《序卦传》："有天地然后有万物，有万物然后有男女，有男女然后有夫妇，有夫妇然后有父子，有父子然后有君臣，有君臣然后有上下，有上下然后礼义有所错。夫妇之道不可以不久也，故受之以恒。"①

这段话是《序卦传》对《咸》卦的解释。它认为，上经《乾·坤》两卦是天地之始。而下经《咸》卦则是男女、夫妇、人伦之始。

《说卦传》："乾，天也，故称乎父。坤，地也，故称乎母。震一索而得乎男，故谓之长男。巽一索而得女，故谓之长女。坎再索而得男，故谓之中男，离再索而得女，故谓之中女。艮三索而得男，故谓之少男，兑三索而得女，故谓之少女。"②

《说卦传》认为，八卦象征父母和子女。而《咸》卦下卦为艮，是少男，

---

① 王弼、韩康伯注，孔颖达正义：《周易正义》，中国致公出版社，2009，第315页。
② 王弼、韩康伯注，孔颖达正义：《周易正义》，中国致公出版社，2009，第309页。

上卦为兑是少女。本卦就是写少男少女上下共相感应、共同生育后代之卦。

《系辞传·下》:"天地姻蕴,万物化醇。男女构精,万物化生。"①

此前一句解《乾·坤》两卦,后一句解《咸》卦。在他看来,《咸》卦讲的就是"男女构精,万物化生"的夫妇之道。

由此可知,《序卦传》《说卦传》《系辞传》都把《咸》卦看作男女夫妇之道,人伦之始。

孔颖达《周易正义》:"咸,亨,利贞,取女吉"者,咸,感也。此卦明人伦之始,夫妇之义,必须男女共相感应,方成夫妇。既相感应,乃得亨通。"②

程颐《周易程氏传》:"《咸》之为卦,兑上艮下,少女少男也。男女相感之深,莫若少者,故二少为咸也。……男志笃实以下交,女心悦而上应,男感之先也。男先以诚感,则女悦而应也。"③

以上是经学时代对《咸》卦的理解,从战国至北宋,无异辞,都认为《咸》卦讲的是"男女夫妇之道,人伦之始"。反是现代学者,对此讳莫如深,发生偏转。

李镜池《周易通义》:"咸有伤义。'取女吉',是婚姻之占,与咸伤之义无关,属附载。"④

周振甫《周易译注》:"爻辞则以咸为伤。伤其足大趾,伤其小腿肚子,伤其股,伤其背肉,伤其面颊舌,即由下而上,这样的伤,当指主人伤奴隶。可能有奴隶欲外出的,故伤其足大趾,伤其小腿肚子,伤其股。有奴隶不肯背东西,故伤其背肉。"⑤

明白了《咸》卦讲的是男女夫妇之道,人伦之始,好多话就容易说了。

"咸",感也。

---

① 王弼、韩康伯注,孔颖达正义:《周易正义》,中国致公出版社,2009,第293页。
② 王弼、韩康伯注,孔颖达正义:《周易正义》,中国致公出版社,2009,第139页。
③ 程颐:《周易程氏传》,中华书局,2011,第174页。
④ 李镜池:《周易通义》,中华书局,1981,第63页。
⑤ 周振甫:《周易译注》,中华书局,1991,第111页。

《诗经·召南·野有死麕》：

"野有死麕，白茅包之。有女怀春，吉士诱之。野有死鹿，林有朴樕。白茅纯束，有女如玉。舒而脱脱兮，无感我帨兮。无使尨也吠！"①

"无感我帨"之感，碰触、挑逗之谓也，即前之"吉士诱之"之诱。那么，全卦讲的乃是洞房花烛夜，夫妇之道的全过程。从初六："咸其拇"（足大趾，代指脚）；六二："咸其腓"（小腿肚子）；九三："咸其股（大腿），执其随。"《说文》："随，裂肉。"②九五："咸其脢。"大多引《说文》："脢，背肉。"③但王弼却认为："脢者，心之上，口之下。"④不是后背，乃是胸前。上六："咸其辅颊舌。"即从足感到辅（下巴）、颊（面颊）和舌头，说得还不明白吗？

九四："贞吉，悔亡。憧憧往来，朋从尔思。"

什么意思？只要推理就会明白，下面是股，是腓，是拇。上面是脢，是辅、颊、舌，那么处在上下之间的是哪里？"憧憧往来"，体互动也。"朋从尔思"，心互通也。"贞吉悔亡"，夫妇之道成也。

《诗经·郑风·野有蔓草》：

"野有蔓草，零露漙兮。有美一人，清扬婉兮。邂逅相遇，适我愿兮。

野有蔓草，零露瀼瀼。有美一人，婉如清扬。邂逅相遇，与子偕臧！"

朱熹《诗集传》："与子偕臧，言各得其所欲也。"⑤

"憧憧往来，朋从尔思。"正是"与子偕臧，各得其所欲"！

由于语涉男女，故语有隐讳，但暗示却是明白的，只是窗户纸没有捅破而已。

儒家讲，男女居室，人之大伦。不孝有三，无后为大。把正当婚配作为人伦之始，本不神秘，也不肮脏，只要依理而行，无可非议！天地相交，才有万物，男女构精，方有人类。如此而已！

---

① 毛亨传，郑玄笺，孔颖达正义：《毛诗正义》（《十三经注疏》本），上海古籍出版社，1997，第292页。
② 许慎：《说文解字》，中华书局，1963，第89页。
③ 许慎：《说文解字》，中华书局，1963，第87页。
④ 王弼、韩康伯注，孔颖达正义：《周易正义》，中国致公出版社，2009，第142页。
⑤ 朱熹：《诗集传》，上海古籍出版社，1980，第56页。

当时人口是最重要的资源。人口的繁衍是国之命脉所系。但人口繁衍要有序,婚姻之道就不能不讲究。那时,有爱情未必成婚配,从《诗经》可知!有婚姻未必有爱情。那么只有情欲才是调节和谐夫妇之途径。

三十二、恒卦(巽下震上)

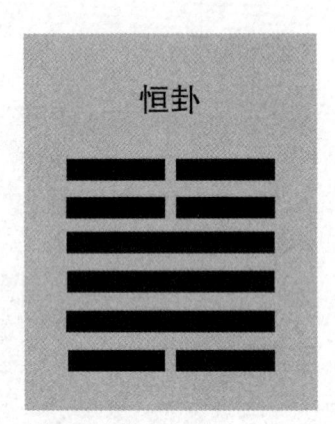

恒卦

上六:振恒。凶。
六五:恒其德。贞妇人吉,夫子凶。
九四:田无禽。
九三:不恒其德,或承之羞。贞吝。
九二:悔亡。
初六:浚恒。贞凶。无攸利。
恒:亨,无咎,利贞。利有攸往。

《尔雅·释诂》:"恒,常也。"①

恒字,从心,从亘。亘者,绵延、连续、贯穿之义,即不改初心,所以卦辞都是吉兆。然此乃就符号系统而言,至于叙事系统则另当别论。

解读此卦的关键是九四:田无禽。

字数虽少,但却为我们提供了一个核心信息,即卦主之身份地位。在那个时代,什么人才有资格田猎?天子诸侯是也。

《礼记·王制》:"天子诸侯,无事则岁三田,……无事而不田,曰不敬。"②

有没有非天子诸侯而田猎者?有。《诗经·郑风》有两首诗:《叔于田》

---

① 郭璞注,邢昺疏:《尔雅注疏》,上海古籍出版社,2010,第21页。
② 郑玄注,孔颖达正义:《礼记正义》(《十三经注疏》本),上海古籍出版社,1997,第1333页。

三十二、恒卦（巽下震上）

和《大叔于田》。① 叔和大叔乃是同一个人，即郑庄公之同母弟共叔段。由于其母姜氏的宠爱，被封于京，称之为京城大叔（大音太）。这本是违制之举，故田猎也是违制，非定例。最终发展到谋反，被庄公镇压下去。《春秋左氏传》经文："隐公元年夏五月，郑伯克段于鄢。"②讲的就是这件事，大家都比较熟悉。所以，有资格田猎者，只能是天子诸侯。再添一证：

《周礼·地官司徒》："凡四时之田，前期，出田法于州里，简其鼓铎，旗物，兵器，脩其卒伍。及期，以司徒之大旗致众庶，而陈之以旗物，辨乡邑而治其政令刑禁，巡其前后之屯而戮其犯命者。"③

由此可见，这么大的阵势，也只有天子诸侯才能办到。把田猎说成寻常百姓打猎，是缺乏历史常识的。

卦主身份地位一确定，本卦卦辞就容易解释了。

初六：浚恒。贞凶。无攸利。

"浚"有深义。

《诗经·小雅·小弁》："莫高匪山，莫浚匪泉。"郑玄注："山高矣，人登其巅。泉深矣，人入其渊。言人无所不至。"④

"浚"还有取义。

《说文》："浚，㧛（抒）也。"⑤《说文解字详解》："㧛，徐锴《系传》作抒。段玉裁注：抒者，挹也。"⑥挹，舀取。

《春秋左氏传》襄公二十四年传：（郑）子产谓（晋范）宣子："勿宁使人谓子：'子实生我'，而谓子'浚我以生'乎。"⑦

---

① 毛亨传，郑玄笺，孔颖达正义：《毛诗正义》（《十三经注疏》本），上海古籍出版社，1997，第 337–338 页。
② 杜预注，孔颖达正义：《春秋左传正义》（《十三经注疏》本），上海古籍出版社，1997，第 1714 页。
③ 郑玄注，贾公彦疏：《周礼注疏》，上海古籍出版社，2010，第 410 页。
④ 毛亨传，郑玄笺，孔颖达正义：《毛诗正义》（《十三经注疏》本），上海古籍出版社，1997，第 453 页。
⑤ 许慎：《说文解字》，中华书局，1963，第 235 页。
⑥ 许慎撰，芳园主编：《说文解字详解》，天津人民出版社，2015，第 310 页。
⑦ 杜预注，孔颖达正义：《春秋左传正义》（《十三经注疏》本），上海古籍出版社，1997，第 1979 页。

杨伯峻《春秋左氏传注释》此句下注云：

"此与《国语·晋语》九：'浚民之膏泽'同义,今云剥削。"①

那么,"浚恒",就是长时间地剥削民脂民膏。谁在长期剥夺榨取民脂民膏呢？在殷周之际这个特定的历史背景下,《周易》绝不会认为是周之三圣文、武、周公,而只能是商纣！这样就进一步锁定了这位卦主之身份。

《史记·殷本纪》载：纣王为了享乐"厚赋税以实鹿台之钱,而盈钜桥之粟"。②

"厚赋税"就是以朝廷的名义进行剥削。而且自武乙以后,已连续四代帝王都是荒淫无道之君,这就是"浚恒"。长期向百姓无休止地索取,固然可以充实帝王之私库,但却埋下了最终覆灭的火种。这就是"贞凶。无攸利"。

有人将"浚恒"解释为"挖地窖、挖水井、挖陷阱、挖沟洫"。③ 一是未弄明白本卦卦主乃是殷商天子纣王；二是只知"浚"有深义,而不知"浚"还有"取"义。《恒》卦是讲立心、立德的问题,与掘井没有丝毫关系！

九二：悔亡。

亡者,无也。此爻只有兆辞而无事辞。一般说来,凡无事辞或无兆辞者,都承前爻之事辞或兆辞。那么,此爻意思就是纣王对自己浚夺百姓脂膏以自肥,完全没有悔意,怙恶不悛,一条道走到黑。

九三：不恒其德,或承之羞。贞吝。

"不恒其德",不能长久地保持初心。那么,有人就会为此付出代价。或者,有人,代指纣王。殷商建国之初,商汤也是圣王,百姓望之如大旱之望云霓。当时有一句民谣："徯予后,后来其苏！"（见《尚书·商书·仲虺之语》)④意思是说,盼望我的王,圣王一到,我们百姓就可以活命了。然而,靡不有初,鲜克有终。到了殷商后期的几代帝王,早已把商汤的誓言（《汤

---

① 杨伯峻：《春秋左传注》,中华书局,1981,第 1089-1090 页。
② 司马迁：《史记》,中华书局,1962,第 105 页。
③ 李镜池：《周易通义》,中华书局,1981,第 64 页。
④ 孔安国传,孔颖达正义：《尚书正义》,上海古籍出版社,2007,第 293 页。

三十二、恒卦(巽下震上)

誓》)忘在脑后。所以《诗经·大雅·荡》有言:"殷鉴不远,在夏后之世!"①忘记了初心,纣王就要承受身戮国灭之辱。

《论语·子路章》子曰:"南人有言,'人而无恒,不可以做巫医。'善夫!'不恒其德,或承之羞。'子曰:'不占而已矣!'"②

孔子引用《恒》卦此爻,认为是不用占筮就可知道的醒世恒言,从而赋予了此爻普世意义!

九四:田无禽。

"田无禽",除提示本卦卦主身份之外,它与《恒》卦主题"恒其德"有何关系?正因为立心无恒,故田猎也不会有大收获。试想时而逐鹿,时而逐兔,必然兔鹿两失,什么也逐不到手。

《周易正义》孔疏:"田者,田猎也。以譬有事也。无禽,田猎无获,以喻有事无功也。"③

既知田猎之主是纣王,那么有事,就是国事,是战争之事。无功,即是战争失败。牧野一战而败,身死国灭。

六五:恒其德。贞妇人吉,夫子凶。

"恒其德。贞妇人吉,夫子凶",只有一种情况,那就是婚姻。

《礼记·郊特牲》:"信,妇德也。一与之齐,终身不改,故夫死不嫁。"④

妇人守妇德,就必须终身不改嫁。当时认为是贞女节妇,受人尊重,故吉。而丈夫可一妻数妾,更不用说天子后宫佳丽三千了。

《礼记·昏义》:"古者,天子后立六宫,三夫人,九嫔,二十七世妇,八十一御妻。"⑤

---

① 毛亨传,郑玄笺,孔颖达正义:《毛诗正义》(《十三经注疏》本),上海古籍出版社,1997,第554页。
② 何晏注,邢昺疏:《论语注疏》(《十三经注疏》本),上海古籍出版社,1997,第2508页。
③ 王弼、韩康伯注,孔颖达正义:《周易正义》,中国致公出版社,2009,第145页。
④ 郑玄注,孔颖达正义:《礼记正义》(《十三经注疏》本),上海古籍出版社,1997,第1456页。
⑤ 郑玄注,孔颖达正义:《礼记正义》(《十三经注疏》本),上海古籍出版社,1997,第1681页。

如此才能保证子嗣昌盛。文王百子一直是帝王佳话。故天子在婚姻上"不恒其德"反是吉,"恒其德",却是凶。

上六:振恒。凶。

《说文》:"振,举救也。一曰,奋也。"①

用行动来救助。又,突然发力也谓之奋。而"恒"本是常心,一以贯之,从不改变。凡事后救助都说明已经衰落,突然发力也不可能持久。商自汤建国,中期衰落,盘庚迁殷,振作一次。后又衰落,武丁得贤相傅说,再次振起,号称中兴,谥号高宗。然好景不长,传至武乙,猖狂跋扈,被雷震死。殷商终于走到穷途末路。故不守初心,国运是不可能长久的,故凶。

本卦卦辞是从正面论述,立心有恒,则"亨,无咎,利贞。利有攸往"。而爻辞是从反面论述,以殷商不恒其德,终至灭亡,提供了一条历史借鉴。

---

① 许慎:《说文解字》,中华书局,1963,第254页。

三十三、遁卦(艮下乾上)

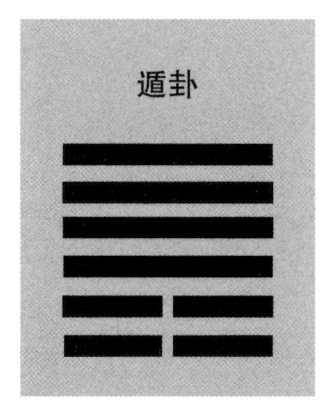

遁卦

上九:肥遁。无不利。
九五:嘉遁。贞吉。
九四:好遁。君子吉,小人否。
九三:系遁。有疾厉。畜臣妾吉。
六二:执之用黄牛之革,莫之胜说。
初六:遁尾。厉。勿用有攸往。
遁:亨。小利贞。

"遁"有二义:一曰逃遁,二曰隐遁。此卦下卦讲逃遁,上卦讲隐遁。

无论是逃遁还是隐遁,当它成为一种社会现象的时候,说明这个社会已经处于非正常状态,日暮途穷,离崩溃不远了。

孔子曰:"天下有道则见,无道则隐。"①

王维:"圣代无隐者,英灵尽来归。遂令东山客,不得顾采薇。"②

都是讲的这个道理。所以,此卦之时代背景,应不是周初,而是殷末纣王时期的政治生态。

卦辞:遁,亨。小利贞。

是说无论是逃遁还是隐遁,离开这行将灭亡的朝廷,都是好事,故亨。但即使逃遁成功,或隐遁安定,都只是避祸而已,不是什么建功立业的不朽事业,故只是"小利贞"。

---

① 何晏注,邢昺疏:《论语注疏》(《十三经注疏》本),上海古籍出版社,1997,第2487页。

② 王维:《王右丞集》,岳麓书社,1990,第25页。

初六：遁尾。厉。勿用有攸往。

这是讲逃遁。遁有尾,说明逃遁已是成规模的现象。那么逃遁者是何等身份呢？从九三："畜臣妾吉"可知,逃遁者是贵族,而非小人(奴隶)。从《履》卦和《明夷》卦,我们已经了解到,纣王后期,尤其是比干剖心之后,朝廷官员人人自危,那些非宗室贵族纷纷逃离朝廷,投奔西周。其中最具代表性的人物就是太师疵、少师彊。他们二人携带礼器,"明夷于飞,垂其翼。君子于行,三日不食。"之所以如此狼狈,就是担心成为遁尾,落在后边,被抓回去,就惨了。

《周礼·秋官司寇》："其奴,男子入于罪隶,女子入于舂槁。"郑玄注："郑司农(众)云：谓坐为盗贼而为奴者。今之为奴婢,古之罪人也。"[①]

当然,太师疵、少师彊他们逃遁成功了。所以,遁尾当指那些逃遁失败,不幸被抓获的历史上没有留下姓名的贵族官员,等待他们的是严厉的惩罚,故厉！

六二：执之用黄牛之革,莫之胜说。

承上爻,这些成为遁尾的逃遁者,被抓之后,为防止他们再次逃脱,用黄牛皮拧成的绳索,紧紧地捆绑起来,无论如何也挣脱不了。"说",脱也。

九三：系遁。有疾厉。畜臣妾吉。

这些被抓获的逃遁者,捆绑起来,再用绳索串起来,押回国都,严酷的惩罚立刻就落在他们身上。"疾"者,迅速也。当时有五刑,黥、劓、刖、宫、辟。每一种都是对身体的摧残,直至杀头。商周时期,不是刑不上大夫吗？这个问题容易解决,就是先剥夺他们的贵族身份,使之降为臣妾。男性为臣,女性为妾,就名正言顺了。箕子是纣王叔父辈,高级贵族,仍须佯狂为奴,即是贵族可以为奴之先例。所以,如果只是从贵族沦为臣妾,对这些被抓获的逃遁者来说,已是不幸中之万幸了,故吉。当然,从另一方面来说,对那些忠于殷纣的贵族又获赐一批臣妾,也是好事,吉。

九四：好遁。君子吉,小人否。

从此爻始,转入隐遁。好,读去声。君子隐遁虽出于无奈,但终究是两害相较取其轻,也算是自己的主动选择,故吉。小人终身生活于草野,无所

---

① 郑玄注,贾公彦疏：《周礼注疏》,上海古籍出版社,2010,第1392页。

谓隐与不隐之说，无论社会有道还是无道，都无法隐遁，都得干最苦重的活，吃最粗粝的饭。虽同样生活于草野，君子吉而小人否，此其谓也。

九五：嘉遁。贞吉。

"嘉"，美好之义。选择一处山清水秀之地，"采于山，鲜可食。钓于水，美可茹。起居无时，唯适之安。与其有誉于前，孰若无毁于其后？与其有乐于身，孰若无忧于其心！"（见韩愈《送李愿归盘谷序》）这就是贵族隐遁生活状态之写照，嘉遁也。只有纣王的哥哥微子启那样的高级贵族才会有这样的隐逸条件。

上九：肥遁。无不利。

"肥"者，丰腴之谓也。大隐隐朝市，小隐隐山林。隐于朝者，称之为吏隐。杜甫"致君尧舜上，再始风俗淳"的理想破灭之后，非常渴望过上吏隐的生活。早期《官定后戏赠》：

"不作河西尉，凄凉为折腰。老夫怕趋走，率府且逍遥。耽酒须微禄，狂歌托圣朝。故山归兴尽，回首向风飙。"[①]

是自嘲官微权小，挣点酒钱而已，算不上肥遁。晚年在成都，依靠严武，被任命为检校工部员外郎，六品职，著绯，乃五品待遇，属加恩。衣食无忧了。但公事缠身，被同僚忌恨。又看到座上宾转瞬成为阶下囚，甚至于刀下鬼，慨叹："叶心朱实看时落，阶面青苔老更生。"对这种吏隐生活感到畏惧，自嘲："浣花溪畔花饶笑，肯信吾兼吏隐名！"[②]也算不上肥遁。只有王维官居尚书右丞，有当宰相的弟弟王缙罩着，每日生活状态是："行到水穷处，坐看云起时。""松风吹解带，山月照弹琴。""倚杖柴门外，临风听暮蝉。"[③]可称得上肥遁。所以此爻之肥遁，大约指纣王时期的高级贵族，既不愿助纣为虐，又不愿辞去高官厚禄，遁入山林的一批人。殷商灭亡后，归顺西周，仍然是高官厚禄，无不利也。

总而言之，《遁》卦，反映的是商纣末年朝廷中的政治生态，可以和《明夷》卦对照着读。

---

① 杜甫著，仇兆鳌：《杜诗详注》，中华书局，1979，第244页。
② 杜甫著，仇兆鳌：《杜诗详注》，中华书局，1979，第1171页。
③ 王维：《王右丞集》，岳麓书社，1990，第18页，第54页。

三十四、大壮卦（乾下震上）

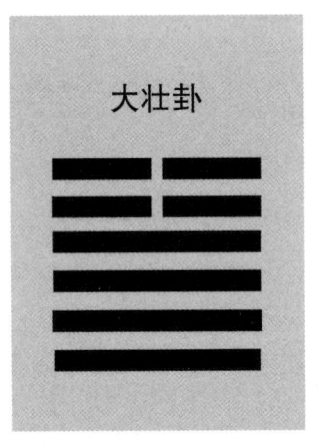

上六：羝羊触藩，不能退，不能遂。无攸利。艰则吉。
六五：丧羊于易。无悔。
九四：贞吉，悔亡。藩决不羸，壮于大舆之輹。
九三：小人用壮，君子用罔。贞厉。羝羊触藩，羸其角。
九二：贞吉。
初九：壮于趾。征凶。有孚。
大壮：利贞。

先看卦象。乾为天，震为雷，雷在天上，声震天下，大壮之义也。

《说文》："壮，大也。"①

壮即大，前又加大字，有过大之义。

此卦关键信息在九三：小人用壮，君子用罔。贞厉。羝羊触藩，羸其角。

何谓"罔"？

《周易正义》解为网罗："健而不谦，必用其壮也。小人当此，不知恐惧，即用以为壮盛，故曰小人用壮。君子当此，即虑危难，用之以为罗网于己，故曰君子用罔。"②

罗网只是比喻，非实有，比作过于壮盛，只会使自己陷入罗网。

李镜池《周易通义》也解"罔"为网，但认为是"贵族捕兽"之网，为实物，

---

① 许慎：《说文解字》，中华书局，1963，第 14 页。
② 王弼、韩康伯注，孔颖达正义：《周易正义》，中国致公出版社，2009，第 150 页。

捕获野羊豢养起来。故把此卦看作畜牧业卦。① 周振甫《周易译注》解"罔"为法网：

"小人相争用强力,君子相争用法网。"②

然本卦并没有诉讼的内容,故法网之说不成立。

窃以为,"罔"可解作否定词"不"。《晋》卦初六："晋如,摧如。贞吉。罔孚,裕。无咎。"

意思是卫康叔晋封为卫侯,由于年轻,没有经验,暂时不被卫人信任。但康叔折节下士,宽以治国,故无咎。

既然《周易》中有"罔"为"不"义之成例,故此爻君子用"罔"也可解为"不"。"用罔"者,"罔用"之倒装句。正可与"小人用壮"对读。

那么,小人用壮,君子不用壮,用什么呢？曰智慧！所谓"君子劳心,小人劳力。劳心者治人,劳力者治于人"就是此爻最恰当的解释。

而"羝羊触藩,羸其角",乃是比喻。比作小人用壮,就像公羊不驯服,用角冲撞藩篱一样,不仅没有逃出去,反被藩篱把角缠住了,进退不得。"羸",缠绕。

可见,"大壮"在本卦中不是褒义,而是贬义。

那么卦辞何以是"利贞"呢？

试看《周易》中很多我们认为应是凶兆的卦辞往往是吉,或亨,或利贞。如《屯》卦："元亨利贞";《坎》卦："有孚维心。亨";《困》卦："亨。贞大人吉"。

原来不在于卦名是否吉利,而在于如何应对。应对正确,凶可变吉,应对错误,吉亦变凶。

初九：壮于趾。征凶。有孚。

"壮于趾",即脚强健有力。走远路,凶。这是必然的。

脚强健有力,不是有利于走路吗？为什么是凶呢？答案就在九三"小人用壮,君子用罔"。小人走远路,才靠脚力强健。而君子走远路,却不凭脚力

---

① 李镜池：《周易通义》,中华书局,1981,第 68 页。
② 周振甫：《周易译注》,中华书局,1991,第 121 页。

强健,而是乘车,凭借的是马力强健。故小人走远路,累死你没人偿命,君子行千里,可安坐而行。

此只是万事之一端,推而广之,莫不如此。

《荀子·劝学》:"登高而招,臂非加长也,而见者远;顺风而呼,声非加疾也,而闻者彰。假舆马者,非利足也,而致千里;假舟楫者,非能水也,而绝江河。君子生非异也,善假于物也。"[①]

这段话是"小人用壮,君子用罔"最形象的说明,"壮于趾,征凶",仅其一端而已。

九二:贞吉。

无事辞,应该是初九之延续。

九三:小人用壮,君子用罔。贞厉。羝羊触藩,羸其角。

已见前解,不赘。

九四:贞吉,悔亡。藩决不羸,壮于大舆之輹。

此爻上承九三"羝羊触藩,羸其角"。经过一番挣扎,公羊终于把藩篱撞穿一个大洞,"决",穿也。角也解脱缠绕,但又一头撞到了牛车的车轴上。"輹",固定车轴之部件。还是比喻小人用壮,虽然侥幸闯过一关,但却闯不过又一关,摆脱不了失败的命运。第一次被石头绊倒,是不小心,第二次被同样的石头绊倒,那是愚蠢。

六五:丧羊于易,无悔。

此爻记述的是古公迁岐之历史事件。李镜池说:

"这是周初历史上的大事件,即古公亶父居豳时,被狄人所侵迫,太王以皮币、犬马、珠玉送给狄人而求和。但狄人不肯,一定要占领周人的土地。太王只好带领周人迁居岐山。在避狄迁岐途中,狄人抢掠了大量的牛羊。"[②]

这一情节,在司马迁《史记·周本纪》中可找到依据:

"欲得财物,予之。已,复攻。欲得土地人民。民欲战,古公曰:'有民立君,将以利之。今戎狄所欲为攻战,以吾地与民。民之在我,与其在彼,何

[①] 王先谦:《荀子集解》,中华书局,1988,第4页。
[②] 李镜池:《周易通义》,中华书局,1981,第68页。

异?民欲以我故战,杀人父子而君之,吾不忍为。'乃去豳,渡漆沮,逾梁山,止于岐下。豳人举国扶老携弱,尽复归古公于岐下。"[1]

从而开始了西周的建国大业。《史记》虽然没有明确说抢掠牛羊,只说"欲得财物",但狄人乃游牧民族,抢夺牛羊是情理之中的事。不愿杀人父子而君之,正是不用壮,而成就大业的典型范例,所以"无悔"。被抢的地点应是"易",故称"丧羊于易"。

上六:羝羊触藩,不能退,不能遂。无攸利,艰则吉。

此爻是全卦总结,还是用"羝羊触藩"做比喻,办大事,不能用壮,而应用智慧。用壮,就会像"羝羊触藩"一样,进不能达到目的,退不能全身而返,进退维谷。从长远看,没什么好处。只有运用智慧应对,艰难困苦,才能玉汝于成!

---

[1] 司马迁:《史记》,中华书局,1962,第114页。

三十五、晋卦(坤下离上)

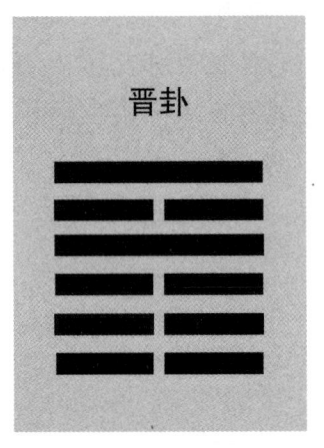

晋卦

上九:晋其角。维用伐邑。厉,吉,无咎,贞吝。

六五:悔亡。失得勿恤。往吉。无不利。

九四:晋如鼫鼠。贞厉。

六三:众允。悔亡。

六二:晋如,愁如。贞吉。受兹介福,于其王母。

初六:晋如,摧如。贞吉。罔孚,裕。无咎。

晋:康侯用锡马蕃庶。昼日三接。

先看卦象。此卦下卦为坤,坤象征地。上卦为离,离为日为火,光明之象。所以《象传》说:"明出地上,晋"。① 太阳从地上冉冉上升,故"晋"有升义。

解读此卦的关键在于康侯是何许人也?

孔颖达《周易正义》:"康,美之名也。侯,谓升进之臣也。"②

认为康侯没有具体所指。程颐《周易程氏传》也持此说,认为:

"康侯者,治安之侯也。"③

即治理国家使之安定之诸侯。没有具体所指。

直到现代学者顾颉刚才认识到,康侯乃周武王之弟卫康叔。李镜池、周

---

① 王弼、韩康伯注,孔颖达正义:《周易正义》,中国致公出版社,2009,第152页。
② 王弼、韩康伯注,孔颖达正义:《周易正义》,中国致公出版社,2009,第151页。
③ 程颐:《周易程氏传》,中华书局,2011,第196页。

振甫认同此说。① 但未做进一步探究,以致使对本卦的正确解读失之交臂。

《史记·卫康叔世家》:"卫康叔名封,周武王同母少弟也。……"②

按,武王同母少弟之说恐不准确。理由如下:

《史记·管蔡世家》:"武王已克殷纣,封功臣昆弟。于是封叔鲜于管,封叔度于蔡,二人相殷纣之子武庚禄父,治殷遗民。封叔旦于鲁而相周,为周公。封叔振铎于曹,封叔武于成,封叔处于霍。康叔封,冉季载皆少,未得封。"③

由此可知,叔封及冉季载未得受封,是由于未成年。然据《周本纪》武王克殷时大约六十岁左右,这还可以从《诗经·大雅·大明》得到佐证:

"文王初载,天作之合。在洽之阳,在渭之涘。文王嘉止,大邦有子。

大邦有子,俔天之妹。文定厥祥,亲迎于渭。造舟为梁,不显其光。

有命自天,命此文王。于周于京,缵女维莘。长子维行,笃生武王。"④

这说明文王继位之后大婚,娶莘国之女太姒,太姒就是武王生母。文王在位大约五十年,武王继位十一年伐商。当时六十岁左右是可信的。如果此时康叔封因年少未得封,那么应不到十八岁,与武王相差四十岁以上。以太姒十五岁生武王算,生康叔封时也五十五岁了,这怎么可能呢?所以只能是武王异母少弟。语云:"尽信书,不如无书",这又是一个典型事例。

那么,叔封是何时封为康侯的呢?是在平定武庚叛乱,诛管蔡之后。

《尚书·周书·康诰》:"惟三月,哉生魄,周公初基,作新大邑于东国洛。……周公咸勤,乃洪大诰治。"孔安国传:"周公摄政七年三月。"⑤

《康诰》乃封康叔于卫的任命状。

《史记·卫康叔世家》:"武王既崩,成王少。周公旦代成王治,当国。管叔蔡叔疑周公乃与武庚禄父作乱欲攻成周。周公旦以成王命兴师伐殷,杀

---

① 李镜池:《周易通义》,中华书局,1981,第69页;周振甫:《周易译注》,中华书局,1991,第123页。
② 司马迁:《史记》,中华书局,1962,第1589页。
③ 司马迁:《史记》,中华书局,1962,第1564页。
④ 毛亨传,郑玄笺,孔颖达正义:《毛诗正义》(《十三经注疏》本),上海古籍出版社,1997,第507页。
⑤ 孔安国传,孔颖达正义:《尚书正义》,上海古籍出版社,2007,第529页。

武庚禄父、管叔,放蔡叔,以武庚殷余民封康叔为卫君,居河、淇间故商墟。"①

武王克殷二载而崩,接着武庚叛乱,周公东征平叛,战争持续三年之久。待平叛后,叔封已成年,可以受封了。受封,即是"晋"。过去受封称晋封,现在称受提拔为晋级。

《卫康叔世家》:"周公惧康叔齿少,乃申告康叔曰:'必求殷之贤人君子长者,问其先殷之所以兴,所以亡,而务爱民。'告之纣之所以亡者以淫于酒,酒之失,妇人是用。故纣之乱,自此始。为《梓材》,示君子可法则。故谓之《康诰》《酒诰》《梓材》以命之。康叔之国,既以此命,能和集其民,民大悦。成王长,用世。举康叔为周司寇,赐卫宝祭器,以章有德。"裴骃《集解》:"《左传》曰:'分康叔以大路,大旂,少帛,精茷,旃旌,大吕。'贾逵曰:'大路,金路也。'"②

所谓全路,指诸侯所乘的全套车马,包括金路、田路、道车,以及驾车之良马。

据《周礼·夏官司马》:"邦国六闲,马四种。"郑玄注:"诸侯有齐马(驾金路)、道马(驾道车)、田马(驾田路)。……诸侯则良马唯有三厩,三良居三厩,其数六百四十八匹。"③

卦辞:康侯用锡马蕃庶,昼日三接。

李镜池、周振甫解为:

"康侯用周王赐与的马作为种马,繁育战马。一天当中三次交配。"④

他们认为此卦是战争卦,所以才做此解。初六"晋如,摧如",就把"晋"解释为进攻,把"摧"解释为摧毁!

但读了上面的征引资料可知,成王所赐宝物众多,此即"蕃庶"也。

《说文》:"蕃,草茂也;庶,屋下众也。"⑤

---

① 司马迁:《史记》,中华书局,1962,第1589页。
② 司马迁:《史记》,中华书局,1962,第1590页。
③ 郑玄注,贾公彦疏:《周礼注疏》,上海古籍出版社,2010,第1254-1255页。
④ 李镜池:《周易通义》,中华书局,1981,第69页;周振甫:《周易译注》,1991,第123页。
⑤ 许慎:《说文解字》,中华书局,1963,第27页,193页。

都是多的意思。没有繁育的意思,所以解为"繁育战马"没有依据。所赐之首为"大路"。路者,辂也,诸侯所乘车。全路,即全套车马,一应俱全。包括驾车之四牡,合计六百多匹,此即"锡马蕃庶"也。

所赐既然是驾车之马,而非种马,那么后面"昼日三接",解为"一天三次交配"就没有了着落。从上引资料可知,周公惧叔封齿少,乃申告康叔。何为申告?反复告诫也。忧之深,爱之切,告之诚。一天当中,三次接见、深谈。早、午、晚也。这就是《尚书·周书》中的三诰:《康诰》《酒诰》《梓材》。①

《康诰》相当于现在之委任状。《康诰》中,周公借成王口气教诲他:

"呜呼!小子封!恫瘝乃身,敬哉!……往尽乃心,无康好逸豫,乃其乂民。"孔安国传:"治民务除恶政,当如痛病在汝身,欲去之,敬行我言。往当尽汝心为政,无自安好逸豫宽身,乃治其民。"

在《酒诰》中,告诫康叔接受纣王沉湎于酒而身死国灭的教训,其中有警句云:

"古人有言曰:人无于水监,当于民监。"孔安国传:"视水见己形,视民行事,见吉凶。"

监,鉴也。镜子。要把百姓当作自己的镜子,吉凶自见。

《梓材》是告康叔为政之道,如梓人治材(梓人,木匠)。梓人度材制器,诸侯因民施教。

初六:晋如,摧如。贞吉。罔孚。裕。无咎。

"晋"既然是晋封,不是进攻,那么"摧如",也就不是摧毁。

《说文》:"摧,挤也。……一曰折也。"②

一义为排挤,另一义为折。我取折义,折腰、折节之折。

孔颖达《周易正义》云:"摧,退也。"③

即谦退。康叔作为文王幼子,武王少弟,成王之叔,自幼养尊处优,用今天的话说是含着金汤匙长大的。政治上也是素人,刚刚成年,就被封为大国

---

① 孔安国传,孔颖达正义:《尚书正义》,上海古籍出版社,2007,第530页、第558页。
② 许慎:《说文解字》,中华书局,1963,第251页。
③ 王弼、韩康伯注,孔颖达正义:《周易正义》,中国致公出版社,2009,第152页。

诸侯。所以,周公反复告诫他要折节下士,咨询殷之贤人君子长者,问殷之所以兴,所以亡。那么就必须收起王孙贵胄的骄横傲慢,表现出谦恭退让的态度,才能换来殷人之信任。此即"摧如"。

"罔孚","罔"者,不也。"孚"者,信也。一个刚刚成年的王子,毫无治国经验,要治理一个刚刚被平定的敌国遗民,不被信任是必然的。对策是要宽以待民,不能苛以治国,"裕"者,宽也。如此则可"无咎"。

六二:晋如,愁如。贞吉。受兹介福,于其王母。

《说文》:"愁,忧也。"①

忧虑,忧患。由于康叔齿少,周公惧。"惧",惊也,深忧。然生于忧患,死于安乐。周公深深忧虑,故谆谆教诲。康叔本人自知于治国一无所知,也深自忧虑,遍访殷民贤人君子长者,倾听民意,"殷民大悦"。故"贞吉"。

"受兹介福",《周易正义》把"介"训为大。康叔无功,受封全凭王室身份,卫又是大国,故曰"大福"。

"于其王母"。王母,祖母也。《周易》把康叔得此大国之封,归于其祖母,而不是其母亲。原因是其祖母太任,是对西周历史有重要影响的人。《诗经·大雅》有两首诗提到她。

《大明》:"挚仲氏任,自彼殷商,来嫁于周,曰嫔于京。乃及王季,维德之行。太任有身,生此文王。"②

另一首是《思齐》:"思齐太任,文王之母。思媚周姜,京室之妇。"③

这两首诗传达出的信息是:康叔之祖母是殷商之女。挚国乃商之诸侯国,姓任。但由于是殷商属国,故可称殷商之女。以殷商之女的孙子来治理殷之遗民,阻力要小得多。何以不提康叔之母?一、大约非殷商之女;二、不是正妃。

康叔祖母太任之重要,还在于其德行显著。孝敬婆婆太王之后周姜,受

---

① 许慎:《说文解字》,中华书局,1963,第222页。
② 毛亨传,郑玄笺,孔颖达正义:《毛诗正义》(《十三经注疏》本),上海古籍出版社,1997,第507页,第516页。
③ 毛亨传,郑玄笺,孔颖达正义:《毛诗正义》(《十三经注疏》本),上海古籍出版社,1997,第507页,第516页。

当时及后世称道。

《史记·周本纪》张守节正义:"《列女传》:太任之性,端一诚庄,维德之行。及其有身,目不视恶色,耳不听淫声,口不出傲言,能以胎教子,而生文王。"①

现在胎教的概念大约就始于卫康叔的这位王母。

六三:众允。悔亡。

《说文》:"允,信也。"②

经过自己的努力,康叔终于得到卫国民众之信任,原来的担忧消除了。悔亡。

九四:晋如鼫鼠。贞厉。

《尔雅·释兽》鼫鼠条,郭璞注:"形大如鼠,头似兔,尾有毛,好在田中吃粟豆。"③

按此爻应与六五对读。

六五:悔亡。失得勿恤。往吉。无不利。

鼫鼠即田鼠。前人往往理解为田鼠性贪,故贞厉。然而,钱锺书说:"比喻有二柄复有多边",我认为田鼠之喻不在于其贪,而在凡鼠类皆胆小,在食物面前畏首畏尾,首鼠两端,犹豫不定。此为治国之大忌,故"贞厉"。而六五:"失得勿恤",即认准目标,一经决策,就要一往直前,不能患得患失,方为治国之正道。故能"悔亡,往吉,无不利"。

上九:晋其角。维用伐邑。厉,吉,无咎,贞吝。

何谓角? 牛羊头上有角,喻地位等级最高。

据《康诰》孔安国传:"周公称成王命,顺康叔之德,命为孟侯。孟,长也。五侯之长,谓方伯。"④

《周礼·春官宗伯》:"七命赐国,八命作牧,九命作伯。"⑤

---

① 司马迁:《史记》,中华书局,1962,第115页。
② 许慎:《说文解字》,中华书局,1963,第176页。
③ 郭璞注,邢昺疏:《尔雅注疏》,上海古籍出版社,1997,第579页。
④ 孔安国传,孔颖达正义:《尚书正义》,上海古籍出版社,2007,第532页。
⑤ 郑玄注,贾公彦疏:《周礼注疏》,上海古籍出版社,2010,第678页。

九命,乃是最高等级的诸侯,此即"晋其角"。

维用伐邑。厉,吉,无咎,贞吝。

"维用伐邑",大约就是李镜池、周振甫判断此卦为战争之卦的依据。但我们从卦辞到前五爻爻辞,都看到的是文治,而没有武功。

但据《周礼·春官宗伯》"八命作牧,九命作伯"条下,郑玄注:"谓侯有伯功德者,加命得专征伐于诸侯。"

《康诰》中,也有赐予康叔征伐之权的内容:

王曰:"外事,汝陈时臬,司师兹殷,罚有伦。"孔安国传:"言外土诸侯奉王事,汝当布陈是法,司牧其众。及此殷家,刑罚有伦理者兼用之。"[①]

对外土诸侯及殷之顽民施行刑罚,当然就是征伐,而伦理就是文治。

"厉吉,无咎,贞吝"。

三个兆辞,吉凶相杂。表达了对战争认识的复杂性,即要慎之又慎。兵者不祥之器,一旦动用军事力量,是吉是凶,真不好说,所以判词互相矛盾。叛乱是厉,平定叛乱是吉,是无咎。但总的来说不是好事,故贞吝。

---

① 孔安国传,孔颖达正义:《尚书正义》,上海古籍出版社,2007,第538页。

三十六、明夷卦（离下坤上）

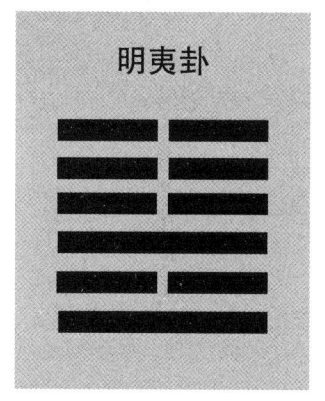

明夷卦

上六：不明，晦。初登于天，后入于地。
六五：箕子之明夷。利贞。
六四：入于左腹，获明夷之心，于出门庭。
九三：明夷于南狩，得其大首。不可疾贞。
六二：明夷。夷于左股。用拯，马壮。吉。
初九：明夷于飞，垂其翼。君子于行，三日不食。有攸往。主人有言。
明夷：利艰贞。

先看卦象。下为离，离为火，也为日，光明也。坤为地。

孔颖达《周易正义》云："夷者，伤也。此卦日入地中，明夷之象。施之于人事，闇主在上，明臣在下，不敢显其明智，亦明夷之义也。时虽至闇，不敢随世倾邪，故宜艰难坚固，守其贞正之德，故明夷之世，利在艰贞。"[①]

《象传》曰："明入地中，明夷。内文明而外柔顺，以蒙大难，文王以之。利艰贞，晦其明也，内难而能正其志，箕子以之。"[②]

孔颖达认为是至暗之时，上有暗主。《象传》认为明夷指的就是文王和箕子。那么这位暗主，必然就是纣王无疑。此暗世必然就是殷商末期。

六五：箕子之明夷。利贞。

说明《象传》的解释是有根据的。那么"文王以之"，在此卦中是如何表述的呢？

六二：明夷。夷于左股。用拯，马壮。吉。

---

① 王弼、韩康伯注，孔颖达正义：《周易正义》，中国致公出版社，2009，第155页。
② 王弼、韩康伯注，孔颖达正义：《周易正义》，中国致公出版社，2009，第155页。

何谓左股？

《尔雅》："左、右、助，勴也。"郭璞注："勴，谓赞勉。"邢昺疏："《说文》云：'勴，助也。'不以力助，以心助也。"①

股者，股肱也。

《尚书·虞书·益稷》："帝（舜）曰：'臣作朕股肱耳目。予欲左右有民，汝翼。'孔安国传：'左右，助也。'我所有之民富而教之，汝翼成我。"②

《史记·夏本纪》："帝（舜）乃歌曰：'吁，臣哉！臣哉！臣作朕股肱耳目。予欲左右有民，汝辅之。'……于是夔行乐，祖考至，群后相让。鸟兽翔舞，箫韶九成。凤凰来仪，百兽率舞，百官信谐。帝用此作歌曰：'股肱喜哉！元首起哉！百工熙哉！'皋陶拜手稽首，……乃更为歌曰：'元首明哉！股肱良哉！诸事康哉！'"裴骃《集解》："孔安国曰：股肱之臣喜乐尽忠，君之治功乃起。"③

可见用心力辅佐天子的朝廷重臣就是股肱。纣王以西伯昌（文王）、九侯、鄂侯为三公，自然是股肱之臣。上古以左为上，文王为三公之首，自然是左股。纣王"醢九侯，脯鄂侯"。只有文王被囚于羑里，即是"明夷，夷于左股"。周之群臣，欲救文王出狱，是"用拯"。

"乃求有莘氏美女，骊戎之文马，有熊九驷，他奇怪物。因殷嬖臣费仲献之纣。纣大说，曰："此一物足以释西伯，况其多乎！"④

不仅释放了文王，还赐之弓矢斧钺，使西伯得征伐。"骊戎之文马，有熊九驷"必定是高大强壮的宝马。这便是"用拯，马壮。吉。"拯，救也。

《明夷》卦中，还有哪些贤明之臣是可考的呢？

六四：入于左腹，获明夷之心，于出门庭。

"入于左腹，获明夷之心"明显在暗示比干剖心之惨相。剖心必入左腹也。

《史记·殷本纪》："纣愈淫乱不止。微子数谏不听，乃与大师、少师谋，

---

① 郭璞注，邢昺疏：《尔雅注疏》，上海古籍出版社，2010，第41页。
② 孔安国传，孔颖达正义：《尚书正义》，上海古籍出版社，2007，第166页。
③ 司马迁：《史记》，中华书局，1962，第82页。
④ 司马迁：《史记》，中华书局，1962，第116页。

遂去。比干曰：'为人臣者，不得不以死争。'乃强谏纣。纣怒曰：'吾闻圣人心有七窍。'剖比干，观其心。"①

比干被剖心，并拿给纣王观看，此即"获明夷之心"。其行刑地点必在王宫门外，此即"于出门庭"。门庭者，王庭也。

锁定此卦乃是揭示纣王朝廷对贤人君子的迫害，就可以讨论初九的爻辞了。

初九：明夷于飞，垂其翼。君子于行，三日不食。有攸往。主人有言。

比干"明夷"是被剖心，此举也让与比干休戚与共的宗臣寒了心。箕子先是佯狂，后仍被囚；微子由于身份特殊，虽离开朝廷，并未出境，不能算有攸往。且并未投周，没有做客卿，故不存在"主人有言"的问题。可考的君子"明夷"，且"有攸往"就只有太师疵，少师彊了。他们不是宗臣，故抱祭乐器投奔周武王。

"明夷于飞，垂其翼"是比兴，比喻太师少师投奔西周时路上的沮丧和狼狈，以致三天吃不上饭，直到周之镐京才算定下心来。

"主人"者，武王也。由于这两位商朝大臣的到来，武王才更明殷之虚实，才下决心伐纣灭商。曰："殷有重罪，不可以不毕伐！"②这就是"主人有言"。

九三：明夷。于南狩，得其大首。不可疾贞。

孔颖达对九三的解释是：

"南方，文明之地，狩者，征伐之类。大首谓闇君。明夷于南狩，得其大首者，初藏明而往，讬狩而行，至南方而发其明也。九三应于上六，是明夷之臣发明以征闇君，而得其大首。……不可疾贞者，既诛其主，将正其民，民迷日久，不可卒正，宜化之以渐，故曰：不可疾贞。"③

孔颖达此解，除南方外，其余都与武王伐纣相合。

《周本纪》："纣登鹿台，自焚而死，武王遂至纣死所，武王自射之，……以

---

① 司马迁：《史记》，中华书局，1962，第108页。
② 司马迁：《史记》，中华书局，1962，第121页。
③ 王弼、韩康伯注，孔颖达正义：《周易正义》，中国致公出版社，2009，第156页。

黄钺斩纣头,悬之大(太)白之旗。"①

此即"得其大首"。只是周乃商之西邻,伐纣当是东狩。诧之于南狩,这乃是"藏明而往",以使纣丧失戒备。《升》卦卦辞:"元吉。利见大人。勿恤。南征,吉。"则透漏了一丝信息。武王是有过一次"南征"的军事行动的。从该卦六四:"王用亨于岐山"可知,这次南征取得了胜利。使周的国力又上升了一步,为最终"得其大首"奠定了基础。武王没有直接伐纣,而是南征,说明自知时机不成熟,不可操之过急,"不可疾贞"也。

上六:不明,晦。初登于天,后入于地。

"明夷"是贤臣遭受迫害,那么,迫害他们的纣王昏庸残暴,就是"不明",是"晦",黑暗,但最终自己吞下自己酿成的苦果,身死国灭。当初登基为帝,是"初登于天",身首异处,殷商灭亡是"后入于地"。

---

① 司马迁:《史记》,中华书局,1962,第124页。

三十七、家人卦（离下巽上）

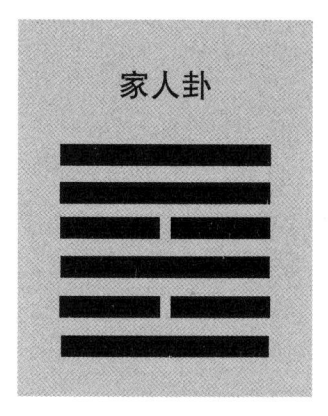

家人卦

上九：有孚。威如。终吉。
九五：王假有家，勿恤。吉。
六四：富家。大吉。
九三：家人嗃嗃。悔，厉，吉。妇子嘻嘻。终吝。
六二：无攸遂，在中馈。贞吉。
初九：闲有家。悔亡。
家人：利女贞。

这是家庭生活专卦。此卦之关键信息在九五："王假有家。"说明此卦之家人，不是普通人家的家人，而是周王之家人。毕竟，帝王后妃，母仪天下，理论上是天下妇女之典范。讲家庭生活的专卦，自然应以帝王之家为范本。而且，中国自古家国一体，儒家所谓欲治其国，先齐其家。

解读此卦，要弄清"王假有家"之"王"是哪一位？"在中馈"者是哪一位后妃？

《列女传》有周室三母传，居首位者是太王古公之妃，王季之母太姜。其次是王季之妃、文王之母的太任，也即《晋》卦六二："受兹介福，于其王母"之卫康叔的那位祖母。再次则是文王之妃，武王之母太姒。此前我们讲过，周初四王中的太王古公亶父，太王之子王季都是追封，生前并未称王，所以，这周室三母中真正称得上帝王后妃的只有文王之妃、武王之母——太姒。

关于太姒，《诗经》曾两次讲到她。一是《大明》：

"文王初载，天作之合。在洽之阳，在渭之涘。文王嘉止，大邦有子。

大邦有子，伣天之妹。文定厥祥，亲迎于渭。造舟为梁，不显其光。

有命自天,命此文王。于周于京,缵女维莘。长子维行,笃生武王。保佑命尔,燮伐大商。"①

二是《思齐》:

"思齐太任,文王之母。思媚周姜,京室之妇。太姒嗣徽音,则百斯男。"②

在周室三母中,这位文王之妃、武王之母所占篇幅最长,影响也最大。因为她是文王之原配,文王刚刚继位,正是风华正茂,翩翩少年国君,而太姒这位大邦之子也刚好是豆蔻年华,楚楚动人。"俔天之妹",俔者,譬喻之辞,好像天上掉下来的仙女。"天作之合"这个成语就是源于文王与太姒美满姻缘。故娶亲仪式是从未有过的隆重。不仅亲迎于渭,而且造舟为梁。后世之浮桥也是因文王迎娶太姒而有的创意!更重要的是这位太姒生了西周又一位圣王:武王!正是武王继承文王未竟事业,"裕父之蛊",革天之命,伐灭殷商,使周取得天下。所以,若以母仪天下为标准,周室三母中,非太姒莫属!

家人既为太姒,那么"王假有家"之王,必是文王!

卦主既明,便可转入对卦爻辞的解读了。

卦辞:利女贞。

不言即明,能娶太姒这样的女子为妻,大吉大利。

初九:闲有家。悔亡。

有家,即家中。有,专有名词之词头,如有嘉,即嘉国。有唐,即唐朝。关键是"闲"字做何解。《周易正义》解为"防闲"。③ 在家里一定注意防闲。那么"闲"即闲话、闲气,贬义词也。防止说闲话,防止生闲气,即可以"悔亡",悔恨消除。但既知此家乃帝王之家,此家男主人是西周圣王——文王,女主人是贤后——太姒,这样解释就不合适了。

---

① 毛亨传,郑玄笺,孔颖达正义:《毛诗正义》(《十三经注疏》本),上海古籍出版社,1997,第507页。

② 毛亨传,郑玄笺,孔颖达正义:《毛诗正义》(《十三经注疏》本),上海古籍出版社,1997,第516页。

③ 王弼、韩康伯注,孔颖达正义:《周易正义》,中国致公出版社,2009,第159页。

那么,"闲"还可作何解呢?我们从它的派生词"闲闲""闲适""悠闲"等等,可知,"闲"可作褒义词解。

《诗经·魏风·十亩之间》:"十亩之间兮,桑者闲闲兮。"朱熹注:"往来自得之貌。"①

既然男主人是文王,他回到自己的家——后宫,自然与在朝廷时的氛围、心情都会不同。

《大雅·思齐》写文王在家里和朝廷态度是不同的:

"雝雝在宫,肃肃在庙。"朱注:"雝雝,和之至也,肃肃,敬之至也。"②

朱熹把"宫"解为"闺门之内",是有道理的。那么,文王在家里(宫中)时是和乐而悠闲的,和在朝廷、宗庙时的严肃恭敬不同,家里是放松的地方,应该是温馨的环境气氛,此即"闲有家"之闲,悠闲也。因《思齐》的主题是"刑于寡妻,至于兄弟,以御于邦家",君主自称寡人,那么,寡妻就是王后。给妻子、兄弟做出表率,就能齐家治国,平定天下。这与《家人》卦的主题相同。故郑笺认为"宫"指辟雍,即学宫,我不取。

六二:无攸遂,在中馈。贞吉。

何为"无攸遂"?与"在中馈"对读,即可明白。家中主妇的职责是主中馈,即为全家操办饮食。那么"无攸遂"即是对主妇职责之外的事,外面的朝廷政治,不闻不问,没有需要关心的和操办的。不干预朝政是后妃贤达的标准品德。故"贞吉"。这也是武王"干父之蛊,吉",而"干母之蛊,不可贞"的原因。

九三:家人嗃嗃。悔,厉,吉。妇子嘻嘻。终吝。

《尔雅·释训》:"嘻嘻,崇谗慝也。"郭璞注:"乐祸助虐,增谮恶也。言隐匿其情以饰非。"③

帝王之家,终究不同于百姓之家,帝王有庞大的后宫,嫔妃数百,宫女阉寺数千。传说文王百子,《思齐》诗中就有:"大姒嗣徽音,则百斯男。"还有公主呢?可见嫔妃众多。我们知道后宫争宠,其阴毒惨烈一点都不比前朝

---

① 朱熹:《诗集传》,上海古籍出版社,1980,第65页。
② 朱熹:《诗集传》,上海古籍出版社,1980,第183页。
③ 郭璞注,邢昺疏:《尔雅注疏》,上海古籍出版社,2010,第193页。

群臣逊色。此即"家人嗃嗃。悔,厉"。管理后宫自然是正后之职责。太姒作为后宫之长,驭下有方,庞大的后宫,人性各异的众多妃子、王子、阉竖,最终被治理得服服帖帖,后宫秩序井井有条,"终吉"。如果任凭这些嫔妃和她们的子女嬉闹争斗,后宫就会乱成一锅粥,"终吝"!

六四:富家。大吉。

《说文》:"富,备也。一曰,厚也。"[1]

即富厚,什么都不缺。但贵为天子,富有四海。文王作为圣王,按理不应盘剥天下以富后宫。故还可解为福,这是一个幸福的大家庭,大吉!

九五:王假有家,勿恤。吉。

文王下朝,回到后宫,没有什么可操心的,太姒把后宫管理得井井有条,吉。

上九:有孚。威如。终吉。

太姒得到文王充分信任,同时也获得后宫信赖,是谓"有孚"。太姒虽然贤惠,但也有后宫之主的威严,终吉!

---

[1] 许慎著:《说文解字》,中华书局,1963,第150页。

三十八、睽卦(兑下离上)

上九：睽孤。见豕负涂。载鬼一车。先张之弧，后说之弧。匪寇。婚媾。往，遇雨则吉。
六五：悔亡。厥宗噬肤。往，何咎？
九四：睽孤。遇元夫。交孚。厉，无咎。
六三：见舆曳，其牛掣。其人天且劓。无初有终。
九二：遇主于巷。无咎。
初九：悔亡。丧马，勿逐，自复。见恶人。无咎。
睽：小事吉。

《睽》卦与《家人》卦是对卦。"睽"者乖也，乖是悖离。《家人》卦以周文王的家庭为天下家庭之楷模，而《睽》卦却通过一位无家可归的孤儿的眼睛，为我们展示出底层社会的生活面貌。

本卦的核心信息在九四：睽孤。遇元夫。交孚。厉，无咎。以及上九：睽孤。见豕负涂。载鬼一车。先张之弧，后说之弧。匪寇。婚媾。往，遇雨则吉。

其余四爻都是无主句，待九四和上九"睽孤"两次出现，卦主这才明确下来。何谓孤？

《说文》："孤，无父也。"[①]

那么"睽孤"就是无家可归的孤儿。其余几爻的主语也就都可确定下来

---

① 许慎：《说文解字》，中华书局，1963，第310页。

了。李镜池、周振甫认为"睽孤"是旅人,全卦均为旅途所见。① 其依据大约是初九:"丧马,勿逐"和九二:"遇主于巷"。因而就把"睽孤"解释成离开家后旅人的孤独。但孤独不是名词,不可做主语使用,故吾不取。且六五:"悔亡。厥宗噬肤。往,何咎",透露出卦主并未离乡远行,因为上古人们聚族而居,既然他的宗族就在附近,可见卦主原来的家也就在附近。既然家在附近,何以"遇主于巷"?因为此时,孤儿已经无家,寄居在别人的家里。这位"主"应该是孤儿的监护人。

初九:悔亡。丧马,勿逐,自复。见恶人。无咎。

《礼记·王制》:"少而无父者谓之孤,老而无子者谓之独,老而无妻者谓之矜(鳏),老而无夫者谓之寡。此四者,天民之穷而无告者也。皆有常饩。瘖聋跛躃断者侏儒百工,各以其器食之。"郑玄注:"瘖者不能言,聋者不能听,跛者一足废,躃者两足俱废,断者肢节脱绝,侏儒身体短小者也,百工众杂技艺也。器犹能也,此六类者,因其各有技艺之能,足以供官之役使,遂因其能而以廪给食养之。"②

也就是说,对鳏寡孤独及残疾人,官府供给其生活费用,但对于有不同劳动能力的人,还是要按其所能供官府役使,使他们不吃闲饭。明乎此,那么,"丧马,勿逐,自复。见恶人。无咎。"意思就好理解了。这位无家之孤儿,可以放马。结果马跑丢了。用不着去追,马会自己跑回家。没什么损失。看到一位长得非常丑陋的人,但没有什么危险。恶,美之反,丑也。《老子》二章"天下皆知美之为美,斯恶已。天下皆知善之为善,斯不善已"。善之反才是邪恶之恶。相貌丑陋,与人无害,故无咎。

九二:遇主于巷。无咎。

马匹既然已跑回去了,放马之孤儿也就随之返回住地。在巷口,遇到寄宿人家的主人,主人并未责罚他。没事了。

六三:见舆曳,其牛掣。其人天且劓。无初有终。

---

① 李镜池:《周易通义》,中华书局,1981,第 75 页;周振甫:《周易译注》,中华书局,1991,第 135 页。
② 郑玄注,孔颖达正义:《礼记正义》(《十三经注疏》本),上海古籍出版社,1997,第 1347 页。

这是另一天的见闻。孤儿看到一辆大车,陷到泥里了,驾车的牛吃力地往上拉,牛角一低一昂,就是拉不出来。再看赶车的人,乃是一位刑余之人,前额烙着印迹,鼻子已被割去。

《正义》:"剐额为天,截鼻为劓。"①

但最后终于把车从泥坑中拉了出来,又可以上路了。此为"无初有终"。昨天遇到的只是相貌丑陋而已,而今天遇到的人境遇更为悲惨,剐额劓鼻,还要从事繁重的体力劳动。相比之下,孤儿算是幸运的了,天下受苦人尚多啊。

九四:睽孤。遇元夫。交孚。厉,无咎。

"元夫",《正义》训"元"为初,九四与初九是相应关系,即初为下卦之始爻,四为上卦始爻,这是象数学解卦实例之一,属神秘思维,吾不取。程颐训"元"为善,也用象数学方法,只不过说所遇初九为善而已。② 吾亦不取。在对"元夫"的解释上,我赞同李镜池先生的说法:

"闻一多说'元'应读为兀。'元',兀古字。其实,兀从一从儿。甲骨文从一从二往往不分。兀夫,跛子。刖,《说文》作𣃍,断足也。……兀,月,刖,𣃍,声义同。但兀和刖有别,兀是天生的跛子,刖是受刑的跛子。"③

"兀夫"就是《礼记·王制》中所说的"瘖、聋、跛、躃、断者、侏儒"六类残疾人之"跛",一足废也。也是由官府供养,同时供官府役使之人。和自己的身份地位相当,故同病相怜。"交孚",命运相近,故情感相通,互相信任也。两人在一起,虽然遇到了些危险,但最终没出什么事。无咎。

六五:悔亡。厥宗噬肤。往,何咎?

"悔亡",是承上爻"厉,无咎"而言。听说本宗族的人今天吃肉,我也去蹭一顿肉吃,有何不可?总不会把我赶出来吧!

《周礼·春官宗伯》:"以饮食之礼亲宗族兄弟。"郑玄注:"人君有食宗族饮酒之礼,所以亲之也。"贾公彦疏:"据大夫士法,则万民亦有此饮食之

---

① 王弼、韩康伯注,孔颖达正义:《周易正义》,中国致公出版社,2009,第162页。
② 程颐:《周易程氏传》,中华书局,2011,第216页。
③ 李镜池:《周易通义》,中华书局,1981,第76页。

礼也。"①

宗族在一起饮酒食肉，本来是为凝聚亲情，但从本爻来看，并没有邀请孤儿，是孤儿主动前去参加的，但还是有些担心，怕遭到冷遇。孤儿想去蹭肉吃，一是肉食难得，平时吃不上，二是对宗族之亲还有奢望。从"厥宗噬肤"可知，"睽孤"的宗族就在附近，所以解释为远行的旅人是不合适的。

上九：睽孤。见豕负涂。载鬼一车。先张之弧，后说之弧。匪寇。婚媾。往，遇雨则吉。

"豕"，猪也。"负涂"。涂者，道路也。负者，背也。《易》书大多解为看到猪在道路上，背上沾满了泥。其实可以释为：猪在泥泞的道路上打滚，背部着地也。这其实是触景生情。家字从"宀"从"豕"，意为屋下有豕是为家。今见豕在泥泞中打滚，是"豕"失去了"宀"，就像孤儿自己没有了家，为了生存，独自在社会上摸爬滚打一样。

"载鬼一车……匪寇。婚媾"是又一场景。看到车上坐着一群奇形怪状的人，有的是跛子，有的是割去鼻子的，有的是额头上烙着印迹的，有长得十分丑陋的。而且衣着打扮也千奇百怪，就和载了一车鬼怪一样，手里拿着弓箭，一会儿把弓张开，一会儿又把弓松开放下。不过不是强盗，而是去抢婚。

关于抢婚，《屯》卦六二、上六都有记载。六二："屯如邅如，乘马班如。匪寇婚媾。女子贞不字，十年乃字。"上六："乘马班如，泣血涟如。"那是周族在周原刚刚落脚时的情景。抢婚乃是不得已的权宜做法。待到政权稳固，人民安居乐业之后，婚姻也走上正轨。

《贲》卦六五："贲于丘园，束帛戋戋"，已经有彩礼了，不用抢婚了。但抢婚并未绝迹，还会以另外形式出现。据钟敬文主编《中国民俗史·明清卷》：

抢婚是古代以强力的抢夺手段实现的婚姻。……明清时期在汉族或少数民族部分地区，仍然存留着抢婚的遗风，不过主要表现在婚姻的外部形式上。它是正态婚姻的变通与补充。清代云南霑益土著"凡男女婚嫁有年月未协，两家先自言定，男家备轿马于半路，女家引女至会场，为男家抢去，俗

---

① 郑玄注，贾公彦疏：《周礼注疏》，上海古籍出版社，2010，第671页。

云抢婚。另一种是因为贫穷或其他原因,无法正常举办婚礼,双方达成默契的抢婚。也有女方索要财礼过重,男方无力承办,不得已采取抢婚形式,过后双方再和解。"①

这两种抢婚,都是底层社会才有的现象,而贵族婚姻,是非常讲究的。

《礼记·昏义》:"昏礼者,将合二姓之好,上以事宗庙,而下以继后世也,故君子重之。是以昏礼纳采,问名,纳吉,纳徵,请期,皆主人筵几于庙,而拜迎于门外,入,揖让而升,听命于庙,所以敬慎重正昏礼也。"②

抢婚与贵族婚礼格格不入。打扮得奇形怪状,把弓拉开又放下,正是底层民众为烘托婚庆气氛而有意搞的娱乐形式。热热闹闹,欢欢乐乐,把婚事办了。孤儿目睹这一欢乐场面,往,也情不自禁赶去看热闹。孤独的心情暂时得到了缓解,即使下雨也没能浇灭这场欢乐。

本卦通过孤儿的眼睛为我们展示了周初社会底层人民的生活场景,长得丑的,受过刑的,天生残疾的,为了生存,干着苦力,但也有自己的喜怒哀乐。是贵族生活的反衬。没有底层民众的生活,历史就会失真。从这个意义上来说,《睽》卦的历史价值实在是太重要了。

附带说一下本卦的《象传》。

《象》曰:"睽,火动而上,泽动而下。二女同居,其志不同行。……天地睽而其事同也,男女睽而其志通也,万物睽而其事类也。睽之时用大矣哉!"③

这段话与《否·泰》两卦的《象传》表达的是同一哲理。

《泰》卦《象传》云:"天地交而万物通也,上下交而其志同也。"

窃以为,这两卦之《象传》,是《易传》最具思想价值的论述。

《正义》:"水火二物,共成烹饪,理宜相济,今火在上而炎上,泽居下而润下,无相成之道,所以为乖。历就天地,男女,万物广明睽义,体乖而用合也。"

---

① 钟敬文主编:《中国民俗史·明清卷》,人民出版社,2007,第265页。
② 郑玄注,孔颖达正义:《礼记正义》(《十三经注疏》本),上海古籍出版社,1997,第1680页。
③ 王弼、韩康伯注,孔颖达正义:《周易正义》,中国致公出版社,2009,第160页。

钱锺书先生就此发挥阐述云：

"按此亦明反而相成，有间而能相通之旨。睽有三类，一者体乖而用不合，火在水上是也。二者体不乖也用不合，二女同居是也。此两者睽而不成，格而不贯，貌合实离，无相成之道。三者乖而能合，反而相成，天地事同，男女志通，其体睽也，而其用则咸矣。咸，感也。"①

《彖》传、《正义》和钱锺书的阐释都非常精彩，是辩证思维的体现。但这都是根据卦象所作的生发，属于《周易》的符号系统，与《睽》卦的叙事系统互不相干，故我在解卦时没有采纳。

---

① 钱锺书:《管锥编》，中华书局，1979，第 26 页。

三十九、蹇卦(艮下坎上)

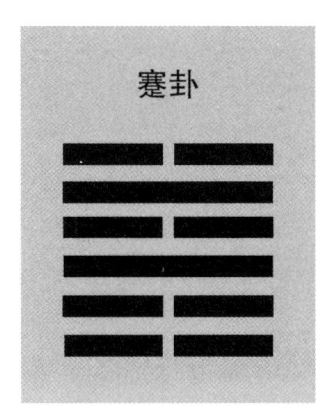

蹇卦

上六：往蹇来硕。吉。利见大人。
九五：大蹇朋来。
六四：往蹇来连。
九三：往蹇来反。
六二：王臣蹇蹇，匪躬之故。
初六：往蹇来誉。
蹇：利西南，不利东北。利见大人。贞吉。

本卦是《坤》卦的延续和补充。我们首先看，本卦与坤卦的联系点有哪些？

一、《坤》卦卦辞："君子有攸往，……利西南得朋，东北丧朋。"

《蹇》卦卦辞："利西南，不利东北。"

二、《坤》卦，六三："或从王事，无成有终。"

《蹇》卦，六二："王臣蹇蹇，匪躬之故。"

三、《坤》卦，卦辞"西南得朋。"

《蹇》卦，九五："大蹇朋来。"

那么，《坤》卦与《蹇》卦是互相印证、互相补充的关系，当无疑义。

为何"利西南"呢？从《比》卦解说中我们知道，会师盟津的八百诸侯中，武王在《牧誓》中点名提到的只有庸、蜀、羌、髳、微、卢、彭、濮八个方国，孔安国曰：

"八国皆蛮夷戎狄属文王者国名。羌在西蜀叟。髳、微在巴蜀。卢、彭在西北,庸、濮在江汉之南。"①

总之,这几个周之最坚定的盟友,都在西、西南和南方方向,没有一个在东北方向。这就是"利西南,得朋",而文王所伐之敌,狄在北方,密、崇在东方。这就是东北丧朋。

《坤》卦六三:"或从王事,无成有终",与《蹇》卦六二:"王臣蹇蹇,匪躬之故",都是讲周出使西南诸方国。不同的是,《坤》卦中的使臣乃是小行人,级别为下大夫,其使命是"比年小聘(小聘曰问),三年大聘"。而本卦中的使臣乃是行夫,级别为下士,其使命都是小事。

《周礼·秋官司寇》:"行夫,掌邦国传遽之小事,媺恶而无礼者。凡其使也,必以旌节。虽道有难而不时,必达。"郑玄注:"传遽,若今时乘传骑驿而使者也。媺,福庆也;恶,丧荒也。此事之小者无礼,行夫主使之。道有难,谓遭疾病他故,不以时至也。必达,王命不可废也。其大者有礼,大小行人使之。"②

带着礼物,聘问邻国国君和夫人,是大事,由大小行人去办。而国君生子、子女婚嫁,疾病灾荒的信息通报,是小事,不携带礼物,由行夫去告知。这些小事经常有,故往来频繁。由于是王命,无论道路多远,多难,都必须送达。

明白了卦主的身份,此卦就容易讲明白了。

卦辞:蹇,利西南,不利东北。利见大人。贞吉。

《说文》:"蹇,跛也。……跛,行不正也。"③

走路困难。又九二:"王臣蹇蹇,匪躬之故。"躬,自身。也就是说,走路困难,不是由于自身的原因,那么,就是道路的原因。路途艰险,长途跋涉,以致就像个腿脚残疾的人。"利西南,不利东北",已见前解。"利见大人",既然是出使,自然以见到大人为吉。

与《坤》卦不同。《坤》卦虽然也写了路途遥远艰难:"履霜,坚冰至",但也写了大地的辽阔"直方大"和沿途风景的秀丽"含章可贞"。而《蹇》卦自

---

① 孔安国传,孔颖达正义:《尚书正义》,上海古籍出版社,2007,第421页。
② 郑玄注,贾公彦疏:《周礼注疏》,上海古籍出版社,2010,第1488页。
③ 许慎:《说文解字》,中华书局,1963,第47页。

始至终强调的都是山路崎岖不平的艰难！这大约是常年在外,艰难跋涉,感受与比年一小聘的大夫不太一样。

至于爻辞中屡次出现的"来"字,初六"往蹇来誉",九三"往蹇来反",六四"往蹇来连",九五"大蹇朋来",上六"往蹇来硕"。反复强调,仔细品味,它说的绝不是去时走路,回来坐车;去时运货,回来赚钱(朋贝)。① 这个"来",不是回来的来,而是礼尚往来的来。周派使臣出使各国,换来的是各国对周的归附、效忠。把它说成是商人长途贩运是缺乏依据的。

初六:往蹇来誉。

"誉"者,声誉。正是使臣的出使,使周在西南各方国有了很高的声誉。

六二:王臣蹇蹇,匪躬之故。

以见前解,不赘。

九三:往蹇来反。

有往有来,即是有往有反。往是往聘,对方是主,自己是客。来是来聘,己方是主,对方是客。

六四:往蹇来连。

《说文》:"连,员连也。"朱骏声解释说:"员连,叠韵连语。陈编散落,古义无征,盖宜从阙。"段玉裁注:"连,即古文辇也。负车者人挽车而行,人与车相属不绝,故引申为连属字也。"②

按:周之西南方向,乃是秦岭一带,山路险峻,把"连"解为人挽的小车恐怕不妥。但"相属不绝"却符合此爻文义,即周行夫艰辛跋涉地往聘,换来了各国使臣络绎不绝的回访。

九五:大蹇朋来。

"大蹇",极度艰险。"朋",盟邦,友邦。路途艰辛,却也彰显了己方的诚意。过去联系不多的方国,现在成了友邦。这对壮大周的力量是有重要意义的。

上六:往蹇来硕。吉。利见大人。

---

① 李镜池:《周易通义》,中华书局,1981,第78页。
② 许慎著,芳园主编:《说文解字详解》,天津人民出版社,2015,第52页。

"硕",大也。往聘虽然辛苦,但投之以木瓜,报之以琼瑶。成果巨大。这就是往蹇来硕!

总之,出使的艰辛,换来的是友邦加倍的回报。

上六之"利见大人",乃是来朝之使,利见周之大人——周王,和卦辞利见大人有不同。卦辞中"利见大人"乃是出使对象国之大人——国君。

四十、解卦（坎下震上）

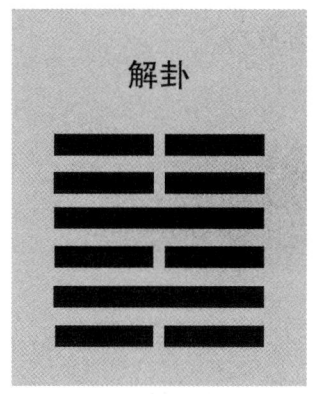

上六：公用射隼于高墉之上，获之。无不利。
六五：君子维有解。吉。有孚于小人。
九四：解尔拇。朋至斯孚。
六三：负且乘，致寇至。贞吝。
九二：田获三狐，得黄矢。贞吉。
初六：无咎。
解：利西南。无所往，其来复，吉。有攸往，夙吉。

先看卦象。下卦为坎，坎为水。上卦为震，震为雷。我们把《解》卦卦象与《屯》卦做一比较，就明白此卦象的含义了。《屯》卦卦象震下坎上，坎在天上为云，天上阴云密布，地上雷声隆隆，雨就是下不来，屯，艰难之象。而《解》卦天上雷声阵阵，地上大雨倾盆，真像是老天在宣泄自己的郁积，酣畅淋漓。解者，泄也。

《象传》也感悟到这点：

"天地解而雷雨作，雷雨作而百果草木皆甲坼。解之时大矣哉！"[1]

一场时雨过后，天朗气清，草木发舒，花蕾绽放，何等清爽！

再看字义。

《说文》："解，判也。从刀判牛角。一曰解廌兽也。"[2]

即分解之义。施之于人事，政治上：

---

[1] 王弼、韩康伯注，孔颖达正义：《周易正义》，中国致公出版社，2009，第167页。
[2] 许慎：《说文解字》，中华书局，1963，第94页。

"张而不弛,文武弗能也;弛而不张,文武弗为也;一张一弛,文武之道也。"①

励精图治,是张,无为而治是弛。弛即"解"也。人生之路,有进有退。自强不息是进,急流勇退是"解"。财富创造,有聚有散,日进斗金是聚,一掷万金是散,散即"解"也。

然世上大多数人,知张而不知弛,知进而不知退,知聚而不知散。其实知弛、知退、知散才是更高的人生智慧。因为只有战胜自己的贪欲才能达到如此境界。故《解》卦表明《周易》的作者对人生辩证法有非常清醒的认识。

解读此卦,上六爻辞是钥匙:"公用射隼于高墉之上,获之。无不利。"

在《周易》中,"公"即周公,这在前面讲的若干卦中都得到证实,无疑义。接下来就要看记述的是有关周公的什么事?

六三:负且乘,致寇至。贞吝。

在周公执政的时期,寇是谁?答案只有一个,即发动叛乱的武庚和管蔡。武庚和管蔡为什么发动叛乱?他们的借口是什么?这就需要从"负且乘"去寻找答案。

《系辞》:"负也者,小人之事也。乘也者,君子之器也。小人而乘君子之器,思夺之矣。上慢下暴,盗思伐之矣。慢藏诲盗,冶容诲淫。《易》曰:负且乘,致寇至,盗之招也。"②

《易传》产生于战国时期,是典型的六经注我,不可全信。须知,商周二代,君子小人是阶级划分而非道德评判。小人乘君子之车就是造反,也就成了盗。但周初,还没有小人造反的记载。武庚、管蔡都是皇族,即使叛乱失败,被杀,被囚禁,身份仍然是贵族,而非小人。显然此说非经之本义。

《说文》:"负,恃也。从人守贝,有所恃也。"③

即是说,守着财富,有所凭恃。"乘",车也,则是地位的象征。"负且

---

① 郑玄注,孔颖达正义:《礼记正义》(《十三经注疏》本),上海古籍出版社,1997,第1567页。
② 王弼、韩康伯注,孔颖达正义:《周易正义》,中国致公出版社,2009,第267页。
③ 许慎:《说文解字》,中华书局,1963,第130页。

四十、解卦（坎下震上）

乘"，就是既富且贵，而招致敌寇。那么这既富且贵者是谁呢？自然是周公。周公在朝中辅佐武王，赐周发祥之岐山之阳的周原为采邑，说他富可敌国绝不是夸张。武王崩，成王少，周公摄政，是西周实际上的统治者，是贵。因而招致管蔡的猜忌，发动叛乱，此即"致寇至"，故"贞吝"。

卦主是周公，历史事件是武庚管蔡的叛乱。那么，周公东征，平定叛乱就是题中应有之义。下面就可以讨论本卦的卦义了。

卦辞：利西南。无所往，其来复，吉。有攸往，夙吉。

"利西南"，指西南方向对周忠诚的诸侯国。武王伐纣时这些方国就是周的忠实盟友，灭商后，又是周的忠实屏藩。这次武庚之乱，周王朝并没有派使臣去征召他们，他们却主动派军队来支援。这就是"无所往，其来复，吉"。这可以从《同人》卦得到佐证。其卦辞为"同人于野。亨"。由于周王朝自己的军队是集结在王门，那么集结在郊野的军队必然是诸侯的支援部队无疑。《尚书·周书·大诰》是周公以成王的名义发布的对武庚和管蔡的讨伐令。其中说：

"王若曰：猷大诰尔多邦，……肆予告我友邦君，越尹氏、庶士、御事，曰：予得吉卜，予惟以尔庶邦于伐殷逋播臣。"孔安国传："故告我友国诸侯，及于正官尹氏卿大夫，众士御治事者，言谋及之。用尔众国往伐殷逋亡之臣。谓禄父。"[1]

可见，诸侯军队跟随周公东征是有确凿历史文献为依据的。

"有攸往，夙吉。"

东征，即是"有攸往"，何谓"夙吉"呢？原来，武王伐纣时，这些方国，就曾追随武王东征商纣，做出了重要贡献。这次随周公东征，也一定会取得胜利。"夙吉"，夙者，早也，曾经也。

初六：无咎。

此爻只有兆辞，而无事辞。说明事辞与卦辞同。

九二：田获三狐，得黄矢。贞吉。

周公爵为上公，又摄天子之位，此次东征又是大军统帅，当然有资格田

---

[1] 孔安国传，孔颖达正义：《尚书正义》，上海古籍出版社，2007，第506-510页。

猎。这大约是大战之前的演习。结果捕获三只狐狸,且在狐狸身上发现了铜箭头。这是好兆头。就像《师》卦六五"田有禽,利执言"一样,预兆东征能够擒获武庚、管叔、蔡叔三个叛乱首领,以及缴获战利品。故贞吉。

六三:负且乘,致寇至。贞吝。

已见前解,不赘。

九四:解尔拇,朋至斯孚。

此爻应与六三对读。六三"负且乘",富与贵都占满了,故招致敌寇。那么"解尔拇",从字面看是放开脚,不乘车而步行。深层意思是,车是身份地位的象征,现在不乘车改步行,放下身段,不彰显自己的身份地位,以平等的姿态迎接前来支援的友邦,所以很快建立起互信。放下身段即是"解"。联系到六三"致寇至"之寇,乃是叛乱的管蔡武庚,那么这些友朋就是帮助周公平叛的诸侯,即《同人》卦中"同人于野"之诸侯军队的首领。

六五:君子维有解。吉。有孚于小人。

"君子"即周公。维者,维系天下国家也。东征,是为了国家的长治久安。胜利之后,把平叛获胜的军队遣散,也是为了国家的长治久安。为什么?因为战争持续了三年,军队疲惫不堪,民生凋敝,急需休养生息。本来当时的军制,是兵农合一制度。平时务农,农闲参加田猎,进行军事训练,战时从军打仗,战争结束退役回家务农。

《诗经·豳风·东山》:"我徂东山,慆慆不归。我来自东,零雨其濛。

我东曰归,我心西悲。制彼裳衣,勿士行枚。"[①]

可知,士兵们对退役返乡,过和平生活有着强烈的渴望。"有孚于小人",就是对广大士兵要讲诚信,仗打完了,就要让他们解甲归田,满足他们和亲人团聚的愿望。此即是"解",解甲归田!吉。

上六:公用射隼于高墉之上,获之。无不利。

《同人》卦写东征的艰难是"乘其墉,弗克攻",登上了敌方的城墙,却攻不进去。现在,作为大军统帅的周公,竟然能站在攻克的城墙上射鹰隼并且

[①] 毛亨传,郑玄笺,颖达正义:《毛诗正义》(《十三经注疏》本),上海古籍出版社,1997,第396页。

"获之",说明战争已经取得了胜利。"射隼""获之"既是比喻,比作东征擒获叛乱的罪魁祸首武庚、管蔡。同时也是写实,站在城头射隼,说明已经从运筹帷幄的紧张状态松弛下来。解!

四十一、损卦(兑下艮上)

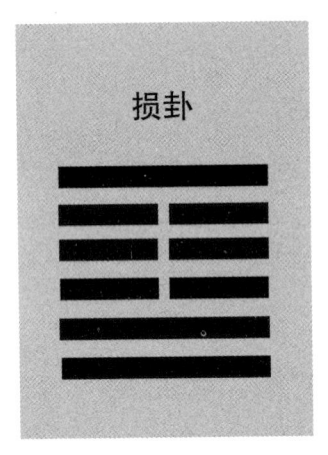

损卦

上九：弗损，益之。无咎。贞吉。利有攸往。得臣无家。
六五：或益之十朋之龟。弗克违。元吉。
六四：损其疾，使遄有喜。无咎。
六三：三人行则损一人，一人行则得其友。
九二：利贞。征凶。弗损，益之。
初九：已事遄往。无咎。酌损之。
损：有孚。元吉。无咎。可贞。利有攸往。曷之用二簋，可用享。

《损》卦和《益》卦，是典型的组卦，即组合起来，叙述同一事件，或讲同一道理。

《损》《益》两卦的链接点在于事辞中都有："或益之十朋之龟"，而兆辞或"弗克违。元吉"，或"永贞吉"。事辞相同，贞兆辞也大体相同，说明两卦讲的是同一件事。而《益》卦六二"王用享于帝"及六三"中行告公用圭"不仅点明了这两卦讲述的是一个重大的历史事件，而且确定了两卦的卦主是王和周公。(关于公乃专指周公，可参看《大有》卦的考证)那么根据"益之十朋之龟"和"周公"这两条关键信息，我们就可以锁定这一重大历史事件是什么。

《尚书·周书·大诰》："武王崩，三监及淮夷叛，周公相成王，将黜殷，作大诰。王若曰：'猷大诰尔多邦，越尔御事。……宁王遗我大宝龟，绍天明，即命。'"孔安国传："安天下之王，谓文王也。遗我大宝龟，疑则卜之，以继天

四十一、损卦(兑下艮上)

明,就其命而行之。言卜不可违。"①

这就是两卦所谓的"或益之十朋之龟,弗克违"之历史本事。由此可知,这一大的历史事件就是周公东征,讨伐管蔡和武庚禄父的叛乱。

但《损》卦将其置于六五的位置,而《益》卦却将其置于六二的位置,是什么原因呢?原来两卦合在一起,叙述的起止年代从武王灭商一直到周公迁殷这样一段惊心动魄的历史。但两卦各有分工,《损》卦着重写周公东征前的历史事件,故将其放在六五的位置,前面才有叙事空间。而《益》卦则侧重写周公东征及之后的历史事件,把它放在六二的位置,也是为后面留出叙事空间。我画了张示意图,一看就明白了。

	初九	九二	六三	六四	六五	上九				
损卦	巳事遄往。无咎。酌损之。	利贞。征凶。弗损,益之。	三人行则损一人,一人行则得其友。	损其疾,使遄有喜。无咎。	或益之十朋之龟,弗克违。元吉。	弗损,益之。无咎。贞吉。利有攸往。得臣无家。				
益卦				利用为大作。元吉。无咎。	或益之十朋之龟,弗克违。永贞吉。王用享于帝。吉。	益之,用凶事。无咎。有孚,中行告公用圭。	中行告公,从。利用为依迁国。	有孚,惠我德。有孚,惠心勿问。元吉。	莫益之,或击之。立心勿恒。凶。
				初九	六二	六三	六四	九五	上九

卦辞:损,有孚。元吉。无咎。可贞。利有攸往。曷之用二簋,可用享。

"有孚。元吉。无咎。可贞。利有攸往。"一连五个吉兆,乃是成王为周公东征卜筮的结果。"利有攸往"自然指的是东征有利。

"曷之用二簋,可用享。"

---

① 孔安国传,孔颖达正义:《尚书正义》,上海古籍出版社,2007,第506—507页。

《尔雅·释诂》:"享,献也。"①

即《益》卦六二:"王用享于帝"之省文。

《礼记·王制》:"天子将出征,类乎上帝,宜乎社……"②

由于周公摄天子位,故东征前,也与成王一起献祭昊天上帝。"二簋",夸饰之词,形容祭品极薄。但"有孚",诚信满满,上帝也照样福佑。

《大诰》:"我有大事,休;朕卜并吉。"孔安国传:"大事,戎事也。人谋既定,卜又并吉,所以为美。"③

"并吉",平时占卜只用一龟,此次事情重大,故又增加了"宁王遗我大宝龟"即爻辞中所说的"十朋之龟",结果双双得吉,是为"并吉"也。

初九:巳事遄往。无咎。酌损之。

"巳事"之巳,我们在《革》六二:"巳日乃革之"的讨论中,已知"巳"就是已经之已,巳事就是已经成功之事,也即武王革天之命,代商为天下共主之大事。

《尔雅·释诂》:"遄,速也。"④

迅疾。意思是说,革命成功的日子过得真快呀。无咎,没出现大问题。

"酌损之",指武王代商后,裁撤军队的事。

《周本纪》:"纵马于华山之阳,放牛于桃林之虚。偃干戈,振兵释旅,示天下不复用也。"⑤

既然本卦是讲周公东征的,为什么却从伐纣成功说起呢?这就是水有源,树有根。事情需要从头说起。毕竟去之未远。《大诰》就是从"武王崩,三监及淮夷叛"说起的。由于武王崩时,"天下未集",鸟栖于木谓之集,引申义是安定。"天下未集",即天下尚不安定。而这不安定的最大因素就是武庚。武王"振兵释旅"又为武庚叛乱增添了变数。

---

① 郭璞注,邢昺疏:《尔雅注疏》,上海古籍出版社,2010,第80页。
② 郑玄注,孔颖达正义:《礼记正义》(《十三经注疏》本),上海古籍出版社,1997,第1333页。
③ 孔安国传,孔颖达正义:《尚书正义》,上海古籍出版社,2007,第509页。
④ 郭璞注,邢昺疏:《尔雅注疏》,上海古籍出版社,2010,第46页。
⑤ 司马迁:《史记》,中华书局,1962,第129页。

九二:利贞。征凶。弗损,益之。

和平时期,裁军是好事,占筮有利。但要打仗,讨伐叛乱之国,则裁军是凶兆。要扩充兵员,加强训练,方能制敌。

六三:三人行则损一人,一人行则得其友。

说的是什么事呢?原来在《周易》中,为增加神秘性,使之更符合预测学之应用,往往对一些信息做适度的变形处理。经过变形的信息与其本来信息在似与不似之间。但它又总在一卦之内,或在其他相关卦中设置一条相对完整的表述作为信息源,通过对信息源的解读,那些残缺的或变形的信息就会变得清晰完整。

那么"三人行则损一人,一人行则得其友",乍一看并不是残缺的信息,我们却读不懂,它的信息源在哪里呢?答曰,就在本卦六五:"或益之十朋之龟。弗克违。元吉。"

我们已知这是在周公东征,讨伐管蔡、武庚叛乱之前的卜筮。按照箕子为武王讲述《洪范》时第七为"稽疑",也就是卜筮之法:

"立时人为卜筮,三人占则从二人之言"。孔颖达疏:"其卜筮,必用三代之法,三人占之,若其所占不同,而其善钧者,则从二人之言。"[1]

"三人行,则损一人",就是说,三个占卜的人,分别用夏、商、周三种占卜法进行占卜,如果其中有两个占卜的结果相同,那么,结果不同的那个人就会被忽略不计,等于被损掉。而"一人行则得其友",就是说,一个人占卜的结果,必须得到另一个人占卜结果的支持,才能算数。

按,孔颖达此说,恐不可全信。理由是,箕子为武王讲述《洪范九畴》是在殷商刚刚灭亡之时。即使周在灭商前有自己的占卜方法,作为殷商顶级贵族的箕子,也不会把周的占法视为三法之一。他讲述的应该是商代占卜的规则,是不包含《周易》的。所以我们只要明白占卜需要三人占,以二人所占结果为准就可以了。

六四:损其疾,使遄有喜。无咎。

《豫》卦是叙述武王病危到转危为安的专卦。此爻就是《豫》卦的微缩

---

[1] 孔安国传,孔颖达正义:《尚书正义》,上海古籍出版社,2007,第467页。

版。说的是周公向三王(太王、王季、文王)神主祈祷,终使武王康复的事。"损其疾",减损武王之疾病也。"使遄有喜"者,使武王迅速脱离了生命危险。"无咎",没有危险了。

六五:或益之十朋之龟。弗克违。元吉。

"十朋之龟",最高等级的灵龟,天子专用。

《汉书·食货志》:"元龟岠冉长尺二寸,……为大贝十朋。公龟九寸,……为壮贝十朋。侯龟七寸以上,为幺贝十朋。……"孟康注:"冉,龟甲缘也。岠,至也,度背两边缘尺二寸也。"①

《周礼·春官宗伯》:"国大迁,大师,则贞龟。"②

东征,讨伐武庚、管、蔡,是大规模军事行动,是大师,自然要卜龟。而且动用了文王遗留下的大宝龟。"或益之"是说有人建议增加大宝龟,结果被采纳了。占卜的结果是"元吉",元者,大也。但此爻所蕴含的信息还要丰富得多。因为按照当时的卜筮规则是:

"凡国之大事,先筮而后卜。"郑玄注:"《曲礼》云:'卜筮不相袭',若筮不吉而又卜之,是卜袭筮,故于筮凶,则止不卜。"③

也就是说,先筮得吉,才会卜龟。那么此爻通过卜"十朋之龟",占得元吉,说明卜筮皆吉。《大诰》:

"率宁人有指疆土,矧今卜并吉?"孔安国传:"循文王所有指意以安疆土,则善矣,况今卜并吉乎?言不可不从。"④

根据《洪范》"卜筮之法",光是卜筮还不能决定,在卜筮之前,还要:

"谋及汝心,谋及卿士,谋及庶民。汝则从、龟从、筮从、卿士从、庶民从,是之谓大同。"孔安国传:"先尽汝心以谋虑之,次及卿士众民,然后卜筮以决之。"⑤

这才是大同,才是元吉。当然不能违背,这就是"弗克违"。

---

① 班固:《汉书》,中华书局,1962,第1178页。
② 郑玄注,贾公彦疏:《周礼注疏》,上海古籍出版社,2010,第928页。
③ 郑玄注,贾公彦疏:《周礼注疏》,上海古籍出版社,2010,第938页。
④ 孔安国传,孔颖达正义:《尚书正义》,上海古籍出版社,2007,第518页。
⑤ 孔安国传,孔颖达正义:《尚书正义》,上海古籍出版社,2007,第467页。

四十一、损卦(兑下艮上)

上九:弗损,益之。无咎。贞吉。利有攸往,得臣无家。

承上爻,"或益之十朋之龟",占卜结果是,不能减损军事力量了,反之还要加强军力,才能平定叛乱。"利有攸往",即是东征讨伐叛乱之管蔡、武庚,占筮有利。

"得臣无家",又是经过适度变形的信息。指的是平叛胜利。

"诛管叔,杀武庚,放蔡叔,收殷余民,……封微子于宋,以奉殷祀。"(见《鲁周公世家》)①

封微子于宋,原来叛乱的殷遗民再次归顺,成为周王朝的臣民,是谓"得臣",迁殷遗民于宋,是离开其故土,是谓"无家"。

此卦详于周公东征前而略于东征之后,《益》卦则略于东征前而详于东征之后,两卦前后衔接互补,叙述了武王灭商到周公东征,迁殷于宋的一段史实。

从哲理意义来说,初九"酌损之",到上九"弗损,益之",完成了从损到益的转化。

---

① 司马迁:《史记》,中华书局,1962,第1518页。

四十二、益卦(震下巽上)

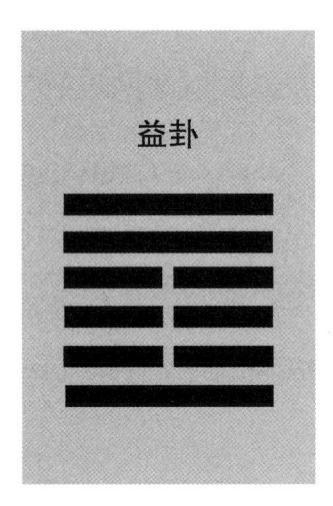

益卦

上九：莫益之，或击之。立心勿恒。凶。
九五：有孚。惠心勿问。元吉。有孚，惠我德。
六四：中行告公，从。利用为依迁国。
六三：益之，用凶事。无咎。有孚。中行告公用圭。
六二：或益之十朋之龟。弗克违。永贞吉。王用享于帝。吉。
初九：利用为大作。元吉。无咎。
益：利有攸往，利涉大川。

《说文》："益，饶也。从水、皿。皿益之意也。"①

水在皿上，表示水从器皿中溢出来。引申为增益、利益。

上承《损》卦。讨伐武庚、管蔡，是有攸往，也是办大事、涉大川。武庚之邶国，就是殷商首都朝歌，故讨伐武庚，也须渡黄河，即"涉大川"也。

初九：利用为大作。元吉。无咎。

在武庚之乱前后，周公还办了一件大事，即建东都洛邑，是为成周。建新都，自然是"大作"。

《尚书·周书·洛诰》："召公既相宅，周公往营成周，使来告卜，作《洛诰》。……予(周公自称)惟乙卯，朝至于洛师，我卜河朔黎水，我乃卜涧水东、瀍水西，惟洛食。我又卜瀍水东，亦惟洛食。"②

---

① 许慎：《说文解字》，中华书局，1963，第104页。
② 孔安国传，孔颖达正义：《尚书正义》，上海古籍出版社，2007，第591–593页。

何谓食？食墨也。在用龟卜时，先由墨人在龟甲相应部位点墨，卜人灼龟后，看墨迹大小。

《周礼·春官宗伯》占人条，郑玄注："凡卜象吉，色善，墨大，坼（裂纹）明则逢吉。"①

墨迹大即是食墨，兆象为吉。那么就说明在洛水之阳建新都，占卜结果是"元吉，无咎"。

六二：或益之十朋之龟。弗克违。永贞吉。王用享于帝。吉。

在《损》卦六五爻辞中，我们已经做了充分的讨论，是占卜周公东征，讨伐武庚、管蔡叛乱的事。不再赘述。

六三：益之，用凶事。无咎。有孚。中行告公用圭。

"益之用凶事"，乃"益之十朋之龟，用凶事"之省文。"凶事"，即指战争。

《老子·道德经》三十一章："夫佳兵者，不祥之器……吉事尚左，凶事尚右。偏将军居左，上将军居右。"②

可见，"凶事"即战争之事，指这次伐武庚之役。由于占卜的结果是"并吉"，故"无咎"。进军途中，使者向周公传达成王之命"用圭"。

《说文》："圭，瑞玉也。王执镇圭。公执桓圭，九寸。侯执信圭，伯执躬圭，皆七寸。……以封诸侯。"③

原来，圭是天子封诸侯的信物、凭证。有圭为信物，是为"有孚"。封谁为侯呢？

六四：中行告公，从。利用为依迁国。

这又是省略句，从什么？从"用圭"之命，以圭为凭信（依）迁国。

《说文》："依，倚也。"④

依靠，引申为依据、凭信。即把殷商遗民，从原来商地迁往宋，封纣王庶兄微子为宋国国君。

---

① 郑玄注，贾公彦疏：《周礼注疏》，上海古籍出版社，2010，第935页。
② 楼宇烈：《老子道德经校注释》，中华书局，2008，第80页。
③ 许慎：《说文解字》，中华书局，1963，第289页。
④ 许慎：《说文解字》，中华书局，1963，第164页。

《尚书·周书·微子之命》:"成王既黜殷命,杀武庚,命微子启代殷后,作《微子之命》。王若曰'猷殷王元子,惟稽古,崇德象贤。统承先王,修其礼、物,作宾于王家,与国咸休,永世无穷。……庸建尔于上公,尹兹东夏。钦哉!'"①

上公,九命,是诸侯中等级最高的爵位。

九五:有孚。惠心勿问。元吉。有孚,惠我德。

灭商之后,封纣王之子武庚继殷之祀,这本身就是对殷民立惠。武庚作乱被诛,周公又奉成王之命,立纣王之兄微子为国君,使商之宗庙祭祀得以延续,享受天子礼遇,这又是"有孚",其"惠心"不用怀疑。"勿问",不要有疑问。商之遗民,及宋国国君微子一定也感受到了周之恩德,"惠我德","我",成王,周公也。

上九:莫益之,或击之。立心勿恒。凶。

这乃是对此次武庚叛乱被杀的教训。"莫益之,或击之",即不能助长武庚的野心,一旦野心膨胀,就给予坚决打击。"或"者,周公也。想当初,立武庚为殷后时,也一定表示过效忠于周,但"立心勿恒",终于走上了叛乱之路,结果身死国灭。"凶"!

---

① 孔安国传,孔颖达正义:《尚书正义》,上海古籍出版社,2007,第519－522页。

四十三、夬卦(乾下兑上)

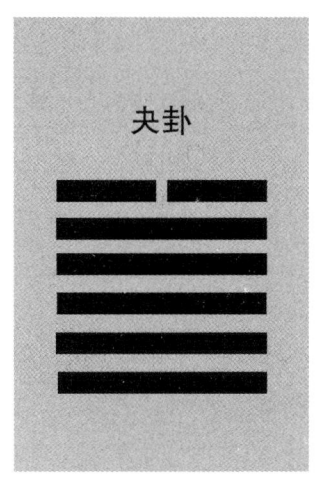

上六:无号。终有凶。
九五:苋陆。夬夬中行。无咎。
九四:臀无肤,其行次且。牵羊悔亡。闻言不信。
九三:壮于頄。有凶。君子夬夬独行,遇雨若濡。有愠。无咎。
九二:惕号。莫夜有戎。勿恤。
初九:壮于前趾。往,不胜为咎。
夬:扬于王庭。孚号有厉。告自邑,不利即戎。利有攸往。

《说文》:"夬,分决也。"①

《履》卦九五:"夬履,贞厉。"字面意思就是鞋子坏了,鞋面与鞋底分决,无法走路。

从卦象看,一至五爻皆为阳爻,最上为阴爻,象征五阳分决一阴。施之于人事,指众君子分决小人。但叙事系统却是叙述纣王时期,一些正直的臣子纷纷离开朝廷,投奔西周的历史事件。

解读本卦的关键是九三:"壮于頄。有凶。君子夬夬独行,遇雨若濡。有愠。无咎。"

"君子夬夬独行",给人似曾相识的感觉。《明夷》卦初九:"明夷于飞,垂其翼。君子于行,三日不食。"

---

① 许慎:《说文解字》,中华书局,1963,第64页。

都是讲君子远行。何谓君子？高级贵族也。正常情况下，君子食必有鱼，出必有车。可是在《明夷》卦中，君子远行，却三天吃不上饭，在此卦中，又是雨中"夬夬独行"，"夬夬"，果决貌。淋得像落汤鸡，仍然果决前行。为什么？一定是生存处于非正常状态。在《明夷》卦中，我们考证出"君子于行，三日不食"之君子，乃是纣王朝廷太师疵、少师彊。在比干被杀，箕子被囚后，怀抱礼器，投奔西周武王。那么，《夬》卦中之君子说的是否也是此事呢？答曰：否！因为太师疵，少师彊是两个人，故爻辞中说的是"君子于行"，而《夬》卦中明确说是"君子独行"，一个人。所以与《明夷》卦说的不是一回事。

那么，纣王时期，是否还有朝廷臣子独自投奔西周的案例呢？有！

《竹书纪年》："纣王四十七年，内史向挚出奔周。"清徐文靖笺："按《帝王世纪》曰：纣政弥乱，殷太史向挚载其图书而归西周。"《淮南子·氾论训》："太史令向艺先归文王，暮年而纣乃亡。向挚误为向艺，武王误为文王。"①

查《淮南子》确有此记载。原文曰：

"夫夏之将亡，太史令终古先奔于商，三年而桀乃亡。殷之将败也，太史令向艺先归于文王，暮年而纣乃亡。故圣人之见存亡之迹，成败之际也，非待鸣条之野，甲子之日也。"②

是把向挚（艺）当作能预见兴亡胜败之圣人看待的。既然《竹书纪年》《淮南子》这两部不同时期的文献典籍都有记载，当属信史。

确定了"夬夬独行"的君子身份，同时也就确定了此卦的时代背景——纣王末期。如此一来，看似扑朔迷离的卦爻辞也就变得清晰起来了。

卦辞：夬，扬于王庭。孚号有厉。告自邑，不利即戎。利有攸往。

"王庭"，自然指纣王之宫廷。关键在于"扬于王庭"是什么意思。

《说文》："扬，飞举也。"③

《礼记·乐记》："乐者非谓黄钟大吕，弦歌干扬也。"郑玄注："干扬，皆

---

① 徐文靖笺：《竹书纪年统笺》(《二十二子》本)，上海古籍出版社，1986，第1071页。
② 刘安撰，高诱注：《淮南子》(《二十二子》本)，上海古籍出版社，1986，第1266页。
③ 许慎：《说文解字》，中华书局，1963，第254页。

四十三、夬卦(乾下兑上)

舞者所执。"①

《周礼·春官宗伯》乐师条:"凡舞,有帗舞,有羽舞,有皇舞,有旄舞,有干舞,有人舞。"②

《诗经·大雅·公刘》:"弓矢斯张,干戈戚扬。"毛亨传:"戚,斧也;扬,钺也。"③

可见,干、扬均是兵器,执干、扬以舞,乃是武舞。有别于持羽、翚以舞之文舞。而舞,总是和黄钟、大吕、弦歌融为一体的。那么,"扬于王庭"就是纣王的宫殿里,尽情地歌舞享乐也。

《史记·殷本纪》:"帝纣好酒淫乐,嬖于妇人……于是使师涓作新淫声,北里之舞,靡靡之乐。……以酒为池,悬肉为林,使男女倮(裸)相逐其间,为长夜之饮。"④

这段话可作为"扬于王庭"最好的注解。

纣王这种奢靡享乐,必然导致政治的腐败,民生的凋敝。

《殷本纪》载:"厚赋税以实鹿台之钱,而盈钜桥之粟。益收狗马奇物充仞宫室。……百姓怨望而诸侯有畔者,于是纣乃重刑辟,有炮格(烙)之法。"

面对朝廷之危机,朝廷内的不少贤人君子,冒生命危险,进谏纣王:

"王子比干谏,弗听。商容贤者,百姓爱之,纣废之,及西伯伐饥国,灭之。纣之臣祖伊闻之而咎周,恐,奔告纣……,纣曰:'我不有命在天乎?'"比干再谏而被剖心。⑤

这些忠心之谏,即是"孚号有厉","孚"者,忠心也。"号"者,呼号进谏也。"有厉"商有灭亡之险也!

何谓"告自邑,不利即戎"?

武王九年,观兵盟津,是时诸侯不期而会盟津者八百诸侯。诸侯皆曰:

---

① 郑玄注,孔颖达正义:《礼记正义》(《十三经注疏》本),上海古籍出版社,1997,第1538页。
② 郑玄注,贾公彦疏:《周礼注疏》,上海古籍出版社,2010,第863页。
③ 毛亨传,郑玄笺,孔颖达正义:《毛诗正义》(《十三经注疏》本),上海古籍出版社,1997,第541页。
④ 司马迁:《史记》,中华书局,1962,第105页。
⑤ 司马迁:《史记》,中华书局,1962,第105页。

"纣可伐矣!"武王曰:"女(汝)未知天命,未可也。"乃还师归。①

此即"不利即戎"。"告自邑",《泰》卦上六:"城复于隍,勿用师。自邑告命。贞吝。""告自邑"就是"自邑告命",邑,都也。武王自都邑发布命令,现在不利于立即发动灭商之战。这大约是武王回到丰镐后发布过这样的命令。由于找不到文献依据,只好存疑。

"利有攸往",此时殷商即将灭亡,是谁都明白的事了。贤者已经到了该离开的时候了。再不离开,就为殷商殉葬了。

初九:壮于前趾。往,不胜为咎。

趾者,足也。足虽分左右,却无前后之分,大约指率先逃离而言。"壮于趾"者,走路强健有力。这是刚刚出发,脚力尚为强健有力。

"不胜为咎",由于是叛逃,倘若跑不快,被抓回来,那就惨了。正如《遁》卦初六所言:"遁尾。厉。"

九二:惕号。莫夜有戎。勿恤。

"惕"者,恐惧也。"号",呼也。一路上不断听到有人恐惧地呼喊,周军要进攻了!"莫",暮也。但最终是虚惊一场,周军撤了,无咎。这大约是在武王九年,第一次盟津之会后撤军之时发生的事。

九三:壮于頄。有凶。君子夬夬独行,遇雨若濡。有愠。无咎。

"頄",颧骨,代指脸。"壮于頄",大约是指一路冲风冒雨,行进艰难,脸都肿了,但仍无所退缩。"君子夬夬独行","夬夬",果决貌。尽管艰难,但意志坚定,绝不回头。冒雨急行,都淋成落汤鸡了。

"有愠。无咎"。愠,怒也。尽管对纣王无道充满愤怒,但总算逃出来了。没有危险了。

九四:臀无肤,其行次且。牵羊悔亡,闻言不信。

君子自商奔周,商都朝歌(今河南淇县境内)至周京丰镐(今陕西户县境内)直线距离一千多里,按当时道路交通,军队行进每日三十里,是为一舍,需四十天。以平日出行有车的高级贵族,徒步行走,即使风雨兼程,(遇雨若濡)没有二十天也走不到。加上吃饭都保障不了(君子于行,三日不食),狼

---

① 司马迁:《史记》,中华书局,1962,第120页。

狈憔悴之状可想而知。"肤"者,肉也。《噬嗑》六二"噬肤灭鼻"、《睽》卦六五"厥宗噬肤"可证。臀者,肉最厚的部位。"臀无肤",可见瘦成什么样子。次且,"赼趄"之通假字,走路一瘸一拐,非常艰难。

"牵羊悔亡,闻言不信"。此又是适度变形后的信息。此"羊"不是牛羊之羊,乃是神兽或怪兽。

《国语·周语上》惠王十五年,有神降于莘。王问内史过:"何故？固有之乎?"过对曰:"……是以或见神以凶,亦或以亡。……商之兴也,梼杌次于丕山,其亡也,夷羊在牧。"①

是把夷羊看作神兽。牧,商郊牧野。

《淮南子·本经训》:"夷羊在牧,蜚鸿遍野",高诱注:"夷羊,土神,殷之将亡,见于商郊牧野。"②

《竹书纪年》:纣王四十八年条:"夷羊见。"③

三书互证,可见此"羊"即是夷羊,而且"夷羊见",就发生在商纣末年之商郊牧野,无疑义。牵即羊也。

《左传》僖公三十三年,杜预注:"牵,谓牛,羊,豕。"孔颖达疏:"牛羊豕可牵行,故云牵谓牛羊豕也。"④

按当时的说法,夷羊的出现,是殷之将亡的征兆,故君子认为,自己弃商奔周,这一步走对了,悔亡!

"闻言不信",也是由于夷羊的出现,各种流言蜚语都出来了,多不可信者也。

李镜池说:"牵羊是做买卖,亏了本。"⑤但从本卦看不到经商的内容,故吾不取。

九五:苋陆。夬夬中行,无咎。

---

① 左丘明:《国语》,上海古籍出版社,1988,第30页。
② 刘安撰,高诱注:《淮南子》(《二十二子》本),上海古籍出版社,1986,第1238页。
③ 徐文靖笺:《竹书纪年统笺》(《二十二子》本),上海古籍出版社,1986,第1071页。
④ 杜预注,孔颖达正义:《春秋左传正义》(《十三经注疏》本),上海古籍出版社,1997,第1833页。
⑤ 李镜池:《周易通义》,中华书局,1981,第86页。

古汉语没有标点符号,故此句话有三种读法,一为苋陆夬夬,中行无咎。二为苋陆夬夬中行,无咎。再就是我的标点法。不同的句读,解释自然也不同。

《周易正义》王弼注:"苋陆,草之柔脆者也。决之至易,故曰夬夬也。夬之为义,以刚决柔,以君子除小人者也。"

与君子背商奔周内容无关。李镜池取闻一多说,训"苋"为细角山羊,在路中央一跳一跳地行进。[1] 但有改字解经之疑,故我不取。

《辞源》:"苋陆,草名,即商陆。"引荀爽曰:"苋者,叶柔而根坚且赤。"[2]

这句话应理解为,路中央长满了苋陆草,说明道路荒凉,行人很少。君子仍然果决前行。无咎。

上六:无号。终有凶。

在卦辞中,我把"孚号有厉"解为朝廷中的贤者,为拯救殷商王朝,纷纷大声呼唤,进谏纣王改弦更张,再继续荒淫无度,商有灭亡之险。但纣王不听,反杀比干、囚箕子,微子遁隐,太师少师奔周。朝廷中再没有人敢说话了,万马齐喑,此即"无号"也。纣王耳边清静了,商朝灭亡也就不远了。"终有凶"也。

此卦与《履》卦、《明夷》卦可以互相补充,深刻反映了纣王末期殷商朝廷的政治生态。不同之处在于,《履》《明夷》泛写各色各样的君子贤人的不同表现,而《夬》卦集中描述了其中最早背殷奔周之君子,内史向挚奔周途中的遭际,与前两卦形成详略互补之关系。

---

[1] 李镜池:《周易通义》,中华书局,1981,第87页。
[2] 《词源》,商务印书馆,1980,第2659页。

四十四、姤卦（巽下乾上）

上九：姤其角。吝。无咎。
九五：以杞包瓜，含章。有陨自天。
九四：包无鱼。起凶。
九三：臀无肤，其行次且。厉，无大咎。
九二：包有鱼。无咎。不利宾。
初六：系于金柅。贞吉。有攸往。见凶。羸豕孚蹢躅。
姤：女壮，勿用取女。

《说文》："姤，偶也。"①

匹偶，婚姻的双方互为匹偶。男，阳也，女，阴也。阳为刚，阴为柔。所以，女以温柔和顺为美。女壮，不仅仅是指相貌五大三粗，更指脾气性格倔强、强横，如现在所说之女汉子、女强人，不符合那时做妻子的标准，故这样的女人不要娶。

从卦名到卦辞，可知，此卦乃是婚姻卦。主题既明，爻辞之内容，就容易破解了。

初六：系于金柅。贞吉。有攸往，见凶。羸豕孚蹢躅。

《尔雅·释诂》："尼，止也。"②

"柅"乃"尼"之派生字，也有止义。

《周易本义》王注："柅，制动之主。"孔疏："柅者，在车之下，所以止轮令

---

① 许慎：《说文解字》，中华书局，1962，第265页。
② 郭璞注，邢昺疏：《尔雅注疏》，上海古籍出版社，2010，第59页。

不动者也。"①

程颐也认同此解：

"柅，止车之物，金为之，坚强之至也。止之以金柅，而又系之，止之固也。"②

屈原《离骚》："朝发轫于苍梧兮，夕余至乎县圃。"洪兴祖补注："轫，止车之木。"③

柅即轫也。其实这句话的意思就是把车停稳了。孔颖达、程颐的解释美中不足在于，没有讲清"止"的是什么车。只要明确此卦为婚姻卦，那么，此车必然是婚车。婚姻六礼，最后一步是亲迎。亲迎必须用车。《贲》卦：初九"贲其趾，舍车而徒"。平民小户人家迎亲尚且用车。《睽》卦：上九"睽孤，载鬼一车。……匪寇。婚媾。"底层百姓抢婚也用车，更何况贵族婚姻。

《诗经·召南·鹊巢》："维鹊有巢，维鸠居之。之子于归，百两御之。"郑玄注："百两，百乘也。……御，迎也。"④

可见，上至诸侯（天子不亲迎），下至平民百姓，娶妻都要亲迎，而亲迎则必有车。

《仪礼·士昏礼》："婿乘其车，先俟于门外。"贾公彦疏："俟，候也。门外，婿家大门外。"⑤

士族娶亲，婿车在前引导，妇车在后随之。至婿家门外，婿车先停，下车等待妇车到来，停稳后，主人（婿）揖妇以入。此之谓"系于金柅"也。结婚是大喜事，自然贞吉。在婚礼的日子，新郎及其家人自然都不能外出，那要耽误事的。

"羸豕孚蹢躅。"

无论传统经学还是现代学者，几乎都把这句话解读为"母猪发情，躁

---

① 王弼、韩康伯注，孔颖达正义：《周易正义》，中国致公出版社，2009，第182页。
② 程颐：《周易程氏传》，中华书局，2011，第252页。
③ 洪兴祖：《楚辞补注》，中华书局，1983，第26页。
④ 毛亨传，郑玄笺，孔颖达正义：《毛诗正义》（《十三经注疏》本），上海古籍出版社，1997，第283页。
⑤ 郑玄注，贾公彦疏：《仪礼注疏》（《十三经注疏》本），上海古籍出版社，1997，第966页。

动"。但一明白了这是亲迎,新妇都到了家门口了,用这样的比喻大约不合适,这样的女人是绝不能娶的!

《仪礼·士昏礼》:"期初婚,陈三鼎于寝门外。……其实特豚合升,去蹄。举肺,脊二,祭肺二。鱼十有四,腊一。肫髀不升。皆饪。"郑玄注:"期,取妻之日,鼎三者,升豚,鱼,腊也。寝,婿之室也。"①

用现代汉语表述,即:到了娶亲那天,在洞房门外列三鼎,分别用来烹制去蹄之小猪,十四条鱼和腊制的兔。"特豚",小猪,"升",举入鼎内。"饪",煮熟。为什么用肺?周之民俗,认为肺是气的象征。为什么用脊?取其正。肫,"纯"之通假字,取其体全色纯。为什么髀不能入鼎?因其接近排泄孔窍,不干净。

明白了这些仪礼的细节,就知道"羸豕孚蹢躅"是怎么回事了。"羸",缠绕,捆绑。《大壮》卦:九三"羝羊触藩,羸其角"、九四"藩决不羸"可证。"蹢躅",来回走动。猪走动,要用猪蹄。可按仪礼,特豚要去蹄。因为蹄子不干净,不能入鼎。故把猪蹄切下来,用绳子绑好,放在一边,以示特豚已去蹄,是干净的,可以入鼎了。

或许有人会问?怎么这么绕啊,直接说明白了多好。可人人都明白,掌三易者饭碗就砸了,必须有神秘感。外人越不明白,就越觉得神秘,掌三易者地位就更重要。

九二:包有鱼。无咎。不利宾。

"包","庖"之通假字,厨房。鱼,是仪礼规定用的祭品之一,必须有,按闻一多的说法,取其多子多福。但客人吃起来太麻烦,刺多。稍不小心,就卡嗓子,不如猪、兔吃着痛快。故"不利宾"。

九三:臀无肤,其行次且。厉,无大咎。

《夬》卦九四"臀无肤,其行次且"。"肤",肉也。是讲君子远行,饥饿劳碌,而瘦弱不堪。次且,"趑趄"之通假字,走路也一瘸一拐。但在《姤》卦的语境下,指的是新娘子。卦辞中"女壮,勿用取女"。可见,这位新娘子不但不壮,还有点偏瘦,一副弱不禁风、弱不胜衣的模样,走起路来,也是欲进又止。终究

---

① 郑玄注,贾公彦疏:《仪礼注疏》(《十三经注疏》本),上海古籍出版社,1997,第963页。

是新娘子,还有些怯怯不安。没关系,慢慢就熟悉了。厉,无大咎,就是虽厉亦无大咎。新娘子走错路、说错话、办错事都有可能,是厉。但最终问题不大。

九四:包无鱼,起凶。

厨房有鱼,客人吃着麻烦。但倘若没有鱼,就糟糕了。因为鱼是吉祥物,象征多子多福啊!

九五:以杞包瓜,含章。有陨自天。

此爻又是众说纷纭,有如隔墙猜物,往往八竿子打不着。

先说"杞"。

《诗经·唐风·绸缪》:"绸缪束薪,三星在天。今夕何夕?见此良人。……绸缪束刍,三星在隅。……绸缪束楚,三星在户。"[1]

《绸缪》是写新婚之夜,新人的喜悦之情的。束薪是婚礼上必备的吉祥物。

《周南·汉广》:"翘翘错薪,言刈其楚。之子于归,言秣其马。翘翘错薪,言刈其蒌。之子于归,言秣其驹。"[2]

刈楚(荆条),刈蒌(蒿),都可以捆成束薪。

《豳风·东山》:"鹳鸣于垤,妇叹于室。洒扫穹窒,我征聿至。有敦瓜苦,烝在栗薪。自我不见,于今三年。"[3]

这是栗木可以为薪。那么,此处之"以杞",就是用杞木捆成束薪,用作婚姻上的吉祥物。束,取其约束,修身之谓也。

"包、瓜"二物。"包",匏也,葫芦。将葫芦一剖为二,挖去瓤,做成瓢,夫妇各执一瓢饮酒,象征从此共牢而食,此之谓合卺。后来演变成喝交杯酒。谓从此夫妇成为一体。"瓜",取其苦。

《东山》:"有敦瓜苦,烝在栗薪。"毛亨传:"言我心苦,事又苦也。"

实际上是象征从此夫妇甘苦与共之义。

---

[1] 毛亨传,郑玄笺,孔颖达正义:《毛诗正义》(《十三经注疏》本),上海古籍出版社,1997,第364页。

[2] 毛亨传,郑玄笺,孔颖达正义:《毛诗正义》(《十三经注疏》本),上海古籍出版社,1997,第281页。

[3] 毛亨传,郑玄笺,孔颖达正义:《毛诗正义》(《十三经注疏》本),上海古籍出版社,1997,第396页。

"含章",是说瓜虽然苦,但瓜皮上的花纹却很漂亮,很喜庆。

"有陨自天",自天而陨的是陨石。婚礼都是晚上,陨石在晚上就是流星。但这句话绝不是举办婚礼时,看到流星这么简单。而是赞者(司仪)祝福之语。祝福什么?自然是祝福早生贵子。

《史记·夏本纪》:"禹之父曰鲧。"张守节正义:"《帝王纪》云:父鲧妻修己,见流星贯昴,梦接意感,……而生禹。"①

这是赞者,看到杞木和流星,而联想到的吉祥话。周有天下,封禹之后裔于杞为诸侯。

《史记·周本纪》:"武王追思先圣王,乃襃封神农之后于焦,黄帝之后于祝,帝尧之后于蓟,帝舜之后于陈,大禹之后于杞。"②

杞,即是大禹之后。从杞联想到夏,从流星联想到夏禹就是其母见"流星贯昴"而生圣王。所以祝福新娘子也将生出贵子。

上九:姤其角。吝,无咎。

何谓角?一种酒器。

《礼记·礼器篇》:"宗庙之祭,贵者献以爵,贱者献以散。尊者举觯,卑者举角。"郑玄注:"爵,一升曰爵;二升曰觚;三升曰觯;四升曰角;五升曰散。"③

婚礼最后的仪式是卒爵,即把酒喝干。尊者用爵,一升。卑者用角,四升。婚礼圆满结束。此之谓"姤其角"。"吝",喝得有点过,昏昏欲醉,但问题不大。"无咎。"

关于卒爵仪式:

《仪礼·士昏礼》:"卒爵,皆拜,赞(司仪)答拜受爵。皆答拜。坐祭卒爵拜,皆答拜,兴。"④

"卒爵",指尊者说,卑者则是"卒角"。"兴",站起来,婚礼结束。

---

① 司马迁:《史记》,中华书局,1962,第49页。
② 司马迁:《史记》,中华书局,1962,第127页。
③ 郑玄注,孔颖达正义:《礼记正义》(《十三经注疏》本),上海古籍出版社,1997,第1433页。
④ 郑玄注,贾公彦疏:《仪礼注疏》(《十三经注疏》本),上海古籍出版社,1997,第967页。

四十五、萃卦（坤下兑上）
四十六、升卦（巽下坤上）

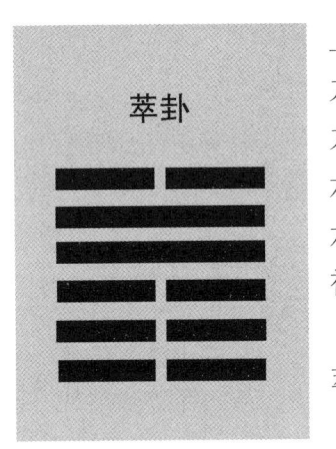

萃卦

上六：赍咨涕洟。无咎。
九五：萃有位。无咎。匪孚。元永贞。悔亡。
九四：大吉。无咎。
六三：萃如嗟如。无攸利。往，无咎。小吝。
六二：引吉。无咎。孚乃利用禴。
初六：有孚不终。乃乱乃萃。若号。一握为笑。勿恤。往，无咎。
萃：亨。王假有庙。利见大人。亨。利贞。用大牲吉。利有攸往。

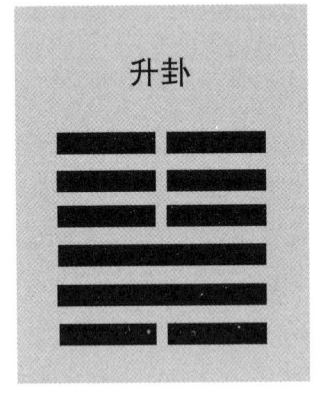

升卦

上六：冥升。利于不息之贞。
六五：贞吉。升阶。
六四：王用亨于岐山。吉。无咎。
九三：升虚邑。
九二：孚乃利用禴。无咎。
初六：允升。大吉。
升：元亨。用见大人。勿恤。南征吉。

这是一对组卦，共同记述了武王南征的历史事件。

关于武王南征，《明夷》卦九三曾有提示："明夷。于南狩，得其大首。不可疾贞。"孔颖达《周易正义》:"'狩'者,征伐之类。'大首'谓闇君。'不可疾贞'者,既诛其主,将正其民,民迷日久,不可卒正,将化之以渐,故曰不可疾贞。"

我们通过对《明夷》的讨论,认为此闇君便是纣王,得其大首,便是武王灭商,纣王自焚,武王用大钺斩掉纣王之头。那么,"明夷于南狩",便是伐纣之前的一次军事行动:南征。《坤》卦、《蹇》卦的卦辞都强调,"西南得朋,东北丧朋。利西南,不利东北"。所以,西周征伐,多为对东北方向,伐戎,伐密,伐崇,非北即东。而南征则仅此一次。但《明夷》卦并未详细记载征伐的原因及过程。《诗经》《史记》也没有关于此次南征的记录,那么《萃》《升》两卦则填补了史籍的缺如,因而有非常珍贵的历史价值。

《萃》卦与《升》卦的联结点在第二爻。《萃》,六二:"引吉,无咎。孚乃利用禴。"《升》,九二:"孚乃利用禴。无咎。"在同一位置,出现同样的贞事辞和贞兆辞,说明它们贞筮的是同一件事,即《升》卦辞所说的:"南征吉"。不同的是,《萃》卦记述的重点在出征,《升》卦记述的重点在凯旋。

《萃》卦的卦辞:萃,亨。王假有庙。利见大人。亨。利贞。用大牲吉。利有攸往。

《说文》:"萃,艹貌。"朱骏声《通训定声》训为"艹聚貌"。①

意思是说就像草丛聚在一起

《周易正义》王弼注:"萃,聚也。聚集之义也。"②

直接把"萃"解读为聚,聚什么?聚民为兵。"王假有庙",乃出征前的告庙仪式。《周易》中凡讲"王假有庙",都与出征有关。《涣》卦卦辞:"涣,亨。王假有庙,利涉大川"。讲的是文王伐崇前的告庙仪式。因为"天子将出征,类于上帝,宜乎社,造乎祢,祃于所征之地,受成于学"。

《周礼·春官宗伯》甸祝条:"舍奠于祖庙,祢亦如之。"郑玄注:"郑司农云:祢,父庙。"③

那么本卦讲的是武王南征前的告庙仪式当可无疑。

---

① 许慎著,芳园主编:《说文解字详解》,天津人民出版社,2015,第24页。
② 王弼、韩康伯注,孔颖达正义:《周易正义》,中国致公出版社,2009,第184页。
③ 郑玄注,贾公彦疏:《周礼注疏》,上海古籍出版社,2010,第989页。

"利见大人",《升》卦卦辞也有"用见大人",这是两卦又一联结点,"大人"当然指告庙之武王。为什么不会是文王呢?因为文王迁丰后,第二年就去世了,而且这一年间还发生了一次突发战争,就是《随》卦与《离》卦所讲的与有嘉的战争。所以,一年之内发生两次战争的概率非常小。故此次战争的主导者,只能是武王。

"用大牲吉"。大牲,指牛牲。告庙是大祭,用太牢。文王武王伐纣之前已经礼拟天子,故告庙用太牢,此即"用大牲吉"也。

"利有攸往"。自然指的是南征有利。

初六:有孚不终,乃乱乃萃。若号。一握为笑。勿恤。往,无咎。

"有孚不终",乃是南征之起因。此南部之方国,虽未明国名,但一定是西周友邦之一。是为"有孚"。在武王伐纣之前,可能被发现有背叛行为,是"不终"。为清除后顾之忧,才发动这次南征行动。联系到《比》卦六三"比之匪人",说明武王此次南征确实是事出有因。(见《比》卦解读)

"乃乱乃萃。若号。"

《说文》:"乱,治也。"①

武王《泰誓》:"予有乱臣十人,同心同德。"孔安国传:"我治理之臣虽少,而心德同。"②

可见,"乱"即是治理,即一边治理,一边聚集。既知此聚乃是聚兵,而当时兵农合一,平时务农,战时入伍。所以,把这些本来就是农夫的人招集起来,必须经过训练、整顿才能作战,此即"乃乱乃萃"。一边整顿训练,一边聚集队伍。何为"若号"?

《说文》:"号,呼也。"③

"若",你们。命令这些受训练的士卒大声呼喊,以提振士气。直至现在,军训时大声呼喊也是必不可少的程序。

"一握为笑"。不少版本解释多不知所云。

张政烺《马王堆帛书本周易经传校读》:此句为"若其号,一屋于笑"。

---

① 许慎:《说文解字》,中华书局,1963,第308页。
② 孔安国传,孔颖达正义:《尚书正义》,上海古籍出版社,2007,第411页。
③ 许慎:《说文解字》,中华书局,1963,第101页。

张政烺补充解释:《释文》"郑(玄)云:握当读为夫三为屋之屋。于当训为。"①

这样就比较明白了。

《礼记·王制》:"天子将出征"条"受成于学",孔颖达疏:"谓在学谋论兵事好恶可否,其谋成定。受此成定之谋,在此学里。故云受成于学。"②

"学",指学宫,即"屋"。在宗庙、社稷,要严肃、庄重。但在学宫,谋定之后,精神状态放松了。"一屋为笑。勿恤。往,无咎。"没有什么可担忧的了,这次南征一定能大获全胜。

《诗经·大雅·思齐》:"雝雝在宫,肃肃在庙。"毛亨传:"雝雝,和也。"③

郑玄把"宫"解释为辟雍即学宫,虽不准确,但也说明在学宫气氛是和乐的。外堂内室为宫,宫即"屋"也。

六二:引吉。无咎。孚乃利用禴。

引者,长也。引吉,此一战,关乎西周长远利益。禴,在商为春祭,在周为夏祭。此是周之夏祭。因春天不宜发动战争(见《礼记·月令》)。凡四时之祭,均非大祭,乃薄祭。关键不在祭品丰厚,而在于诚信。

六三:萃如,嗟如。无攸利。往,无咎。小吝。

这是出征途中的一次集合,不令统帅满意,发怒、训斥;这样的速度或士气,不利于战斗。看来军队有些师老兵疲。但继续前进,没大害,只是小不如意而已。

九四:大吉。无咎。

没贞事辞,承上爻。接敌之后,大获全胜,原来的担心都不存在了。

九五:萃有位。无咎。匪孚。元永贞。悔亡。

此次聚兵南征,取得了彻底胜利,使西周的战略地位又获得提升,是为"萃有位"。

---

① 张政烺:《马王堆帛书周易经传校读》,中华书局,2008,第83页。
② 郑玄注,孔颖达正义:《礼记正义》(《十三经注疏》本),上海古籍出版社,1997,第1333页。
③ 毛亨传,郑玄笺,孔颖达正义:《毛诗正义》(《十三经注疏》本),上海古籍出版社,1997,第517页。

"匪孚"者,即初六之"有孚不终",也是这次南征的原因。对于西周长远战略是有深远意义的。此之谓"元永贞"。"元",大也;"永",长也。

上六:赍咨涕洟。无咎。

"赍咨",慨叹。"涕洟",痛哭流涕。

这是胜利之后复杂情感的真实流露。《中孚》六三:"得敌。或鼓或罢。或泣或歌。"意思与此相近。

《诗经·小雅·采薇》写战士战场归来:

"昔我往矣,杨柳依依。今我来思,雨雪霏霏。行道迟迟,载渴载饥。我心伤悲,莫知我哀。"[1]

只有亲身上过战场,九死一生的人,才知道胜利之艰辛。

《萃》卦讲清楚了,《升》卦就更容易弄明白了。

先看卦辞:元亨。用见大人。勿恤。南征吉。

除去没有"王假有庙,用大牲吉",但"大人"即是王,"用大牲"即是祭宗庙。基本上与《萃》卦辞相同,只是把"利有攸往",直接表述为"南征吉"。所以两卦卦辞是互为补充的关系。

初六:允升。大吉。

《说文》:"允,信也。"[2]

允升即是说此次南征,确确实实提升了西周的国力。也即《萃》卦九五所说之"萃有位"。

九二:孚乃利用禴。无咎。

与《萃》卦六二同,不赘。

九三:升虚邑。

《说文》:"虚,大丘也。昆仑丘谓之昆仑虚。古者九夫为井,四井为邑,四邑为丘。丘谓之虚。"[3]

---

[1] 毛亨传,郑玄笺,孔颖达正义:《毛诗正义》(《十三经注疏》本),上海古籍出版社,1997,第414页。
[2] 许慎:《说文解字》,中华书局,1963,第176页。
[3] 许慎:《说文解字》,中华书局,1963,第169页。

"虚"即"墟"之本字。九夫者,九位成年男子,即每一夫代表一个家庭。九家共用一井,三十六家可成一邑,一百四十四家可共一丘。当然,这只是制度设计,实际情况可能千差万别,但商周时代城邑建于丘墟之上则是无疑的。《涣》卦六四"涣有丘",九五"涣王居",说明西周新都丰邑也是建在丘墟之上。那么,此爻"升虚邑",是攻占了敌方都城。升,登上。《同人》卦,九三"伏戎于莽,升其高陵",即此升字。

六四:王用亨于岐山。吉。无咎。

《随》卦上六:"拘系之,乃从维之。王用亨于西山。"是说文王战胜有嘉,俘获其国君后,到西山祭享上帝。西山,即岐山。那么此爻则是武王南征,攻取了敌方国都,也到岐山祭享上帝,其义一也。登岐山,自然也是升。

六五:贞吉。升阶。

"升阶",双关语。既指武王登岐山,沿着阶梯攀登,又喻示西周国力又一次得到实质性提升。

上六:冥升。利于不息之贞。

冥有二义:夜也,暗也。从"不息之贞"看,应为第一义:昼夜不停。就是说西周的国力蒸蒸日上!也即《萃》卦六二之"引吉"也,长远的吉兆!

四十七、困卦(坎下兑上)

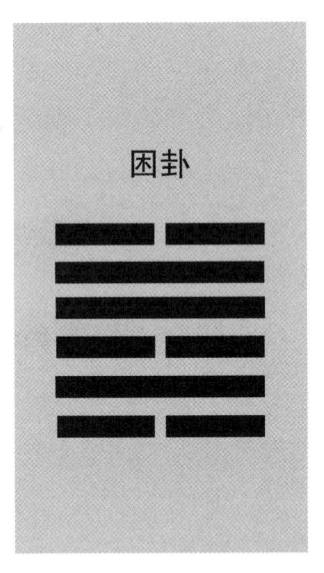

困卦

上六：困于葛藟。于臲卼。曰动悔有悔。征吉。
九五：劓刖。困于赤绂。乃徐有说。利用祭祀。
九四：来徐徐。困于金车。吝。有终。
六三：困于石,据于蒺藜。入于其宫,不见其妻。凶。
九二：困于酒食。朱绂方来。利用享祀。征凶。无咎。
初六：臀困于株木,入于幽谷,三岁不觌。
困：亨。贞大人吉。无咎。有言不信。

先看卦象。坎为水,兑为泽,水在泽下。

故《象传》云："泽无水,困。"①

试想湖泊中的水都渗漏光了,无论是水中之鱼,还是水上之舟,都陷入困境,太形象了。

再看字义。

《说文》："困,故庐也。从木在口中。"②

意思是房子破败了,四围墙内,只剩梁柱了,表示主人已陷入困境。

卦辞：亨。贞大人吉。无咎。有言不信。

"大人"者,高级贵族。从爻辞可知,陷入困境的不是一两位高级贵族,

---

① 王弼、韩康伯注,孔颖达正义:《周易正义》,中国致公出版社,2009,第190页。
② 许慎:《说文解字》,中华书局,1963,第129页。

四十七、困卦(坎下兑上)

而是普遍现象,故此乃王朝末日景象,指的是纣王时期的殷商朝廷当无疑义。大人陷入困境,而为什么兆辞却是"亨,吉,无咎"? 吉与不吉,并不在于卦名,而在于如何应对。应对有方,凶可变吉,应对错误,吉可变凶。如《屯》卦本为艰难之义,而兆辞却是"元亨利贞"。《坎》卦,本为险义,而兆辞却是"有孚。维心,亨"。大人处困,自有其应对之道。《乾》卦《文言传》曾这样定义"大人":

"大人者,与天地合其德,与日月合其明,与四时合其序,与鬼神合其吉凶。先天而天弗违,后天而奉天时。"[1]

故《周易》中之大人都是能洞察世事,该进则进,当退则退之智者,故虽处困,而不失其道。

孔子曰:"君子固穷,小人穷斯滥矣。"[2]

穷即困也。大人君子,处困而不失其节,故仍可"亨,吉,无咎"。

"有言不信"。"言"者为谁? 纣王朝廷中的大人君子也。据《尚书·商书·西伯戡黎》及《微子》,先后向纣王进谏的就有祖伊、微子、比干、箕子等高级贵族。"不信"者,不申也,即忠谏之言没有被采纳。不听忠谏者为谁? 纣王也。对于这些进谏,纣王一律拒不接受(《尚书·商书·西伯戡黎》)。[3] 面对王朝末日,大人虽有建言,然则已经失去纣王之信任,自然也就失去了对政治的影响力。

《论语·泰伯》子曰:"天下有道则见,无道则隐。"[4]

既然已不被信任,当然就到了独善其身的时候了。

初六:臀困于株木,入于幽谷,三岁不觌。

李镜池、周振甫都把"臀困于株木"解释为屁股被打棍子,把"入于幽

---

[1] 王弼、韩康伯注,孔颖达正义:《周易正义》,中国致公出版社,2009,第29页。
[2] 何晏注,邢昺疏:《论语注疏》(《十三经注疏》本),上海古籍出版社,1997,第2516页。
[3] 孔安国传,孔颖达正义:《尚书正义》,上海古籍出版社,2007,第381-384页。
[4] 何晏注,邢昺疏:《论语注疏》(《十三经注疏》本),上海古籍出版社,1997,第2487页。

谷"解释为关进监狱,"三岁不觌"解释为三年不放出来,不见天日。① 字面上似乎讲得通。但可商榷。

《说文》:"株,木根也。"②

注意,株木不是棍子,而是树根。但不是埋在地下的树根,而是露出地面的树根。

《说文解字详解》:"根,木株也。"张舜徽注:"株字古读兜。……伐木之余称为树兜。"③

那么,"臀困于株木",应该是坐在伐过的树墩子上。比前面露出地面的树根更贴切。

那么露出地面的树根或者伐过的树墩,当然没办法用来打屁股,但却可以坐在上面歇息。自然没有坐床和席子舒服(上古没有沙发、椅子),此即为"臀困于株木"。那么"入于幽谷"也不是坐牢,而是隐居。《履》卦九二:"履道坦坦,幽人贞吉。""幽人",即隐居之人。"幽谷"即隐居之所。"三岁不觌"也不是不见天日,而是耐得住寂寞,不与红尘世界来往。陶渊明所谓:"结庐在人境,而无车马喧","穷巷隔深辙,颇回故人车"之谓也。那么,这位隐居起来的大人必然是微子。

九二:困于酒食。朱绂方来。利用享祀。征凶。无咎。

此爻关键在于何为"朱绂"?

《说文》:"袚,蛮夷衣。"④

袚、绂通假。

《周易正义》王弼注:"朱绂,南方之物也。"⑤

蛮夷,古代称南方民族。方者,方国也。那么,困于酒食就有了着落。由于南方蛮夷之国的使臣来聘,本爻之主出面接待,酒食宴享是应有之义。

---

① 李镜池:《周易通义》,中华书局,1981,第 93 页;周振甫:《周易译注》,中华书局,1991,第 164 页。
② 许慎:《说文解字》,中华书局,1963,第 118 页。
③ 许慎著,芳园主编:《说文解字详解》,天津人民出版社,2015,第 152 页。
④ 许慎:《说文解字》,北京:中华书局,1963,第 173 页。
⑤ 王弼、韩康伯注,孔颖达正义:《周易正义》,中国致公出版社,2009,第 191 页。

所以后面的利用享祀也有了着落。"享祀"由于是接待来使,除去客人向主人敬献礼物,接受宴享之外,还有观礼活动,自然是观祭礼了。故不宜远行,是谓"征凶"。不远行则没有问题,是谓"无咎"。

那么,接待南方蛮国使臣何以是困呢?从卦辞可知,卦主为大人,乃国家之重臣,天子之股肱,而在这危亡已在旦夕之时,却只负责接待蛮国使臣,明显是边缘化了。按当时的规定,接待使者是大小行人的职责,地位只是中大夫和下大夫。"大人"在酒席间消磨时日,无法施展治国理想抱负,自然是困境。

六三:困于石,据于蒺藜。入于其宫,不见其妻。凶。

何谓"困于石"?

《周礼·秋官司寇》:"以嘉石平罢民。"郑玄注:"嘉石,文石也。树之外朝门左。平,成也,成之使善。"[1]

对于犯罪较轻的大人君子,强制他坐在朝门外的嘉石上,名义上是使其思过,实际上是示众、羞辱。

何谓"据于蒺藜"?

《周礼·秋官司寇》:"以圜土聚教罢民。凡害人者,置之圜土而施之职事焉,以明刑耻之。"郑玄注:"圜土,狱城也。"[2]

"据于蒺藜"即代指坐监狱。监狱之外设置蒺藜为隔离带,如同现在监狱围墙上设置铁丝网一样,防止囚犯逃跑。这是比"困于石"更严重的惩罚和更大的羞辱。不要认为"大人"乃高级贵族,"刑不上大夫",箕子绝对是高级贵族,即使佯狂,也没有逃脱被囚禁的命运。直到武王灭商后才被释放出来。

"入其宫,不见其妻。凶。"

找不到文献资料,不知哪一位大人君子,但很可能就是箕子。被武王从圜土放出来后,回到家里,妻子却不知去向。有妻子才算有家。现在妻子不见了,家也就算散了。凶。

九四:来徐徐。困于金车。吝。有终。

---

[1] 郑玄注,贾公彦疏:《周礼注疏》,上海古籍出版社,2010,第1323页。
[2] 郑玄注,贾公彦疏:《周礼注疏》,上海古籍出版社,2010,第1321页。

此爻上承九二"朱绂方来"。"徐徐",犹迟迟也。由于负责接待蛮夷方国使臣,而使臣所乘装饰豪华的马车又迟迟不来,耽误了不少时间,以为出了什么意外,还好最终还是到了。

九五:劓刖。困于赤绂,乃徐有说。利用祭祀。

上六:困于葛藟,于臲卼。曰动悔有悔。征吉。

何以把此二爻放在一起解读?原因在于"劓刖"和"臲卼"二词。

劓为割鼻,刖为斩足,均是五刑之一。但与后面"困于赤绂,乃徐有说"没有联系,所以各种版本异说纷纭。查马王堆帛书本,二词均作"贰掾",说明二词原来本是一词。

张政烺在《六十四卦校勘记》中说:"贰掾,汉石经作劓刵,王弼本作臲卼。按贰掾,劓刵,臲卼,音近通假。……亦语音相近似之联绵字,皆不安之义。"[①]

这样意思就明白了。"劓刖"就是"臲卼",时局动荡不安,而这些大人君子,有的"困于葛藟"(与"困于蒺藜"同义,葛藟也是带刺的蔓草,代指圜土,即牢狱),有的困于"赤绂"即"朱绂",有的困于"金车"。而且"动悔有悔",即动辄得咎,只有远离朝廷,才能摆脱这种尴尬局面。

《困》卦记述了殷商末年不满纣王所作所为的一批高级贵族处困的种种方式:一种隐遁山林,甘愿与世隔绝,以求内心清净,如微子;更有甚者,被囚禁在牢狱里,遭受困辱,如箕子。微子被周公依成王之命封于宋,爵为上公;箕子则接受武王咨询,作《洪范》,在中国文化史上有着重要影响。他们绝对称得上"大人"。唯隐于庙堂,接待"朱绂方"的大人君子,由于文献不足,无法考证是谁了。

附带说一下《象传》:"险以悦,困而不失其所,其惟君子乎!"

何为"险以悦"?本卦下卦为坎,坎者险也。上卦为兑,兑者悦也。遇到困境和险境,不是畏惧,不是愁苦,而是表现出面对人生挑战时的兴奋和昂扬的斗志!绝不因处困而失去原则和节操。这就拓展了本卦卦辞爻辞之本义,使之更具普遍意义。

---

① 张政烺:《马王堆帛书周易经传校读》,中华书局,2008,第84页。

四十八、井卦（巽下坎上）

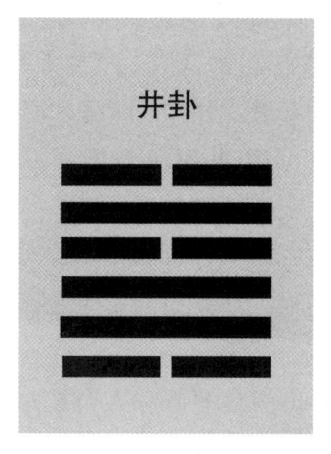

上六：井收勿幕。有孚。元吉。
九五：井洌寒泉，食。
六四：井甃。无咎。
九三：井渫不食，为我心恻。可用汲。王明。并受其福。
九二：井谷射鲋。瓮敝漏。
初六：井泥不食。旧井无禽。
井：改邑不改井，无丧无得。往来井井。汔至，亦未繘井，羸其瓶。凶。

井的出现，是人类进步的重要标志，使人类减弱了对地表水的依赖，在远离江河湖泊的地方也可以生活，并从事农业生产活动了。这不仅扩大了人类生活的地域范围，而且还改变了人们的生产生活方式。

一是井田制的出现，使农夫有了与之相配套的组织形式。

《周礼·地官司徒》："乃经土地而井牧其田野，九夫为井，四井为邑，四邑为丘，四丘为甸，四甸为县，四县为都。以任地事而令贡赋，凡税敛之事。"郑玄注："九夫为井者，方一里，九夫所治之田也。此制小司徒经之，匠人为之沟洫，相包乃成尔。邑丘之属连比，以出田税，沟洫为除水害。"[1]

九夫与八家，说法有出入，只能说是当初一种制度设计，实际情况可能不尽统一，但大体上不会有太大差别。"井"既然对人类生存和社会制度如此重要，六十四卦中有井一席之地，该是理所当然的了。

---

[1] 郑玄注，贾公彦疏：《周礼注疏》，上海古籍出版社，2010，第390页。

殷周之际，限于劳动效率之低下，下层百姓还是以住窑洞或半地穴式建筑为主，建造比较容易，但一旦遇到大雨、泥石流，也易于坍塌，故改变住地应该是常见现象。即使现在，在黄土高原旅游，也常常能看到废弃的窑洞。此即"改邑"。

但打井却困难得多。打井在那时，尤其是黄土高原，应属高科技。首先选址，必须在水脉上，且水量必须足以保障八家（或九家）吃水和灌溉用水。二是必须克服水对井壁的浸泡，使之有足够的寿命，才能使收益大于成本。这就要不断修治水井，比如本卦九三所说的"渫"，即淘井；六四所谓"井甃"，即用砖石砌井壁；上六"井收"，即收小井口，使之能加盖（幂），都不是容易的事。故，住的村落废弃了，可以换个地方再建，井即使淤塞，井水浑浊了也不轻易放弃，要不断疏浚、修治，此即所谓"改邑不改井"。当然，"改邑不改井"，还有更重要的原因，即在井田制下，井、田一体，而当时土地国有，故窑洞可以换个山坡重挖，土房可以找个平地重建，而井田却是无法轻易改变的。

我在"文革"中曾带学生去山区农村劳动，仍然是灌溉和人畜饮水共用一井。村民还跟我讲述当初打井的艰难，非山区的人难以想象！因挖井被落石砸死砸伤是常事，故轻易不会舍弃。

"无丧无得"，是针对不改井说的。改邑，舍弃旧邑，建造新邑，应为有丧有得。不舍弃旧井，才是"无丧"，又未挖新井，是谓"无得"。王弼、孔颖达在《周易正义》中解为"此明井用有常德，终日引汲，未尝言损。终日泉注，未尝言益，故曰无丧无得也"。也说得通。李镜池认为："邑主治理不好，不得人心，被调到另一个邑去，两个邑井田数目没有变，故对邑主来说是无丧无得。"[①]周振甫则认为："改组乡镇组织，没有改变水井。"[②]从文本中，我们实在看不到这样故事的影子。

"往来井井。"

王弼、孔颖达解"井井"为"洁静之貌也。往者来者，皆使洁静，不以人有

---

① 李镜池：《周易通义》，中华书局，1981，第95页。
② 周振甫：《周易译注》，中华书局，1981，第168页。

往来,改其洗濯之性"。① 周振甫解井井为有秩序。也都说得通。但从井在生活中的重要性来说,还可以解释为:无论是为吃水,还是为灌溉,一天也离不开井。"往"是去井取水,"来",是从井取水回来,故曰"往来井井"也。

汔至,亦未繘井。羸其瓶,凶。

"汔"有二解。

《说文》:"汔,水涸也。繘,绠也。绠,汲井绠也。"②

那么,这句话可解释为:"井里的水干涸了,也没有汲水的井绳。汲水的水瓶也打破了。凶"。

王弼、孔颖达将"汔"解为:"几也。几,近也。"③

《未济》卦卦辞:"小狐汔济,濡其尾。"小狐狸即将渡过河的时候,尾巴却被打湿了。"汔"也作接近解。

《诗经·大雅·民劳》:"民亦劳止,汔可小康。"郑玄注:"汔,几也。"④

那么这句话就可解释为:虽汲水以至井上,然绠出尚未离井口,而钩羸其瓶而覆之也。功亏一篑的意思。

此二解,从字面上看,都能说得通。但从卦义上看,以解为"水涸"为切近。因为从初六到上六就是从水井干涸经过疏浚到水质清洌,疏浚完成的过程。

那么"羸其瓶",该作何解呢?《说文》"羸,瘦也。"显然与瓶对不上号。李镜池、周振甫用闻一多、高亨的解释,"羸",通儡,相败也。是说汲水的瓶子与井口相碰撞,撞碎了,故凶。

初六:井泥不食,旧井无禽。

《说文》:"禽,走兽总名也。"⑤

井既淤塞,井底只余浑浊的泥水,无法食用了。原来早已弃掷的旧井,

---

① 王弼、韩康伯注,孔颖达正义:《周易正义》,中国致公出版社,2009,第194页。
② 许慎:《说文解字》,中华书局,1963,第235、276页。
③ 王弼、韩康伯注,孔颖达正义:《周易正义》,中国致公出版社,2009,第194页。
④ 毛亨传,郑玄笺,孔颖达正义:《毛诗正义》(《十三经注疏》本),上海古籍出版社,1997,第548页。
⑤ 许慎:《说文解字》,中华书局,1963,第308页。

也没有野兽来饮水了。看来,此井必须彻底修治一下了。"旧井无禽",当是附载。

九二:井谷射鲋,瓮敝漏。

"井谷",井底也。鲋有二解,一曰小鱼。庄子所谓"涸辙之鲋"是也。二曰蛤蟆。《周易正义》孔疏:"井下蛤蟆,呼为鲋鱼。"①庄子所谓"井底之蛙"是也。似乎蛤蟆更恰当些。此爻与初爻"井泥不食"相比,井水有所改善,不是不可食之泥水了,可以饮用了。但井底有不少蛤蟆,令人不快,故须清理出去。至于为什么要用"射"的办法,则不知道,不敢妄言。此外,盛水的瓮也坏了,漏水,也须修补一下。

九三:井渫不食,使我心恻。可用汲。王明。并受其福。

《说文》:"渫,除去也。"②

《周易正义》孔疏:"渫,治去污秽之名也。"③

经过一番整治,淤泥已经清除干净,水也清洁可以食用了。但还是没有人来打水。使我心里感到忧伤。直到周王发了话,井水可以汲取饮用了,这才恢复井的功效。王真是英明啊!使百姓一起享受到了清洁的水源。

但问题又来了。作为天下之主的周王,会受理一口井水能不能饮用的小事吗?即使偶然处理了一件具体事例,又与天下百姓福祉有多大关系呢?是否小题大做了?

窃以为,孔颖达的解释非常有道理:

"井渫而不见食,犹人修己全洁而不见用,使我心中怆恻。……井之可汲,犹人之可用。若不遇明主,则滞其才用。若遭遇贤主,则申其行能。故曰:可用汲,王明,并受其福也。"④

原来,是用井为喻,这就扩大了本义。王粲《登楼赋》"惧匏瓜之徒悬兮,畏井渫之莫食"用的就是这引申义。

六四:井甃。无咎。

---

① 王弼、韩康伯注,孔颖达正义:《周易正义》,中国致公出版社,2009,第193–196页。
② 许慎:《说文解字》,中华书局,1963,第237页。
③ 王弼、韩康伯注,孔颖达正义:《周易正义》,中国致公出版社,2009,第193–196页。
④ 王弼、韩康伯注,孔颖达正义:《周易正义》,中国致公出版社,2009,第193–196页。

《周易正义》孔疏:"案子夏传云:甃亦治也。以砖垒井,修井之坏,谓之为甃。用之于人可以修德补过。故曰无咎。"

九五:井洌寒泉,食。

井彻底修治好了。水清洌甘甜,可以饮用了。用引申义,人经过修德补过,成为德才兼备之人,可以大用了。

上六:井收,勿幕。有孚。元吉。

"井收",井口也。井底大而井口小,故曰:收。勿幕,不用盖上井盖。我曾参观成都金沙文化遗址,有史前文化的井口和井盖,陶制,配套的,品相完整,非常精美,令人印象深刻。说明那时人们就懂得清洁饮水对人健康的重要。而"井收,勿幕。有孚。元吉",字面意思是水井修治完成,不要盖上井盖。因为相信经过这次修治,人们更加明白保护水井的重要。但字面意思之外,《周易正义》孔疏还强调了它的引申义:"井功已成,若能不擅其利,不专其美,不自掩覆,与众共之,则为物所归,信能致其大功,而获元吉。"

四十九、革卦（离下兑上）

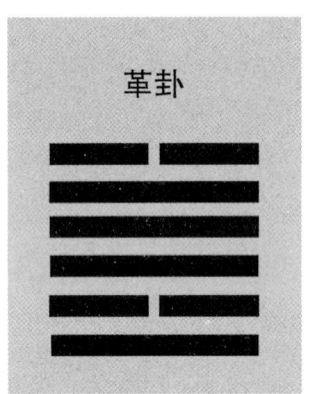

革卦

上六：君子豹变，小人革面。征凶。居贞吉。
九五：大人虎变。未占有孚。
九四：悔亡。有孚。改命。吉。
九三：征凶。贞厉。革言三就。有孚。
六二：巳日乃革之。征吉。无咎。
初九：巩用黄牛之革。
革：巳日乃孚。元亨利贞，悔亡。

先看卦象。离为火，兑为泽，泽者，湖泊也。又可看作水。

《象传》云："水火相息。"孔颖达《周易正义》："火本干燥，泽本润湿，燥湿殊性，不可共处。若其共处，必相侵克。既相侵克，其变乃生。水热而成汤，火灭而气冷。"①

俗语云：水火不相容，乃是零和关系。此即水火相息，息者，一方生息，一方灭息。

再看字义。

《说文》："革，兽皮治去其毛，革更之象。"②

即毛皮变成皮革，用途随之发生了改变。但《周易正义》却有另一种解释：

"牛革，牛皮也。革之为义，变改之名。……皮虽从革之物，而牛皮坚韧

---

① 王弼、韩康伯注，孔颖达正义：《周易正义》，中国致公出版社，2009，第197页。
② 许慎：《说文解字》，中华书局，1963，第60页。

难变。"①

对此,钱锺书在《管锥编》中说:

"盖以牛革象事物之牢固不易变更,以见积重难返,习俗难移,革故鼎新,其事殊艰也。夫以难变之物,为变改之名,象之与义,大似凿枘。……姑命之曰:反象以徵。"②

卦象之难变与卦义之革变相反而相成,殊得窈眇。但,这是对本卦符号系统的解释。至于本卦的叙事系统,则讲的是武王革命。

卦辞:革,巳日乃孚。元亨利贞,悔亡。

《周易》六十四卦,凡卦辞为"元亨利贞"者,均与西周建国大业有关。《乾》卦,太公佐文王、武王创立宏业;《屯》卦,古公建国立基;《随》卦,文王迁都于丰;《临》卦,武王临治天下。那么,《革》卦之"元亨利贞",也一定是开天辟地之大事件。

《彖传》云:"文明以悦,大亨以正,革而当,其悔乃亡。天地革而四时成,汤武革命,顺乎天而应乎人,革之时大矣哉!"③

意思是说,下卦为离,离为火,是为文明。上卦为兑,兑义为悦,此即文明以悦,是就卦象而言。而汤武革命,顺天应人,是就卦义而言。然,汤放桀,乃是历史,非"时"也。那么,"革"之时即武王革殷商之命无疑。

"巳日乃孚"。何义?李镜池解释为,到了祭祀之日,用俘虏做人牲。周振甫解释为(人们怀疑改革成果),到了祭祀日才相信。④ 虽然对"孚"字解释有歧义,但都把"巳"解释为祭祀。反不如王弼、孔颖达解释更为合理。

《周易正义》孔疏:"此卦明改制革命,故名革也。巳日乃孚者,夫民情,可与习常,难与适变。可与乐成,难与虑始。故革命之初,人未信服,所以即日不孚,巳日乃孚也。"⑤

---

① 王弼、韩康伯注,孔颖达正义:《周易正义》,中国致公出版社,2009,第198页。
② 钱锺书:《管锥编》,中华书局,1979,第29页。
③ 王弼、韩康伯注,孔颖达正义:《周易正义》,中国致公出版社,2009,第197页。
④ 李镜池:《周易通义》,中华书局,1981,第97页;周振甫:《周易译注》,中华书局,1991,第171页。
⑤ 王弼、韩康伯注,孔颖达正义:《周易正义》,中国致公出版社,2009,第197页。

似乎并未对何为已日做出解释。但他把"即日不孚","巳日乃孚"与"可与习常,难与适变,可与乐成,难与虑始"相并列,我们便可推知,"即日"就是常,是始。"巳日"即是变,是成。意思是说,平民百姓是轻易不敢冒风险的,而革命是风险极高的事业,一旦失败,就会失去身家性命。所以,只有革命成功的那一天,人们才会归附革命,心悦诚服。说白了,就是老百姓只站在胜利者那一边。那么,"巳日"为什么就是成功之日呢?

《说文》:"巳,已也。巳月,阳气已出,阴气已藏,万物见,成文章。故巳为蛇象形。"[1]

原来巳、已本为一字,按地支,巳为蛇,周历六月,夏历四月。全阳之月,阳气已出,阴气已藏,故读已经之已。已经,完成也。成功也。

初九:巩用黄牛之革。

"巩"者,固也,坚也。上古战车要蒙牛皮,使之坚固,谓之革车。此为比喻,比革命之对象,殷商已享祚数百年之久,根深蒂固,要革其命,难度甚大,必须审时度势,在时机未成熟之前,不可轻举妄动。这也是文王时三分天下有其二,犹服侍殷之所在。

六二:巳日乃革之。征吉。无咎。

此处之巳日,是时机已经完全成熟,力量对比已经发生根本性的变化。推其时日,应该是武王十一年二月甲子日,占筮结果,征吉!无咎!而且,牧野之战,当天便取得了决定性的胜利,纣王自杀,殷商之天命被革掉了,巳日也。

九三:征凶。贞厉。革言三就。有孚。

《史记·齐太公世家》:"武王将伐纣,卜,龟兆不吉,风雨暴至。群公尽惧,唯太公彊之劝武王,武王于是遂行。"[2]

此即"征凶。贞厉"。

此爻的关键信息是"革言三就","三就"解释不清楚,说什么都是隔靴搔痒。

---

[1] 许慎:《说文解字》,中华书局,1963,第311页。
[2] 司马迁:《史记》,中华书局,1962,第1479页。

四十九、革卦(离下兑上)

《周易正义》解为成就。

孔颖达疏:"正以水火相息之物,既处于火极之上三爻,水在火上,皆从革者也。自四以上,从命而变,不敢有违,则从革之言三爻并成就不虚。故曰:'革言三就'也。"①

周振甫《周易译注》:"革言三就有孚,指出改革要使人民相信,要有三就。就,是顺从民心,也是成就,三次行动,都顺民心,得成功,所以民信。九四,有孚改命吉。取得人民的信任,改革的命令便吉了。"②

似乎能讲通,但离开了武王伐纣这一历史背景,泛言改革,就成为猜测。

李镜池则取闻一多的解释:

闻一多谓:"言读为靳,古音言与斤近。故言声与斤声每相通。《说文》:'靳,当膺也。'指马胸带。三就,三重。《仪礼·士丧礼》:'马缨三就。'《礼家说》曰:'缨,当胸。以削革为之。三就,三匝三重也。'"

"马胸带三匝三重",这是最接近正解的解读。只可惜,李镜池却据此拐了一个弯:

"爻辞当谓原先马胸带未束紧,马跑不快,因而战败。后来找到原因,把马胸带绑了三匝,马车飞驰,打了胜仗,捉到俘虏。"③

刚刚找到正确线索,却又和正确解读擦肩而过,惜哉!

按《礼记·礼器》:"大路繁缨一就;次路繁缨七就。"郑玄注:"殷世尚质。其祭天所乘之车,木质而已,无别雕饰。谓之大路。繁,马腹带也。缨,鞅也,在马胸前。染丝而织以为罽。五色一匝曰就。就,犹成也。繁与缨,皆以此罽为之。车朴素,故马亦少饰也。大路之下,有先路,次路。"④

原来,殷商祭天,帝王所乘无雕饰之车,叫大路。一就。那么祭社稷则减等,乘先路,三就。次路,则是再减一等,卑杂之祭用之,五就。祭礼越隆重,车马之文饰越少。故祭天乘大路。一就,马腹带及胸前之缨只用五色丝

---

① 王弼、韩康伯注,孔颖达正义:《周易正义》,中国致公出版社,2009,第199页。
② 周振甫:《周易译注》,中华书局1991,第173页。
③ 李镜池:《周易通义》,中华书局,1981,第98页。
④ 郑玄注,孔颖达正义:《礼记正义》(《十三经注疏》本),上海古籍出版社,1997,第1432页。

绑一匝。杂祭,如四时之祭,乘次路,七就,马腹带及胸前之缨用五色丝带绑七匝。但《礼器篇》没有"三就"的说法,而且对次路说法不一,前说七就,后说五就,不知孰是? 所幸在《郊特牲》中有了完整统一的说法:

"大路繁缨一就;先路三就;次路五就。"①

那么,"革言三就",说的是天子祭社稷,乘先路,繁缨各绑三匝也。

《史记·周本纪》:"其明日,(灭商第二天)除道。修社及商纣宫。及期,百夫荷罕旗以为先驱。武王弟叔振铎奉陈常车,周公旦把大钺,毕公把小钺,以夹武王。……既入,立于社南大卒之左。……师尚父牵牲,尹佚策祝曰:'殷之末孙季纣,殄废先王明德。侮蔑神祇不祀,昏暴商邑百姓。其章显闻于天皇上帝。'于是武王再拜稽首,曰:'膺更大命,革殷,受天明命。'武王又再拜稽首,乃出。"②

原来,纣王自杀,殷商灭亡,只是殷之天命已尽,待到武王祭社稷之后,天命才转移到周,革命才算正式完成。这就是"巳日乃孚"。武王祭社,按礼,不乘大路,而乘平时所乘战车,等同于殷之先路,车马皆用五色丝鬠捆绑三匝,是为"革言三就"也。

九四:悔亡。有孚。改命。吉。

祭社之后,天命才算完成了改换。百姓才完全信服,一切担忧都消失了。没有什么风险了。

九五:大人虎变。未占有孚。

"大人",武王也。

《周易正义》孔疏:"以大人之德为革之主,损益前王,创制立法,有文章之美,焕然可观,有似虎变,其文彪炳。"③

武王从诸侯,现在一跃而为天下之共主,"虎变"也。殷商尚质,而姬周尚文,文章彪炳,焕然可观。不用占卜,自然令人信服。

上六:君子豹变,小人革面。征凶。居贞吉。

---

① 郑玄注,孔颖达正义:《礼记正义》(《十三经注疏》本),上海古籍出版社,1997,第1444页。
② 司马迁:《史记》,中华书局,1962,第125页。
③ 王弼、韩康伯注,孔颖达正义:《周易正义》,中国致公出版社,2009,第199页。

四十九、革卦(离下兑上)

君子有两种。跟随武王灭商之功臣贵族,乃从龙之臣,武王成为天子,功臣贵族亦随之而贵,封公封侯,有土有民,所谓"王侯第宅皆新主,文武衣冠异旧时",(杜甫《秋兴八首》之四)可称"豹变"。另一种是归顺了武王之殷商贵族旧臣,改换门庭,一样加官晋爵,也是"豹变"。

"小人革面"。改朝换代,是肉食者们的事,黎民百姓,谁坐天下都一样,种地纳粮。只是换个人叩头,山呼万岁而已。殷商时代,他们是殷民,革命之后,变为周民。此即"小人革面"也。天下已定,须安居乐业,不宜再打仗了。此即"征凶。居贞吉"。

五十、鼎卦(巽下离上)

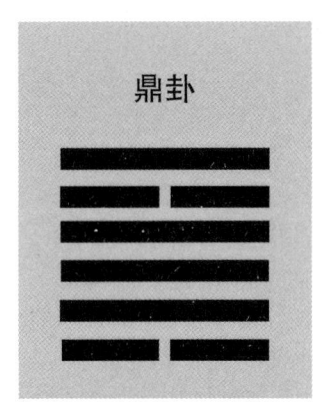

鼎卦

上九：鼎，玉铉。大吉。无不利。
六五：鼎，黄耳金铉。利贞。
九四：鼎折足，覆公餗，其形渥。凶。
九三：鼎耳革，其行塞。雉膏不食。方雨，
亏。悔。终吉。
九二：鼎有实。我仇有疾，不我能即。吉。
初六：鼎颠趾，利出否。得妾以其子。无咎。
鼎：元吉，亨。

《鼎》卦与《革》卦是对卦，

《杂卦传》："革，去故也，鼎，取新也。"①

此便是成语"革故鼎新"之出处。但此卦之内容是描写高级贵族家庭饮食生活的。所谓钟鸣鼎食之家，就是达官权贵之家。从九四爻辞："鼎折足，覆公餗"可知。但由于此卦不涉及战争、朝聘、结盟、迁都等大的政治事件，故可淡化卦主之特殊身份，只把它当作高级贵族饮食生活来看就行了。

卦辞：鼎。元吉，亨。

没有贞事辞，只有贞兆辞，直接上承卦名"鼎"。祭祀，礼器用鼎，乃国之重器。天子九鼎，诸侯五鼎，自然大吉。烹煮食物用鼎，乃是钟鸣鼎食之家，高级贵族，自然也是大吉。

初六：鼎颠趾，利出否。得妾以其子。无咎。

"颠趾"，鼎足颠倒过来，利于把鼎内的食物残余清除干净，犹如现在之

---

① 王弼、韩康伯注，孔颖达正义：《周易正义》，中国致公出版社，2009，第317页。

刷锅。"得妾以其子"。妾,女奴。那么,其(指妾)子也一定是奴隶。

但对于"得妾以其子",前人解释尚须讨论。

《周易正义》孔颖达疏:"妾者侧媵,非正室也。施之于人,正室虽亡,妾犹不得为室主。妾为室主,犹鼎之颠趾,而有咎过。妾若有贤子,则母以子贵,以之继室,则得无咎。"①

直到现代学者,如李镜池、周振甫都认同此说。但可商榷之处在于,妾并非媵。媵虽非正室,但身份乃是贵族,与正室是姊妹姑姪。故正室既亡,可主中馈。

而妾则是奴婢,《遯》卦九三:"畜臣妾吉",男性奴隶为臣,女性奴隶为妾。而妾在周初是不可能升为正室的。春秋时期,礼崩乐坏,出现了妾为正室的现象,故齐桓称霸,葵丘之会,诸侯盟誓的第一条就是"诛不孝,无易树子,无以妾为妻"。②(见《孟子·告子下》)直到清代,贵族之家仍然恪守这一礼法。试看《红楼梦》中赵姨娘,深得贾政宠爱,而且生了探春、贾环一对儿女,但身份仍然是奴才,连探春都不认她为母亲。

"勿以妾为夫人",还见于《春秋公羊传》僖公三年:

"秋,齐侯、宋公、江人、黄人会于阳谷。此大会也。……桓公曰:'无障谷,无贮粟,无易树子,无以妾为妻。'"③

可见,"无以妾为妻"的礼法,非孤证也。且时间上《孟子》《春秋公羊传》比孔颖达早近千年,故权威性又高于《周易正义》。

再者,从本卦九二:"我仇有疾,不我能即"可知,正室只是有些微恙,很快就康复了,此妾怎能成为正室呢?故应另求正解。

众所周知,鼎为重器,《史记·项羽本纪》:"籍身长八尺余,力能扛鼎。"可见,只有身体壮硕,孔武有力之人方能把鼎颠倒过来,使之呈颠趾之状态。待清理干净之后,还要再颠倒过来。操作之人必然是男性奴隶——臣。而负责清理鼎内食物残余者则是女性奴隶——妾,即可胜任。此妾则正是持鼎奴隶之母,她进入公侯之家为妾,正是由于儿子的缘故。

---

① 王弼、韩康伯注,孔颖达正义:《周易正义》,中国致公出版社,2009,第202页。
② 焦循:《孟子正义》,中华书局,1987,第843页。
③ 何休解诂,徐彦疏:《春秋公羊传注疏》,上海古籍出版社,2014,第388页。

《周礼·秋官司寇》:"其奴,男子入于罪隶,女子入于舂槁。"郑玄注:"郑司农云:'谓坐为盗贼而为奴者。输于罪隶、舂人、槁人之官也。由是观之,今之为奴婢,古之罪人也。'"①

"舂人",负责舂米。"槁人","掌供外内朝冗食者之食。"②即做饭。清洗鼎鼐也应是槁人职责之一。那么,这位因其子为奴隶,连累了母亲,连坐成为婢妾。总算这母子二人很能干,"无咎"。

九二:鼎有实。我仇有疾,不我能即。吉。

鼎内装满了美味,但遗憾的是,我的夫人染有微恙,不能与我一块享用了。但病得不重,很快康复了,吉。

《说文》:"仇,雠也。"③

《诗经·周南·关雎》:"窈窕淑女,君子好逑。"郑玄笺:"怨偶曰仇。"④

《礼记·郊特牲》:"共牢而食,同尊卑也。故妇人无爵,同夫之爵。坐以夫之齿。"⑤

意思是说,丈夫官位多高,夫人地位就有多高。在外面吃饭,坐序同于丈夫。在家中则与丈夫对坐而食。

《说文》:"即,即食也。"⑥

像二人对坐而食。

九三:鼎耳革,其行塞。雉膏不食。方雨,亏。悔。终吉。

鼎耳断裂,没办法把它从庖厨移动到餐厅。烹煮好的肥野鸡也吃不到了。

《说文》:"塞,隔也。"⑦

---

① 郑玄注,贾公彦疏:《周礼注疏》,上海古籍出版社,2010,第1392页。
② 郑玄注,贾公彦疏:《周礼注疏》,上海古籍出版社,2010,第610页,第612页。
③ 许慎:《说文解字》,中华书局,1963,第167页。
④ 毛亨传,郑玄笺,孔颖达正义:《毛诗正义》(《十三经注疏》本),上海古籍出版社,1997,第273页。
⑤ 郑玄注,孔颖达正义:《礼记正义》(《十三经注疏》本),上海古籍出版社,1997,第1456页。
⑥ 许慎:《说文解字》,中华书局,1963,第106页。
⑦ 许慎:《说文解字》,中华书局,1963,第288页。

五十、鼎卦(巽下离上)

塞即是隔、阻断。天又下着大雨。很快香气就跑光了。

《说文》:"亏,气损也。"①

指的是香气跑光了。故悔,遗憾。雨停了,又重新加热,终于吃上了美味,吉。

九四:鼎折足,覆公铼,其形渥。凶。

鼎足断裂,鼎身倾倒,把为公煮好的美味泼洒了一地。

《周义正义》孔颖达疏:"铼,糁也。八珍之膳,鼎之实也。"②

糁,米饭粒。解释为粥亦无不可。"渥",濡湿也。地上弄湿了,那样子真是惨不忍睹,"凶"。

九三、九四二爻,一曰革耳,二曰折足,看来鼎已不能再用,需换新鼎了。

六五:鼎,黄耳金铉。利贞。

又铸一尊新鼎,金光闪闪,非常漂亮,非常气派。黄耳者,针对原先鼎耳革而言。举部分以代整体也。这么漂亮的新鼎,当然要有与之相匹配的杠。

《说文》:"铉,举鼎也。《易》谓之铉。《礼》谓之鼏。"③

"铉",即穿过鼎两耳之木杠。"金铉",镶嵌黄铜以作装饰。

上九:鼎,玉铉。大吉,无不利。

玉铉,镶嵌美玉以作装饰的木杠。五、六二爻,都借铉之美以示鼎之新。

全卦讲述顶级贵族之家的日常生活样态。使我们对那时的贵族生活有一个感性的认识。

《杂卦传》:"革,去故也,鼎,取新也。"其实《鼎》卦本身就记述了革故鼎新的全过程。表达了这样一种认识:旧的事物被淘汰,必然有新的事物代替它。这是事物发展的必然规律。没有什么值得留恋的!

---

① 许慎:《说文解字》,中华书局,1963,第101页。
② 王弼、韩康伯注,孔颖达正义:《周易正义》,中国致公出版社,2009,第203页。
③ 许慎:《说文解字》,中华书局,1963,第295页。

五十一、震卦(震下震上)

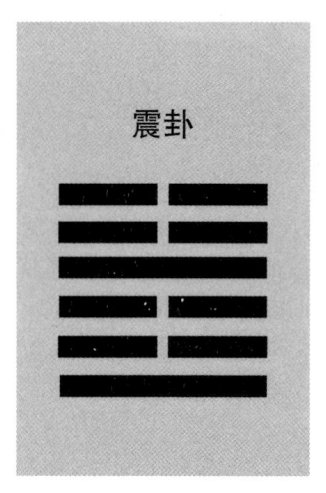

上六:震索索,视矍矍。征凶。震不于其躬,于其邻。无咎。婚媾有言。
六五:震往来厉。意无丧有事。
九四:震遂泥。
六三:震苏苏。震行无眚。
六二:震来厉。亿丧贝。跻于九陵。勿逐,七日得。
初九:震来虩虩,后笑言哑哑。吉。
震:亨。震来虩虩,笑言哑哑。震惊百里,不丧匕鬯。

先看卦象。震为雷,下卦是雷,上卦也是雷,雷声隆隆,连续不断。

《象传》云:"荐雷!君子以恐惧修省。"[1]

《礼记·月令》:"仲春之月……雷乃发声,始电。"[2]

说明当时已经认识到雷电是自然现象,如无特殊状况,本不必记。但出现雷电超出常态,引发大的灾难,就有记录的必要。

《诗经·小雅·十月之交》:"烨烨震电,不宁不令。百川沸腾,山冢崒崩。"[3]

---

[1] 王弼、韩康伯注,孔颖达正义:《周易正义》,中国致公出版社,2009,第206页。
[2] 郑玄注,孔颖达正义:《礼记正义》(《十三经注疏》本),上海古籍出版社,1997,第1362页。
[3] 毛亨传,郑玄笺,孔颖达正义:《毛诗正义》(《十三经注疏》本),上海古籍出版社,1997,第446页。

把雷电、日食、山崩与暴政联系起来,认为是上天在告警。

《论语·乡党》:"迅雷风烈必变。"郑玄注:"敬天之怒。"①

说明直到春秋时代,智慧如孔子,仍然把超出常态的雷电现象视为上天震怒而变色。从此卦爻辞来看,也是雷电交加,暴雨如注,山体滑坡,泥石流滚滚而下,尤其是还震死了一位大人物,当然就有了神秘感和恐惧感。故《象传》所说"君子以恐惧修省",是有道理的。但此次不寻常的雷电发生于何时?被震死的大人物为谁?却至今未见有人去探究。我讲《周易》,既然是从历史角度去解读,这就是绕不过去的问题。经过考察,此次雷电之灾发生于周王季、殷武乙时期,被雷电震死的正是殷商倒数第四代帝王,纣王之曾祖父武乙。何以知之?以本卦上六"震不于其躬,于其邻。无咎。婚媾有言"而知之。

"震不于其躬",自然指周王本人,其邻,自然指其东邻殷商。《泰》卦和《既济》卦都讲到"东邻杀牛不如西邻之禴祭,实受其福"。我们经过讨论,已经锁定东邻就是殷商,故此处不赘。那么东邻殷商可有大人物被雷震死吗?有!

《史记·殷本纪》:"帝武乙无道,为偶人,谓之天神。与之博,令人为行。天神不胜,乃僇辱之。为革囊,盛血,卬而射之,命曰射天。武乙猎于河渭之间,暴雷,武乙震死。"②

被震死的人锁定为武乙。在当时通信不畅的条件下,此消息是如何传过来的呢?"婚媾有言",是周在殷商的姻亲传递过来的。姻亲为谁?殷商之诸侯国有挚。何以知之?

《诗经·大雅·大明》:"挚仲氏任,自彼殷商。来嫁于周,曰嫔于京。乃及王季,维德之行。"③

至此,《周易》《史记》《诗经》三者互证,周王为王季,被震死者为东邻殷

---

① 何晏注,邢昺疏:《论语注疏》(《十三经注疏》本),上海古籍出版社,1997,第2496页。

② 司马迁:《史记》,中华书局,1962,第104页。

③ 毛亨传,郑玄笺,孔颖达正义:《毛诗正义》(《十三经注疏》本),上海古籍出版社,1997,第507页。

商之武乙,传递信息者为王季之岳家有挚之国,还有什么疑义吗?

下面就可以进入卦爻辞了。

卦辞:震,亨。震来虩虩,笑言哑哑。震惊百里,不丧匕鬯。

初九:震来虩虩,后笑言哑哑。吉。

卦辞前两句与初九爻辞属于重复。只是为句式整齐,省略了后字。那么这句话是说,由于震雷以万钧之势炸响之时,的确令一般人恐惧。"虩虩",恐惧貌。但后来知道国君安然无恙,也就放下心来,有说有笑了。

"震惊百里,不丧匕鬯。"前者说雷声不仅大而且远,暗伏殷商武乙在河渭之间被震死。反观周君王季,却是从容淡定,毫不在乎。连手中勺子中的秬鬯都没有洒出来。

何以知道"不丧匕鬯"之人就是王季?

《礼记·曲礼下》:"凡挚,天子鬯,诸侯圭,大夫雁,士雉,庶人之执匹。"①

"鬯"不是一般人有资格挚的,乃是天子的特权。那么,王季不是天子,而是诸侯,何以挚鬯祭祀呢?

《礼记·郊特牲》:"殷人尚声,臭味未成,涤荡其声。乐三阕,然后出迎牲。声音之号,可以诏告于天地之间也。周人尚臭,灌用鬯臭郁和鬯臭,阴达于渊泉。灌以圭璋,用玉气也。既灌然后迎牲,致阴气也。"②

原来,殷商天子祭祀时不用秬鬯,而是用声乐。只有周王祭祀才用秬鬯。而且,周人用自己的祭礼,不与殷商天子的祭礼相同,故无僭越之嫌。

六二:震来厉。亿丧贝。跻于九陵。勿逐,七日得。

"厉",危险。当是霹雳伴着闪电,在身边隆隆震响,有差点就打到自己的感觉。记得儿时上学途中,就遇到一次,至今印象深刻。

《周易程氏传》:"亿,度也。"③

---

① 郑玄注,孔颖达正义:《礼记正义》(《十三经注疏》本),上海古籍出版社,1997,第1270页。

② 郑玄注,孔颖达正义:《礼记正义》(《十三经注疏》本),上海古籍出版社,1997,第1457页。

③ 程颐:《周易程氏传》,中华书局,2011,第295页。

忖度、预料、猜测、揣测。"贝",货币,引申义为财富,财产。

《说文》:"陵,大阜也。"①

凡电闪雷鸣,必伴有暴风骤雨。成灾是免不了的。王季,作为国君,守土佑民乃是其职责所在。故面对如此大的雷雨天气,揣测,财产损失是免不了的,这是"亿丧贝",百姓生命没有危险就好。好在周民都是在原上聚族而居,洪水袭来,登上各自原之高处,即可保障生命安全。"原"者,即大阜,即是九陵。"九",极数,形容多。

"勿逐,七日得"。"勿逐",不去找。什么东西丢了不必去找,七日能自己回来呢?《周易》中与此相近的爻辞有两条:一、《睽》卦初九:"丧马,勿逐,自复。"二、《既济》卦九二:"妇丧其茀,勿逐,七日得。"我认为与《睽》卦"丧马勿逐,自复"更为接近。理由是:《既济》卦讲的是妇女丢了头巾,价值不高,且在室内。

《礼记·内则》规定"男不言内,女不言外;内言不出,外言不入。"②

所以,头巾只能丢在家里。可能是一时找不着,过几天不经意间又会发现了。而本卦讲的是,为躲避山体滑坡,邑民全都从家里跑了出来,"亿丧贝",损失了不少财物。

《礼记·曲礼下》:"问庶民之富,数畜以对。"③

马就是百姓最贵重的财富。为什么"勿逐,七日得"呢?因马是大型家畜,是认识自己的家的,待雷雨过后,马会自己返回家的。"七日",宽以言之也。

六三:震苏苏。震行无眚。

"震苏苏"与上六之"震索索",一音之转,"苏苏"平声,"索索",上声。故异音同义,均为恐惧貌。震行,雷声走远了,没有灾祸了。"眚",灾祸。

九四:震遂泥。

---

① 许慎:《说文解字》,中华书局,1963,第304页。
② 郑玄注,孔颖达正义:《礼记正义》(《十三经注疏》本),上海古籍出版社,1997,第1462页。
③ 郑玄注,孔颖达正义:《礼记正义》(《十三经注疏》本),上海古籍出版社,1997,第1268页。

关中一带,黄土高坡,沟壑纵横。一下暴雨,塌方、滑坡,随时都会发生。雨水裹挟着黄土直冲下来,浊浪排空,泥流滚滚,此即"震遂泥"之象。

六五:震往来厉。意无丧有事。

隆隆的雷声,忽远忽近。心中忖度,虽然到现在还没有什么重大灾难发生,但今天这雷声非同一般,一定是有什么还不知道的重大事件!

上六:震索索,视矍矍。征凶。震不于其躬,于其邻。无咎。婚媾有言。

"矍矍",惊异貌。终于从妻子的娘家有挚之国传来消息,在距周东部边界不远的河渭一带狩猎的殷商天子武乙在这次雷暴中被震死了。自己"无丧有事"的预感终于有了答案。看来,逆天而行终于受到天的惩罚,岂敢不慎欤!

五十二、艮卦(艮下艮上)

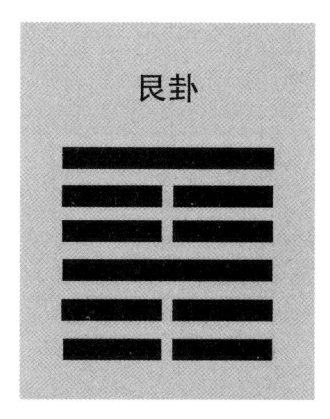

艮卦

上九：敦艮。吉。
六五：艮其辅。言有序。悔亡。
六四：艮其身。无咎。
九三：艮其限，列其夤。厉。熏心。
六二：艮其腓，不拯其随。其心不快。
初六：艮其趾。无咎。利永贞。
艮：艮其背，不获其身。行其庭，不见其人。无咎。

首先看卦象。在八卦中，艮代表山。在六十四卦中，二山重叠，取其静止。故《象》曰："艮，止也。"①

再看字义。

《说文》："艮，很也。从匕目。匕目，犹目相匕，不相下也。"②

即互相盯着看，互不相让。但在本卦中，没有互相盯着看的意思，而是其中一方一直在盯着对方看。对方为谁？为什么盯着看？都看到些什么？要想弄清这些问题，须将本卦与《咸》卦对读才能明白。

《咸》，初六：咸其拇。

《艮》，初六：艮其趾。

拇即趾也。

《咸》，六二：咸其腓。九三：咸其股，执其随。

《艮》，六二：艮其腓，不拯其随。

---

① 王弼、韩康伯注，孔颖达正义：《周易正义》，中国致公出版社，2009，第208页。
② 许慎：《说文解字》，中华书局，1963，第168页。

《艮》之六二,包括了《咸》卦六二、九三两爻内容。

《咸》,九五:咸其脢。

《艮》,九三:艮其限,列其夤。

"脢",按王弼解释,心之上,口之下,胸也。限则是腰部,夤则是背部。

《咸》,上六:咸其辅颊舌。

《艮》,六四:艮其身。六五:艮其辅。

可见,二卦关注人身体的部位都是从足开始,直到脸部,完全相同。不同的是,《咸》卦表现的是新婚夫妇,都是身体动作。最初是夫感其妇,最后双方互感。而《艮》卦则始终是男方单方面地盯着看女方,没有身体动作。那么"艮者,止也",就不仅仅是视线的停留,还有"发乎情,止乎礼"之"止"义。

卦辞:艮其背,不获其身。行其庭,不见其人。无咎。

艮其背,即还没有看到人的正面,只看到背影,视线就无法移动,一直盯着看。其背影之婀娜多姿,就可以想象人该有多美!

《说文》:"身者,躬也。"①

像人腹部隆起。故怀孕称之为有身。所以不获其身,即没看到人的正面。

行其庭,不见其人。无咎。

一直盯着看,直到对方进了庭院,再也看不到了。一种深深的失落感,惆怅不已。但对女方没有什么伤害,"无咎"。

初六:艮其趾。无咎。利永贞。

盯着对方的脚,看她走路时曼妙的身姿,曹植《洛神赋》所谓"凌波微步,罗袜生尘"。真是美啊!若能经常看到该多么好啊!

卦辞加初六之爻辞,不由让人联想到贺铸的《青玉案》:

"凌波不过横塘路,但目送,芳尘去。锦瑟年华谁与度?月桥花院,琐窗朱户,只有春知处。碧云冉冉蘅皋暮,彩笔新题断肠句。借问闲愁都几许?

---

① 许慎:《说文解字》,中华书局,1963,第170页。

一川烟草,满城风絮,梅子黄时雨!"①

仔细品,是不是这种意境?

当然,讲《周易》,还应该告知大家经学时代对《艮》卦卦辞的正统解读。可以通过比较,做出自己的判断。

《周易正义》孔颖达疏:"艮,止也,静止之义。……施之于人,则是止物之情,防其动欲,故谓之止。……故老子曰:'不见可欲,使心不乱也。'背者,无见之物也。夫无见则自然静止。"②

意思是说,只让他看背影,不让他看到面容之美,以防止其产生两性之欲望。

"行其庭,不见其人。相背者,虽近而不相见。……夫目者,能见之物。施止于面,则抑割所见,强隔其欲,是目见之所患。今施止于背,则目无患矣。"

意思是说,倘若让他看到正面容貌之美,却又要他压抑欲望,那就难上加难。

钱锺书《管锥编·周易正义·艮卦》曾对此义多有发挥,尤其是举《红楼梦》中贾瑞戏熙凤一节中风月宝鉴为例,看宝鉴背面,是一副白骨骷髅,不见可欲也。看正面,是王熙凤向他招手,终于送了卿卿性命。③

此种解释,颇具哲学色彩,我的解释则更有诗意,唯诸君择之。

六二:艮其腓,不拯其随。其心不快。

目光上移,"腓",腿肚子。"随",同隋。

《说文》:"隋,裂肉也。"④

此爻亦应与《咸》卦六二"咸其股,执其随"对读。我当时没捅破,现在说穿了就是臀,两半也。咸股执随,都是身体动作,而"艮其腓"则是只饱眼福,绝没有实际动作。

---

① 中国社会科学院文学研究所:《唐宋词选》,人民文学出版社,1981,第180页。
② 王弼、韩康伯注,孔颖达正义:《周易正义》,中国致公出版社,2009,第208页。
③ 钱锺书:《管锥编》,中华书局,1979,第32-33页。
④ 许慎:《说文解字》,中华书局,1963,第89页。

王弼注:"拯,举也。"①

"不拯",则是不执,不举。但非分之想还是免不了的。就像贾宝玉看到宝钗手臂白皙,却无缘抚摸一样,所以心里郁闷。

九三:艮其限,列其夤。厉,熏心。

目光再上移。"限",腰身。女子身材最值得骄傲的部位。"楚王好细腰,宫中多饿死。"杜牧:"落魄江湖载酒行,楚腰纤细掌中轻。""夤",背肉。列,展示也。"厉,熏心",想得更狠。然也只是眼里瞧瞧,心中想想而已,没有实际举动。古代有一对联:

百行孝为先,论心不论迹,论迹贫家无孝子

万恶淫为首,论迹不论心,论心终古少完人

由于想得更狠,故厉!内心躁动,几乎失去理智,熏心!所幸把控住了。

六四:艮其身。无咎。

终于看到了正面,人长得什么样。由于心潮澎湃,已渐趋平静,无咎。

六五:艮其辅,言有序。悔亡。

目光再上移,终于看到庐山真面目,太美了,不仅容貌美,说话也好听。"言有序",说话有条理,爱听!

《诗经·郑风·有女同车》:"有女同车,颜如舜英。将翱将翔,佩玉将将。彼美孟姜,德音不忘。"②

既看到了容貌,也听到了声音,心满意足。此即"艮其辅,言有序"之义也。看到意中人的容貌,听到意中人的声音,所有的遗憾瞬间都消逝得无影无踪。悔亡!

上九:敦艮。吉。

《象》曰:"敦艮之吉,以厚终也。"③

这位卦主,宅心仁厚。爱美之心,人皆有之,未可厚非。

《汉乐府·陌上桑》:

---

① 王弼、韩康伯注,孔颖达正义:《周易正义》,中国致公出版社,2009,第210页。
② 毛亨传,郑玄笺,孔颖达正义:《毛诗正义》(《十三经注疏》本),上海古籍出版社,1997,第341页。
③ 王弼、韩康伯注,孔颖达正义:《周易正义》,中国致公出版社,2009,第211页。

"少年见罗敷,脱帽著帩头。长者见罗敷,下担捋髭须。耕者忘其犁,锄者忘其锄。来归相怨怒,但坐观罗敷。"①

即使有非分之想,但也属发乎情,止乎礼。

可望而不可即,求之不得而慕悦益至,此乃爱情诗中永恒之主题。从《诗经》中的《关雎》《汉广》《蒹葭》,《楚辞》中《山鬼》《湘夫人》,到曹植《洛神赋》,陶渊明《闲情赋》,再到贺铸《青玉案》,都是文学史上最为动人的诗篇。但追本溯源,《艮》卦可算得上这类诗歌的开山鼻祖!但由于体例所限,只有骨头,没有血肉。这就需要解读者调动形象思维,生死而肉骨,根据所给出的信息,加上丰富的艺术想象力,重建当时的生活场景,才是合格的阅读者!

所以我们读《周易》,不仅看到那时的历史人物,历史事件,还看到那时丰富多彩的社会生活。田间劳作、羊牛下来、迎亲路上、洞房花烛、密云不雨、日有食之、王臣蹇蹇、妇子嘻嘻、往来井井、饮食衎衎……不亚于读《红楼梦》也。

---

① 沈德潜:《古诗源》,中华书局,1963,第73页。

五十三、渐卦(艮下巽上)

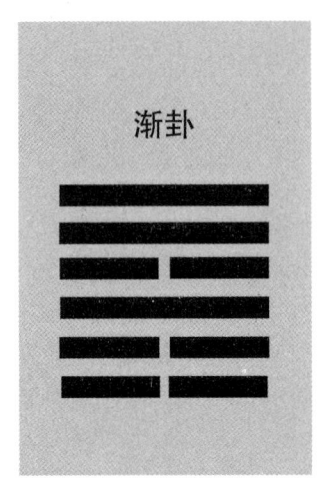

渐卦

上九:鸿渐于陆。其羽可用为仪。吉。

九五:鸿渐于陵。妇三岁不孕,终莫之胜。吉。

六四:鸿渐于木。或得其桷。无咎。

九三:鸿渐于陆。夫征不复,妇孕不育。凶。利御寇。

六二:鸿渐于磐。饮食衎衎。吉。

初六:鸿渐于干。小子厉。有言,无咎。

渐:女归吉。利贞。

《周易正义》王弼注:"渐者,渐进之谓也。"孔疏:"渐者,不速之名也。凡物有变移,徐而不速,谓之渐也。"[1]

但此卦之得名,实际上是由于六爻爻辞,都以"鸿渐"发端,从初六"鸿渐于干",一直到上九"鸿渐于陆",逐渐上升,故名渐。

卦辞:渐,女归吉。利贞。

是说婚姻嫁娶,吉,占筮有利。何以利于嫁娶?这要从鸿雁说起。

《诗经·小雅·鸿雁》:"鸿雁于飞,肃肃其羽。"毛亨传:"大曰鸿,小曰雁。"[2]

"鸿"即我们常说的大雁,候鸟。

---

[1] 王弼、韩康伯注,孔颖达正义:《周易正义》,中国致公出版社,2009,第211页。

[2] 毛亨传,郑玄笺,孔颖达正义:《毛诗正义》(《十三经注疏》本),上海古籍出版社,1997,第431页。

五十三、渐卦（艮下巽上）

《礼记·月令》"孟春之月，……东风解冻，蛰虫始振，……鸿雁来。""仲春之月，……始雨水，桃始华，仓庚鸣（仓庚即黄鹂）。"①

这正是少年男女怀春的季节。《诗经》中不少风诗，都写到这点。

《召南》"野有死麕，白茅包之。有女怀春，吉士诱之。"②

《周南》"桃之夭夭，灼灼其华。之子于归，宜其室家。"③

《豳风·东山》"仓庚于飞，熠耀其羽。之子于归，皇驳其马。"④

之所以选在仲春举行婚礼，还有一个重要原因，那就是从提亲到迎亲有很多繁文缛节。《礼记·昏义》规定，共有六个步骤：纳采、问名、纳吉、纳徵、请期、亲迎，也称六礼。⑤ 而六礼必须执雁，作为男方送给未来岳家的礼物，称之为委禽。

《左传·昭公元年》"郑徐吾犯之妹美，公孙楚聘之矣。公孙黑又使强委禽焉。"杜预注："禽，雁也。纳采用雁。"⑥

其依据也是《周礼》。为什么要用雁为礼呢？

《礼记·昏义》："婿执雁入，揖让升堂。再拜奠雁。"程颐云："奠雁，取其不再偶。"朱熹云："取其顺阴阳往来之义也。"⑦

总之，婚礼只有定在二月，才能准备那么多的雁礼。故"女归吉。利贞"。

初六：鸿渐于干。小子厉。有言，无咎。

---

① 郑玄注，孔颖达正义：《礼记正义》（《十三经注疏》本），上海古籍出版社，1997，第1355页，第1361页。
② 毛亨传，郑玄笺，孔颖达正义：《毛诗正义》（《十三经注疏》本），上海古籍出版社，1997，第292页。
③ 毛亨传，郑玄笺，孔颖达正义：《毛诗正义》（《十三经注疏》本），上海古籍出版社，1997，第279页。
④ 毛亨传，郑玄笺，孔颖达正义：《毛诗正义》（《十三经注疏》本），上海古籍出版社，1997，第396页。
⑤ 郑玄注，孔颖达正义：《礼记正义》（《十三经注疏》本），上海古籍出版社，1997，第1680页。
⑥ 杜预注，孔颖达正义：《春秋左传正义》（《十三经注疏》本），上海古籍出版社，1997，第2022页。
⑦ 陈澔：《礼记集说》，上海古籍出版社，1987，第324页。

"干",河岸。

《诗经·魏风·伐檀》:"坎坎伐檀兮,置之河之干兮。"毛亨传:"干,厓也。"①

近水之崖岸,陡峭且危险,程颐解释为水之湄。②

《说文》:"湄,水草交为湄。"③

也就是水草丛生的河边,由于相对平缓,没有危险,与经义"厉"不合,故我不取。"小子",小孩子、儿童。《随》卦六二:"系小子,失丈夫。"其语境是战争,丈夫是统帅,"小子"则为士卒。此卦之语境乃平民百姓家庭生活,故"小子"应为儿童。此爻以"鸿渐于干"起兴:大雁落在崖岸上,儿童在那里玩耍很危险。但如果家长曾反复叮嘱过:在河边要注意安全,那么问题就不大。"有言,无咎"也。

六二:鸿渐于磐。饮食衎衎。吉。

"磐",巨石。稳定安全。

《说文》:"衎,行喜貌。"④

走路欢快的样子。这本是写大雁落在岸边磐石上,欢快地吃着捕获的鱼虾。以兴起河畔民家生活安定,温饱有保障。民以食为天,不愁温饱,是寻常百姓幸福感的最重要标志。所以走在路上也流露出欢快的笑容。

九三:鸿渐于陆。夫征不复,妇孕不育。凶。利御寇。

大雁飞到陆地上。有这么多寻常百姓人家啊。一户人家的丈夫当兵打仗去了,一点音信也没有。

如《诗经·王风·君子于役》中说的:

"君子于役,不知其期。曷至哉?鸡栖于埘,日之夕矣,羊牛下来。

君子于役,如之何勿思!"⑤

---

[1] 毛亨传,郑玄笺,孔颖达正义:《毛诗正义》(《十三经注疏》本),上海古籍出版社,1997,第358页。
[2] 程颐:《周易程氏传》,中华书局,2011,第306页。
[3] 许慎:《说文解字》,中华书局,1963,第232页。
[4] 许慎:《说文解字》,中华书局,1963,第44页。
[5] 毛亨传,郑玄笺,孔颖达正义:《毛诗正义》(《十三经注疏》本),上海古籍出版社,1997,第331页。

五十三、渐卦(艮下巽上)

而此户人家的妻子更为悲惨,丈夫出征走了,农活都落到怀孕的妻子肩上,以至流产。丈夫不知生死,未来的希望又失去了,家庭前景一片黑暗!"凶"!但仇恨都记在入侵的敌寇身上。有利于同仇敌忾,抵御敌寇。

六四:鸿渐于木。或得其桷。无咎。

大雁落在木头上。有人认为古汉语"木"即树。那是未能深思。鸿乃水鸟,足趾间有蹼,无法栖于树上,只能落在倒伏的横木上。"桷",方为桷,圆为椽,架在房梁之上。桷是经过加工过的木料。"或得之以为桷",或,有人。是说有村民发现大雁所落之横木适合当作盖房子的材料,拿回家去,做成桷,架在房梁上。没什么不好。

九五:鸿渐于陵。妇三岁不孕,终莫之胜。吉。

《说文》:"陵,大阜也。"

即高大的土山。黄土高原上之丘陵。大雁落在丘陵上。这是另一个家庭,已经结婚三年了,妻子仍未怀孕。但妻子的地位却并未受影响。看来这位妻子很能干,能挑起家庭重担,乡里中别人家的妻子没人能超过她。吉。是个好媳妇儿。

上九:鸿渐于陆。其羽可用为仪。吉。

《说文》:"羽,鸟长毛也。"[1]

是大雁羽毛中最长者,也最为珍贵。"仪",礼也。即婿所执之礼物。婚姻六礼,都须执雁为礼物,然严格执行者,只限于贵族,寻常百姓人家是拿不出这么多的大雁作礼物的。再者说,家家都要娶妇,每娶一妇要六只大雁,去哪里找?故可变通,士可用羊代替,庶民可用鸡、鸭代替。[2] 那么本卦记载的当是另一种变通方式,即平民百姓可以用大雁之长羽代替。本来,以雁为礼,并非为口腹之欲,而是取其不再偶,即对配偶的忠贞。大雁之羽,较鸡鸭更符合此义。

此卦以鸿雁为比兴,记述了河畔某一村落最普通的庶民生活。他们不是贵族,还须服兵役,家中留守的妇女是那么无助。小孩子在河边玩耍,有

---

[1] 许慎:《说文解字》,中华书局,1963,第74页。
[2] 杨金鼎主编:《中国文化史词典》,浙江古籍出版社,1987,第144页。

人从河边砍回木料盖房。有的娶媳妇没生儿子,但却能持家,也不受歧视虐待。有的娶亲,拿不出雁礼,只能用大雁羽毛代替。把平民生活写得丰富多彩,生活气息浓厚,是西周初年,国力上升时期平民生活的写照。

《家人》卦、《鼎》卦是顶级贵族生活状态,《睽》卦是最无助的底层社会鳏寡孤独、瘖聋跛躃断肢侏儒、刑余之人的生活样态,这两端的人乃是社会的少数族群。而最大多数的族群,就是本卦所写的平民小户人家了。把三个阶层综合起来,就是当时社会的完整面貌。从历史角度看,《渐》卦也是不可或缺的重要一环。

附带说一句,本卦是六十四卦中最具文采的一卦。六爻全用比兴发端,且多为韵语,生活气息浓厚。放到《诗经·国风》中,亦毫不逊色。

五十四、归妹卦(兑下震上)

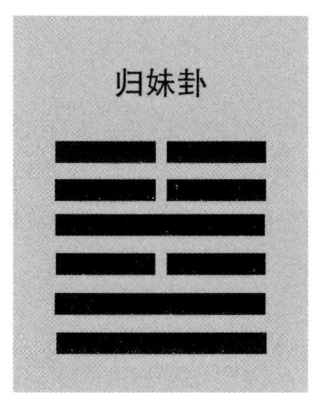

上六：女承筐，无实。士刲羊，无血。无攸利。
六五：帝乙归妹。其君之袂不如其娣之袂良。月几望。吉。
九四：归妹愆期，迟归有时。
六三：归妹以须，反归以娣。
九二：眇能视。利幽人之贞。
初九：归妹以娣。跛能履。征吉。
归妹：征凶。无攸利。

《说文》"妹，女弟也。"[1]

《诗经·卫风·硕人》写庄姜："硕人其颀，衣锦褧衣。齐侯之子，卫侯之妻。东宫之妹，邢侯之姨。"[2]

娣也是女弟。妹与娣的区别在于未嫁之前女弟称妹，既嫁之后，同嫁一夫之妹称娣。姐妹共嫁一夫，乃高级贵族如公侯之婚姻习俗。寻常小户人家还是一夫一妻制。故《渐》卦，"女归吉"，就是平民婚姻，而《归妹》则是顶级贵族的婚姻。

有人将归妹解为嫁女，是不对的。应解为嫁妹。此卦之得名，也在于六五"帝乙归妹"。即帝乙嫁妹于周文王。此事，在《周易》中两见，另一处在《泰》卦六五："帝乙归妹，以祉元吉。"应该是信史。但《史记》无载，不少学者认为，《诗经·大雅·大明》一诗讲的就是帝乙嫁女于文王之事。但仔细

---

[1] 许慎:《说文解字》,中华书局,1963,第259页。
[2] 毛亨传,郑玄笺,孔颖达正义:《毛诗正义》(《十三经注疏》本),上海古籍出版社,1997,第322页。

考察《大明》,发现这种说法完全是乌龙,乃是写文王与太姒的婚姻。然而,《大明》一诗,把文王的婚姻写得异常完美,而常识告诉我们,凡是完美无缺的事,往往是在刻意掩饰着什么,从而使得"帝乙归妹"这件事显得更加扑朔迷离。我认为,这很可能是周王室讳言此事,才在各种史料中被屏蔽掉了。幸亏《周易》为历史留下了一段真实记载。

下面把《大明》诗中关于王季、文王两代婚姻的段落摘录如下:

"挚仲氏任,自彼殷商,来嫁于周,曰嫔于京。乃及王季,维德之行。大任有身,生此文王。"

此大任(大任即太任),来自殷商,但却不是子姓,而是挚国任姓之女。嫁于文王之父。可见与"帝乙归妹"不合。但这位太任在周史中与古公之妃太姜,及文王之妃太姒同为女中三圣。太任也是《晋》卦六二"受兹介福,于其王母"的那位王母,也就是卫康叔之祖母。

再看文王之大婚:

"文王初载,天作之合。在洽之阳,在渭之涘。文王嘉止,大邦有子。

大邦有子,伣天之妹。文定厥祥,亲迎于渭。造舟为梁,不显其光。"

毛亨传:"莘,大姒国也。"①

莘国姒姓,也与"帝乙归妹"不合。但却引人遐想,亲迎虽是诸侯娶妇之礼,但在渭河连舟而成浮桥,的确极为隆重。但不管怎样,《大明》一诗并没说帝乙嫁妹于文王,是毫无疑义的。

回到《归妹》。

卦辞:归妹,征凶。无攸利。

帝乙嫁妹,结殷周之好,按理说应是元吉才对,何以相反,征凶,此行不利呢?从爻辞中透露出的信息看,所嫁之妹及女弟(娣)全被休弃了。殷周关系全面破裂,彻底反目了。从长远看,这段婚姻没什么好处。

初九:归妹以娣。跛能履。征吉。

按此爻应与六三:"归妹以须,反归以娣。"及九四:"归妹愆期,迟归有

---

① 毛亨传,郑玄笺,孔颖达正义:《毛诗正义》(《十三经注疏》本),上海古籍出版社,1997,第508页。

时"放在一起来考察就明白了。

既然是帝乙嫁妹,说明其父太丁已崩。按《礼记·杂记》:

"君夫人非三年之丧,不逾封而吊。如三年之丧,君夫人归。"①

所谓三年之丧,指父母去世。也就是说,其他亲人去世,君夫人只可在国境内遥相凭吊,不能出国境。只有父母去世时,才可以回国吊丧。

董仲舒《春秋繁露·玉英》:"妇人无出境之事,经礼也。奔丧父母,变礼也。"②

君夫人不得出境,是经。吊父母之丧是权,变通也。那么帝乙嫁妹而不是其父太丁嫁女,说明父母早已去世,新娘就没有回国的可能了。

《诗经·邶风·燕燕》:"燕燕于飞,差池其羽。之子于归,远送于野。瞻望弗及,泣涕如雨。"③

这是记卫国之君送妹远嫁,由于一去就是永别,故恋恋不舍,送了一程又一程,直到不得不分手,"泣涕如雨",正为此也。所以,帝乙所嫁之妹,要么终身不能反国,一旦反国,只能是大归,即被休弃。

六三:归妹以须,反归以娣。

反归就是大归。而且,这场婚姻一开始就不太顺利。

九四:归妹愆期,迟归有时。

说明婚期推迟了。为什么推迟?从初九"归妹以娣"可以推知,婚期推迟,是与其随嫁之娣有关。我们举一个例子就明白了。

《春秋左氏传》隐公七年"春,王三月,叔姬归于纪"。杨伯峻注:"古代诸侯娶女,嫁女,以姪女与妹陪嫁,所谓媵以姪娣也。注家见二年伯姬归于纪,而此时伯姬未卒,淑姬又归于纪,……皆以为此叔姬即伯姬之妹而为媵者。其所以未随伯姬而行者,以其时年尚幼稚,故六年之后始行。"④

---

① 郑玄注,孔颖达正义:《礼记正义》(《十三经注疏》本),上海古籍出版社,1997,第1567页。
② 董仲舒:《春秋繁露》(《二十二子》本),上海古籍出版社,1986,第773页。
③ 毛亨传,郑玄笺,孔颖达正义:《毛诗正义》(《十三经注疏》本),上海古籍出版社,1997,第298页。
④ 杨伯峻注:《春秋左传注》,中华书局,1981,第52页。

由此可推知"归妹愆期",是由于其妹年纪尚幼,不够婚龄。"迟归有时",是有明确时间,待其妹到了可以出嫁的年龄就可以举行婚礼了。

还有一个问题是,初九是"归妹以娣",而六三却说是"归妹以须,反归以娣",须者,嬃也,姐称嬃。

屈原《离骚》:"女嬃之婵媛兮,申申其詈予。"王逸注:"女嬃,屈原姊也。"①

是否前后矛盾?不矛盾。前者"归妹以娣",是其姐出嫁,要等其妹成年。后者是,妹妹出嫁终究是其姐之媵,仍然是随姐出嫁的。但被休弃,却是因娣的缘故。从六五:"其君之袂不如其娣之袂良"可知。袂,衣袖,代指衣裳。君是姐,为君夫人,称为小君。而其服饰却没有其媵的娣华贵,这是越礼的。可见其娣是恃宠而骄,这可能是被休弃的直接原因。然而,其娣骄纵越礼,休其娣可也,为什么连其姊一起休弃呢?可见,以骄纵休弃姊娣,只是一个借口,根本原因在于绝婚,即断绝与殷商的婚姻关系。还用前面那个例子来做说明:

《春秋左氏传》文公十二年传:"春,纪桓公来朝,始朝公。且请绝叔姬而无绝婚,公许之。"②

从前引"隐公七年传"可知,淑姬乃伯姬之媵,娣也。现在丈夫纪桓公借朝鲁文公的机会,请求休弃淑姬,却不休其姊伯姬,就是不断绝与鲁国的婚姻关系。休淑姬只是感情问题,与国家关系无关。那么周文王将夫人与媵一并休弃,就是与殷商正式决裂,是政治行为。

下面就可以解读余下的几爻了。

初九:归妹以娣。跛能履。征吉。

九二:眇能视。利幽人之贞。

"跛能履,眇能视",曾见于《履》卦六三"眇能视,跛能履……武人为于大君。"我在讲《履》卦时曾说:跛足虽然也能行走,但走路不稳,眇目虽能视物,但却不正。以喻商纣王虽然孔武有力,也做了天子,却不是一个合格的

---

① 洪兴祖:《楚辞补注》,中华书局,1983,第18页。
② 杨伯峻注:《春秋左传注》,中华书局,1981,第587页。

大君。到了此卦,用拆句法,将其拆开,颠倒语序后分置于两爻之下,但整体语意却发生了变化。意思是说,跛足虽走路不稳,但终究可以走路,眇目虽视物不正,但终究可以视物,以比况媵虽然不是正妻,但终究可以代君夫人主中馈。因媵非妾。媵是副妻,身份是贵族,是主子,而妾是奴婢。

在《履》卦中,这两个比喻是贬义,而在此卦中则变为褒义。钱锺书先生把它称之为"比喻之二柄"(可参见《管锥编·周易正义》)。①

"利幽人之贞"。何谓"幽人"? 在《履》卦的语境下,"幽人"指隐居之人。而在《归妹》的语境下,"幽人"则指新娘子。

《诗经·周南·关雎》:"关关雎鸠,在河之洲。窈窕淑女,君子好逑。"毛亨传:"窈窕,幽闲也。"孔颖达疏:"幽闲谓其幽深而娴静也。"②

所以"幽人"就是幽深贞静之人。故"利幽人之贞",即新娘子占筮有利。由于新婚阶段,两国矛盾尚处于相对和缓时期,故初九兆辞也是"征吉",送亲迎亲路上顺利。

六五:帝乙归妹。其君之袂不如其娣之袂良。月几望,吉。

帝乙句已见前述。"月几望",是卜日,择婚期。望者,十五。几望,十四日,双日子。假设本月朔日(初一)为甲日,那么十四日正是仲丁,即本月第二个丁日,"先庚三日,后甲三日"也。正是治内事如昏、冠之礼的吉日。而月上之时,又正是举办婚礼的吉时。婚者,昏也。可谓吉日良辰!

上六:女承筐,无实。士刲羊,无血。无攸利。

此爻大约是迄今为止被误读最多的爻辞之一。五花八门,不可思议。

应该感谢李镜池先生,他为我们正确解读此爻,指明了一条正确的路径。他说:

"《仪礼》:'妇入三月,然后祭行。妇入三月,乃奠菜。'《少年馈食礼》:'主妇设黍稷,祭则司马刲羊,司士击豕。'说明婚后三个月,祭祀时,主妇参加助祭,奉筐装着祭品,如黍米等物进行奠祭,士宰羊献牲。"

倘若沿着这个思路继续探究,此爻当能获得确解,可惜思路突然拐

---

① 钱锺书:《管锥编》,中华书局,1979,第37页。
② 毛亨传,郑玄笺,孔颖达正义:《毛诗正义》(《十三经注疏》本),上海古籍出版社,1997,第273页。

弯了：

"而现在说女奉的筐子里没有东西，士宰羊而没有血，表明不是真的，是梦境。这是梦占辞。"①

就是这一拐弯，与终极解开此爻失之交臂，惜哉！

下面，让我们沿着李先生的路径继续往前走，看看有什么有用的材料。

《礼记·祭器》："郊血，大飨腥，三献爓，一献熟。"

郊祭，是天子专属权力，祭天地。是最高祭礼，称三献之礼。除郊祭天地外，宗庙、社稷都是三献之礼。首先是荐血，其次是荐腥（生肉），最后是荐爓（文火煮烂之肉）。此爻"士刲羊，无血"肯定不是三献之礼。郑玄注：

"一献，祭群小祀也。祀卑，酒惟一献。用熟肉，无血。"②

"士刲羊，无血。"原来是一献之礼，小祀，用熟肉，故无血。

再说"女承筐，无实"。

《礼记·内则》："男不言内，女不言外。非祭非丧不得授器。其相授，则女授以篚。"③

这就是男女授受不亲之由来。筐，篚也。妇婚后三月奠菜，是一献之礼的小祭。菜也不必装满一筐，有诚意就好。"承筐无实"，不满筐也。

至此，此爻的解释方可称功德圆满了。

或曰，你的考据与周之史诗《大雅》对不上榫卯。《大雅》是什么？朝廷之音曰"雅"，是官方话语权的集中体现。这段文王婚史大约是文王后人不愿让后世知道的，而又要把想让别人知道的编造得天衣无缝！当然不合榫卯了。而此卦是用占筮学的形式掩盖了历史的内容，才得以保存下来。

尽管"帝乙归妹"这件事记述得非常隐晦，但我们还是可以根据当时的礼法制度来还原出历史的真相的。

---

① 李镜池：《周易通义》，中华书局，1981，第 108–109 页。
② 郑玄注，孔颖达正义：《礼记正义》（《十三经注疏》本），上海古籍出版社，1997，第 1439 页。
③ 郑玄注，孔颖达正义：《礼记正义》（《十三经注疏》本），上海古籍出版社，1997，第 1462 页。

五十五、丰卦（离下震上）

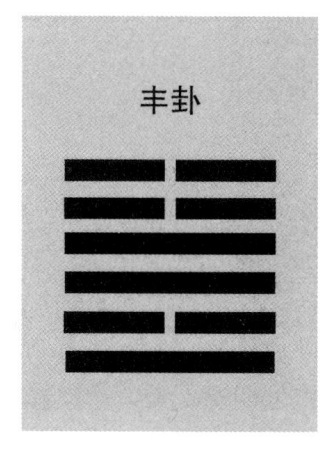

上六：丰其屋，蔀其家。窥其户，阒其无人，三岁不觌。凶。
六五：来章，有庆誉。吉。
九四：丰其蔀。日中见斗。遇其夷主。吉。
九三：丰其沛。日中见沫。折其右肱。无咎。
六二：丰其蔀。日中见斗。往得疑疾。有孚发若。吉。
初九：遇其配主。虽旬，无咎。往，有尚。
丰：亨。王假之，勿忧。宜日中。

此卦的核心信息是卦辞："王假之，勿忧。宜日中"及六二"丰其蔀。日中见斗。"九三："丰其沛。日中见沫。"九四："丰其蔀。日中见斗。"

"日中"，正午也。"斗"者，北斗也。"沫"者，王弼、孔颖达认为是"微昧之明也"。[①] 而程颐则认为是"星之微小无名数者也"。[②] 总之是：见沫，暗之甚也。在什么情况下，正午时光却能看到满天星斗？暗之甚？答案只有一个：日食，而且是日全食。此外没有其他解释。

日食，尤其是日全食，在上古属于天变，是不祥之兆。在那时人们的观念里，一旦发生日食，一定预示人世要发生重大变故。

《周礼·春官宗伯》："凡国有大灾，类社稷宗庙。"郑玄注："天灾，谓日月食，星辰奔陨。地灾，谓震裂。则类社稷及宗庙。类者，依其正礼而为之。

---

① 王弼、韩康伯注，孔颖达正义：《周易正义》，中国致公出版社，2009，第220页。
② 程颐：《周易程氏传》，中华书局，2011，第319页。

……但求福曰祷,礼轻,得求曰祀,礼重。"①

这段话告诉我们,一旦发生日食,王要到宗庙、社稷去祈祷。得求之后也就是复明之后要再到宗庙、社稷去祭祀,而且要用正礼,因为正礼礼重。那么"王假之",就是假于宗庙、社稷也。

《史记·天官书》:"日食,国君。月食,将相当之。"②

这就是所谓天人感应。故中国古代历史典籍都有日食的记载。

《尚书·夏书·胤征》:"羲和湎淫,废时乱日。……乃季秋月朔,辰弗集于房。瞽奏鼓,啬夫驰,庶人走。"孔安国传:"辰,日月所会,房,所舍之次。集,合也。不合,即日食可知。凡日食,天子伐鼓于社,责上公。瞽,乐官。乐官进鼓则伐之。啬夫,主币之官。驰取币,礼天神。众人走,供救日食之百役也。"③

这是夏代早期(仲康)日食的记录。把日食之时,自天子、官员、百姓那种惊恐写得非常生动。但由于夏代没有文字,故大多数学者认为不可信。但《诗经·小雅·十月之交》中关于日食的记载,经天文学家推算,发生于周幽王六年十月朔(公元前776年9月6日)。而《丰》卦所记载的日食,要比《十月之交》早大约三百年。

"十月之交,朔日辛卯。日有食之,亦孔之丑。彼月而微,此日而微。今此下民,亦孔之哀。日月告凶,不用其常。四国无政,不用其良。彼月而食,则维其常。此日而食,云何不臧!"④

在此诗中,"日有食之,亦孔之丑"和"今此下民,亦孔之哀。四国无政,不用其良"也是天人感应。

《春秋》242年,记录了日食36次,也与"弑君三十六"相联系。所以,作为六经之首的《周易》,记录了自古公迁岐建国至周公东征,迁殷遗民于宋百年左右的历史,即使从文王继位算起,至成王时期也至少有60年。那么记

---

① 郑玄注,贾公彦疏:《周礼注疏》,上海古籍出版社,2010,第718页。
② 司马迁:《史记》,中华书局,1962,第1333页。
③ 孔安国传,孔颖达正义:《尚书正义》,上海古籍出版社,2007,第272页。
④ 毛亨传,郑玄笺,孔颖达正义:《毛诗正义》(《十三经注疏》本),上海古籍出版社,1997,第445页。

录日食现象就是应有之义。

确定本卦是日全食的记录,我们就可以讨论卦爻辞了。

卦辞:亨。王假之,勿忧。宜日中。

文王武王时期都发生过日食现象。班固《汉书·五行志》引京房《易传》记录了这一时期的三次日食:

一、"受命之臣专征云试,厥食虽侵光犹明,若文王臣独诛纣矣。"

"虽侵光犹明",可知非日全食,说明《丰》卦中的日食不是发生在文王时期。

二、"小人顺受命者征其君云杀,厥食五色,至大寒陨霜。若纣臣顺武王而诛纣矣。"

"厥食五色",也不是全食,故此卦也不是武王时期发生的日食。

三、"诸侯更制兹谓叛,厥食三复三食,……"①

诸侯叛周,发生在成王即位,周公摄政时期,即管蔡之乱,周公东征之事。"三复三食",乃日食的特殊现象,即在日食的全过程中,有三次由明转暗的现象。而在《丰》卦中,六二"日中见斗"、九三"日中见沫"、九四"日中见斗",也是三次由明转暗。那么,这次日食就是成王时期发生的当无疑义。因为据《史记·儒林传》,《易经》的传承是不间断的,京房的说法该是渊源有自。《京房易传》已经失传,我们无法看到原貌了。只好根据《汉书·五行志》来推测,"诸侯叛周"那次发生的日食就是《丰》卦所记的日食。

"王假之","王",成王也。"假"者,至也,即到。到那里?宗庙、社稷。帝王时代,左宗右社,就在王宫附近。成王前往宗庙、社稷,乃是为禳除灾祸。

《说文》:"禳,磔禳祀除疠殃也。"②

日食即是大疠殃。为何"宜日中"?因"日中见斗"也就是食甚,即太阳完全被遮蔽的时间是日中。

那么,又为什么是"亨。勿忧"呢?答曰,非日食本身"亨。勿忧",而是

---

① 班固:《汉书》,中华书局,1962,第1480页。
② 许慎:《说文解字》,中华书局,1963,第8页。

成王禳除日食带来的不祥是"亨。勿忧"。当然,禳祓只是一种宗教仪式,更重要的是后续措施——修德。

《汉书·五行志》:"凡日所躔而有变,则分野之国失政者受之。人君能修政,共御厥罚,则灾消而福至。不能,则灾息而祸生。"①

可见,当时观念,日食虽预示不祥,但可通过禳祓和修德、修政来化解,故"亨。勿忧"。

初九:遇其配主。虽旬,无咎。往有尚。

李镜池、周振甫训配为妃,遇其配主,解释为遇见女主人。② 但现在知道了是成王为禳祓日食之不祥,女主人之说就不能成立了。"配",应训为匹,即食半。被遮蔽的部分与尚未遮蔽的部分正好相等,明暗两部分互相匹配。"旬",王弼、孔颖达训为"均"也,③也是均等之义。"往有尚",日食过去之后,当有所尚。尚者上也,更高的追求——修德,修政。

六二:丰其蔀。日中见斗。往得疑疾。有孚发若。吉。

"丰"者,大也。"蔀",遮蔽屋顶上的草席。这是比喻,天就像是屋顶上遮蔽了草席,黑了下来。日当正午,却能看到天上的北斗。

《史记·天官书》:"北斗七星,所谓璇玑玉衡,以齐七政。……斗为帝车,运于中央,临制四海,分阴阳,建四时,均五行,移节度,定诸纪,皆系于斗。"④

那么斗星即象征朝廷。

"往得疑疾,有孚发若。"是武王崩后,成王年幼,周公摄政。引起朝廷内外的猜忌、怀疑。尤其是负责监管武庚的管叔、蔡叔,更散布谣言说周公"将不利于孺子",阴谋作乱。而周公只能用诚信来证明自己。有周公主持朝政,朝廷才没有出乱子。吉。

九三:丰其沛。日中见沫。折其右肱。无咎。

---

① 班固:《汉书》,中华书局,1962,第1479页。
② 李镜池:《周易通义》,中华书局,1981,第109页;周振甫:《周易译注》,中华书局,1991,第196页。
③ 王弼、韩康伯注,孔颖达正义:《周易正义》,中国致公出版社,2009,第219页。
④ 司马迁:《史记》,中华书局,1962,第1291页。

五十五、丰卦(离下震上)

"沛",王弼、孔颖达、程颐皆解为幡幔,蔀(草棚)遮其屋外,幡幔遮其屋内。可信。正午却看到许多小星。小星喻众臣也。

"折其右肱。"我们在解《明夷》卦"夷其左股"条指出,股肱喻朝廷众臣。"左股"指三公之首的西伯。那么此处之"右肱",亦当指众臣中职务低于三公之大臣。程颐即作此解:

"贤智之人,遇明君则能有为于天下,上无可赖之主,则不能有为,如人之折其右肱也。"①

但程颐虽知"右肱"是指"臣子",却不知乃是叛乱之诸侯——管蔡。叛乱之前,他们是成王叔父,负有监管武庚之重任。周公、召公在朝夹辅成王,可称左股。管叔、蔡叔在外监管武庚,则为"右肱"。叛乱平定,杀管叔,放蔡叔,"右肱"折也。但周得以安定,"无咎"。

九四:丰其蔀。日中见斗。遇其夷主。吉。

"遇其夷主","夷",王弼、孔颖达训为平,初九"虽旬"之旬,训为均,平即均也。不过初九之均,是食甚之前的明暗相均,而九四之"夷"(均),则是食甚过后,太阳复明过程中明暗相均。吉。

六五:来章,有庆誉。吉。

日食结束了,光明又回来了。章,光明也。人们欢呼,庆贺。只有经历过黑暗,才知光明之可贵。

上六:丰其屋,蔀其家。窥其户,阒其无人。三岁不觌。凶。

太阳又复明了,所以这里"丰其屋,蔀其家"不再是日食天昏地暗之比喻,而是写实。贵族之家,房屋高大众多,是"丰其屋"。院子里搭有凉棚,上面有草席,是谓"蔀其家"。但"窥其户,阒其无人。三岁不觌",说明什么?家道败落,屋在人亡。何许人家?即"折其右肱"之管、蔡、霍叔之家。管叔被诛,蔡叔流放,家道完全败落,罪轻的霍叔也贬为庶人。周公三年不把他当作兄弟,自然也不会见面。此即"三岁不觌",凶。

《尚书·周书·蔡仲之命》:"蔡叔既没,王命蔡仲践诸侯位。……惟周公为冢宰,正百工,群叔流言,乃致辟管叔于商,囚蔡叔于郭邻,以车七乘。

---

① 程颐:《周易程氏传》,中华书局,2011,第319页。

降霍叔于庶人,三年不齿。"孔安国传:"致法,谓诛杀,囚,谓制其出入。郭邻,中国之外地名。(霍叔)罪轻,故退为庶人,三年之后乃齿录,封为霍侯。"①

其实,《象》传已经隐约猜到此卦讲的是日食:

"日中则昃,月盈则食,天道盈虚,与时消息。而况于人乎?况于鬼神乎?"②

但由于是猜测,说得模糊,故未能进一步探究,惜哉!

---

① 孔安国传,孔颖达正义:《尚书正义》,上海古籍出版社,2007,第660页。
② 王弼、韩康伯注,孔颖达正义:《周易正义》,中国致公出版社,2009,第218页。

五十六、旅卦(艮下离上)

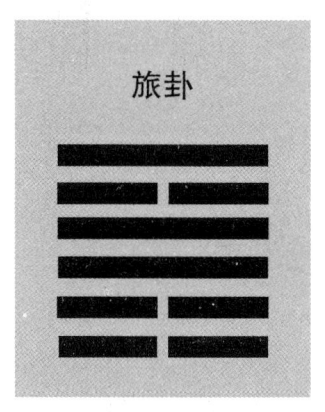

上九：鸟焚其巢。旅人先笑后号咷。丧牛于易。凶。
六五：射雉，一矢亡。终以誉命。
九四：旅于处。得其资斧。我心不快。
九三：旅焚其次。丧其童仆。贞厉。
六二：旅即次。怀其资，得童仆。贞。
初六：旅琐琐，斯其所。取灾。
旅：小亨。旅，贞吉。

此卦乃商旅之专卦。古有四民：士、农、工、商。商乃社会不可或缺的组成部分。故《史记》有《平准书》《货殖列传》，《汉书》有《食货志》，记载商贾之事迹。《周易》既然是周初的发展史，把商贾列为专卦也是应有之义。

商有坐商，即今之所谓门市。有行商，即今之长途贩运，搬有运无，买贱卖贵。此卦讲的是行商。

商人阶层，虽为四民之一，但地位非常特殊。从政治上说，地位很低，居四民之末。士为统治阶级，不必说。农为本，商为末。在古代社会，一直推行崇本抑末的政策，直到唐代，不准工商业者为官仍然是不容突破的底线。

《旧唐书·职官志》明确规定："工商之家，不得预于仕。"[1]

但其经济地位却正相反。

《史记·货殖列传》："夫以贫求富，农不如工，工不如商。"[2]

即使士之阶层也感叹："刺绣文不如倚市门。"一些富商大贾甚至富埒王

---

[1] 刘昫：《旧唐书》，中华书局，1975，第1825页。
[2] 司马迁：《史记》，中华书局，1962，第3274页。

侯,司马迁称之为"素封",即没有爵位的封君。从不得为官说,商人不是君子。从经济上的富裕来说,又不是小人。故我称之为特殊的社会阶层。

卦辞:小亨。旅,贞吉。

经商之人,不能为官,却能赚钱。富而不贵。故小亨,贞吉也。

初六:旅琐琐,斯其所。取灾。

《说文》:"琐琐,玉声也。"①

《礼记·曲礼下》:"君无故玉不去身。"②

可见玉乃身份、地位的标志。而本卦卦主只是商人,却佩玉叮咚作响,有炫富之嫌。

《说文》:"斯,析也。从斤。"③

斤者,斧也。

《诗经·陈风·墓门》:"墓门有棘,斧以斯之。"④

劈开的意思,引申义为分离之离。那么,"斯其所"就是离开自己的住所。"取灾",招来灾祸。灾之本字为灾。上为水,下为火。水灾为自然灾害,一般不是人为的,而火灾则很可能是人为的。语云"慢藏诲盗",被贼寇发现,惦记上了。两次遭遇火灾,绝不是偶然,而是贼惦记的结果。此即"取灾"之由也。

六二:旅即次。怀其资,得童仆。贞。

"次",途中停留之所。一宿为舍,再宿为信,过信为次。那么,就说明在此地至少停留二夜以上。特意提示"怀其资",资者,本也。商人将本求利,那么,停留的目的就是采购货物,贩运到别的地方。"得童仆。贞。"顺便买了个奴仆,以供驱使之用。长途贩运,杂活累活肯定不少,需要苦力去干。

九三:旅焚其次。丧其童仆。贞厉。

---

① 许慎:《说文解字》,中华书局,1963,第 12 页。
② 郑玄注,孔颖达正义:《礼记正义》(《十三经注疏本》),上海古籍出版社,1997,第 1259 页。
③ 许慎:《说文解字》,中华书局,1963,第 300 页。
④ 毛亨传,郑玄笺,孔颖达正义:《毛诗正义》(《十三经注疏》本),上海古籍出版社,1997,第 378 页。

结果当天晚上,旅舍就失火了,所幸资斧已变为货物,损失不算大,但刚刚买到的奴仆逃走了。真危险!

九四:旅于处。得其资斧。我心不快。

《说文》:"处,止也。"①

"处"乃这次商旅最终目的地。将货物出手,又赚了不少钱。"斧",斧形钱币,取其利也。锋"利"之利谐音获利之"利"。但,商人将本求利,不会只把钱带回去,而是再采买别的货物返程,所以称"资斧"。古代,钱又称"泉",取其流动,源源不绝。又称"布",取其流布天下。只有流动起来,钱才能再生钱。从上九"丧牛于易"可知,回程采购的是牛。

《周礼·地官司徒·司市》:"凡得货贿六畜者,亦如之。……凡治市之货贿、六畜、珍异,亡者使有,利者使阜。"②

可见,六畜是市场上买卖的货物之一。"亡者使有,利者使阜",是说采购那些此地有而且便宜,贩运回去能赚大钱的货物。那么,此处应是北方戎狄之地,牛羊多的地方。"我心不快"者,路上太过危险,心有余悸也。

六五:射雉,一矢亡。终以誉命。

从字面看,是射野鸡,丢了一支箭。李镜池、周振甫就是如此解释。并说,野鸡带着箭矢飞走了。虽然没得到野鸡,却得到了善射的美名。③

《周易正义》孔疏:"譬之射雉,唯有一矢。射之复亡其矢,其雉终不可得。故曰,射雉,一矢亡也。"④

原来,射雉只是比喻,此位商人将本求利,如同用矢射雉。未能得雉,矢亦丢了。暗示这次远行贩运,最终血本无归。

那么,"终以誉命"该作何解呢?庄子云:"知不可奈何而安之若命",即无法改变的命运。"誉"可作乐解:

《诗经·小雅·蓼萧》:"燕笑语兮,是以有誉处兮。"朱熹《诗集传》:"苏

---

① 许慎:《说文解字》,中华书局,1963,第299页。
② 郑玄注,贾公彦疏:《周礼注疏》,上海古籍出版社,2010,第521页。
③ 李镜池:《周易通义》,中华书局,1981,第113页;周振甫:《周易译注》,中华书局,1991,第201页。
④ 王弼、韩康伯注,孔颖达正义:《周易正义》,中国致公出版社,2009,第224页。

氏曰:誉、豫通,凡《诗》之誉,皆言乐也。"①

　　苦中作乐吧。没办法！这就是命！

　　上九:鸟焚其巢。旅人先笑后号咷,丧牛于易。凶。

　　此位商旅,去时虽遇火险,但终于赚了钱,一时心里不痛快,很快就释然了。把牛贩回故乡,又可赚上一笔。心里高兴,"先笑"也。没想到途经名"易"的地方,牛被抢掠了,血本无归。好容易回到家,家中房子又被烧得片瓦无存。此为"后号咷"也。"鸟巢",喻示归宿。不同于途中的"旅焚其次"。"次"是旅舍,烧了于己无损,只是后怕。而家里房子烧了,就连栖身之地都没了,境遇就太惨了。

　　本卦之设立,表明《周易》之作者认识到商人阶层对社会的重要性。而且通过商人一系列的遭遇,说明对商人生活的熟悉,了解商人以本求利的艰辛,深知商人获利虽丰,但也存在常人难以承受的风险,不是谁都能经商赚钱的。士、农、工、商,各有各的贡献,也各有各的难处。

---

① 朱熹:《诗集传》,上海古籍出版社,1980,第111页。

五十七、巽卦（巽下巽上）

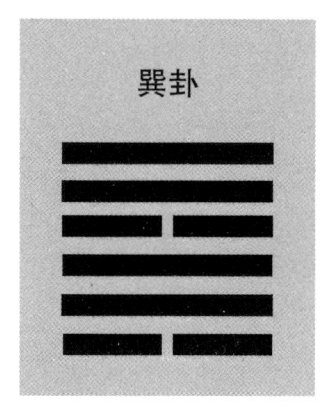

巽卦

上九：巽在床下，丧其资斧。贞凶。
九五：贞吉。悔亡。无不利。无初有终。先庚三日，后庚三日。吉。
六四：悔亡。田获三品。
九三：频巽。吝。
九二：巽在床下，用史巫纷若。吉。无咎。
初六：进退。利武人之贞。
巽：小亨。利有攸往。利见大人。

巽为风。

《象传》："随风，巽。"《正义》亦云："两风相随，故曰随风。"孔疏："巽者，卑顺之名。"[①]

可能正是由于孔颖达这个释义，使此卦一直没得到合理解读，以致成为《周易》六十四卦中最难懂的卦象之一。窃以为，本卦核心信息在九二："巽在床下，用史巫纷若。吉，无咎。"和六四："悔亡。田获三品"以及九五："贞吉。悔亡，无不利。无初有终。先庚三日，后庚三日。吉。"因为这三爻，已经透露了卦主的身份信息。

先说九二。"巽在床下"之人应该是本卦之主，"用史巫纷若"则透露出卦主身份之高贵。按《正义》解释：

"史谓祝史，巫谓巫觋，都是接事鬼神之人。纷若者，盛多之貌。"[②]

能够用史巫者，必然是贵族，而能用盛多史巫者，必然是高级贵族。那

[①] 王弼、韩康伯注，孔颖达正义：《周易正义》，中国致公出版社，2009，第225页。
[②] 王弼、韩康伯注，孔颖达正义：《周易正义》，中国致公出版社，2009，第226页。

么,这位贵族何以会"巽在床下"?"用史巫纷若"又为何事呢?李镜池认为:

"是商人伏在床下,因为怕鬼,用史巫禳灾赶鬼,闹得乱纷纷。"

周振甫则认为:

"病人怕鬼,用史巫乱纷纷地祷告。"①

窃以为,周先生说得比较靠谱。"巽在床下"者乃是病人,用那么多史巫是为祷告。

《礼记·曲礼下》:"天子死曰崩,诸侯曰薨,大夫曰卒,士曰不禄,庶人曰死。"孔颖达疏此条曰:"古人病困,气未绝之时,下置在地。气绝之后,更还床上。所以此者,凡人初生在地,病将死,故下复其初生,冀得脱死重生也。"②

据此可知,卦主由于病危,被置于床下,希望能脱死重生。与此同时,用众多史巫祈祷上天,用尽一切办法,希望能出现奇迹。最终天遂人愿,卦主竟然恢复生命迹象,脱离危险了,是为吉也。没有生命之忧了,故无咎也。那么,"巽在床下"之巽,就应释为因病情严重,身体柔弱,不得不听人摆布,而不是卑顺,当然也不是怕鬼。

再看六四:"悔亡。田获三品"。经过一段时间的治疗,卦主已经完全康复,可以以全新状态履行自己的职责了。田猎,就是卦主的职责之一。

《礼记·王制》:"天子诸侯无事则岁三田,一为乾豆,二为宾客,三为充君之庖。无事而不田,是曰不敬。"③

《周易正义》王弼注、孔颖达疏:"田获三品,一为乾豆,二为宾客,三为充君之庖厨也。"

那么,这位卦主身份是天子、诸侯无疑。

---

① 李镜池:《周易通义》,中华书局,1981,第114页;周振甫:《周易译注》,中华书局,1991,第205页。

② 郑玄注,孔颖达正义:《礼记正义》(《十三经注疏》本),上海古籍出版社,1997,第1269页。

③ 郑玄注,孔颖达正义:《礼记正义》(《十三经注疏》本),上海古籍出版社,1997,第1333页。

《周礼·地官司徒》:"凡四时之田,前期,出田法于州里,简其鼓铎、旗物、兵器,修其卒伍。及期,以司徒之大旗致众庶,而陈之以旗物,辨乡邑而治其政令刑禁,巡其前后之屯而戮其犯命者。"①

不是天子、诸侯,谁能摆的起这么大的阵仗?在商周之际,有资料可考的天子诸侯有谁曾病危到濒死状态,后来又奇迹般地康复的呢?据《豫》卦以及《尚书·周书·金滕》《史记·周本纪》《鲁周公世家》记载,只有一位,那就是武王。

或许还有疑问,武王"不豫","巽在床下"时是否"用史巫纷若"呢?请看《史记·鲁周公世家》的记载:

"武王克殷二年,天下未集,武王有疾,不豫。群臣惧,……史策祝曰……周公已令史策告太王、王季、文王,欲代武王发,于是乃即三王而卜。卜人皆曰吉。"②

可见,武王病危时,确实是"用史巫纷若"。

九五:贞吉。悔亡。无不利。无初有终。先庚三日,后庚三日。吉。

武王的身份一经锁定,看似不可解的九五爻辞就可以解释通了。武王康复,是为"贞吉。悔亡。无不利"。开始病危是"无初",后来康复是"有终"。那么就剩下困扰学界几千年不得其解的"先庚三日,后庚三日"了。李镜池、周振甫先生都推出"先庚三日"为丁日,"后庚三日"为癸日,并指出这是卜日。但先生们未指出卜日的意义何在。

按《周礼·春官宗伯》:"凡祀大神、享大鬼、祭大示(地祇),帅执事而卜日。"③

查《礼记·曲礼上》:"外事以刚日,内事以柔日。"郑玄注:"甲丙戊庚壬为刚,乙丁己辛癸为柔。先儒以外事为治兵,然巡狩朝聘盟会之类皆外事也。内事如宗庙之祭,冠昏之礼皆是。"④

---

① 郑玄注,贾公彦疏:《周礼注疏》,上海古籍出版社,2010,第410页。
② 司马迁:《史记》,中华书局,1962,第1516页。
③ 郑玄注,贾公彦疏:《周礼注疏》,上海古籍出版社,2010,第692页。
④ 郑玄注,孔颖达正义:《礼记正义》(《十三经注疏》本),上海古籍出版社,1997,第1251页。

外事之治兵、巡狩、会盟，内事之宗庙祭祀，都是天子和诸侯的职责。而祭天则是天子的专属权利。庚日是刚日，可治外事。"先庚三日"是丁日，"后庚三日"是癸日。均是柔日，可治内事。

既然卦主是武王，那么，在庚日和丁日、癸日在武王身上是否有什么大事可考呢？

按《尚书·周书·武成》："厥四月，哉生明，王来自商，至于丰。乃偃武修文……丁未，祀于周庙。……越三日庚戌，柴望，大告武成。"①

丁未正是"先庚三日"。告庙，内事也。柔日治内事。庚日，刚日，祭天，告诉昊天上帝武事成功。祭天须在郊外，属于外事，故卜在庚日。

至此，武王功业最终完成，达于顶峰。或许还有疑问：据《临》卦，武王不豫在克商二年之八月，而据《武成》，柴燎告天乃在克商当年四月。何以在本卦中，写武王病危的"九二"在前，而写祭天的"九五"在后。时间顺序不是颠倒了吗？答曰：这就是《周易》叙事系统为与固有的符号系统相匹配，不得不颠倒顺序的无奈之举。在《周易》中，此种现象不止一处。如《益》卦初九："利用为大作。元吉，无咎。"是讲周公营建洛邑之事，本在东征武庚、管蔡之后（可参看《尚书·周书》的《大诰》和《洛诰》，前者为东征管蔡的命令，后者是周公为洛邑建成向成王的报告），而叙述顺序却在六三"中行告公用圭"的东征之前。

引《武成》此条，还说明，"先庚三日"，不仅是卜丁日，更重要的是卜庚日。如同《蛊》卦"先甲三日，后甲三日"，最重要的是甲日，乃牧野之战的决战日"甲子昧爽"，此日乃刚日，治武事。"后甲三日"，是丁卯，柔日，武王祭社稷（见《革》卦"革言三就"条卦解）。社稷，土神，土为地，坤也。故用柔日。祭社稷，即"祭大示"。

卦主既明，就可以对余下的卦爻辞进行解读了。

卦辞：巽，小亨。利有攸往，利见大人。

"巽"既然是指武王病危，但经过祈祷，终于转危为安，自然是亨。但还未完全康复，所以是"小亨"也。痊愈之后，武王要履行天子职责，田猎须到

---

① 孔安国传，孔颖达正义：《尚书正义》，上海古籍出版社，2007，第428页。

郊外,是为"利有攸往",祭祀须亲自主持,是为"利见大人"。

初六:进退,利武人之贞。

此爻在"巽在床下"之前,说明乃是武王未病之前的事。"进退"者,令行禁止。令进则进,令退则退,绝对服从命令,此即巽顺。作为军人,服从命令是其天职。故"利武人之贞"。服从谁的命令呢?自然是武王的命令。

《史记·周本纪》:"帝纣闻武王来,亦发兵七十万人距武王。武王使师尚父(指姜尚)与百夫致师,以大卒驰帝纣师。纣师虽众,皆无战之心,心欲武王亟入。纣师皆倒兵以战,以开武王。武王驰之,纣兵皆崩畔(叛)纣。……武王持大白旗以麾诸侯,诸侯毕拜武王,武王乃揖诸侯,诸侯毕从。"①

此条可证牧野之战诸侯军队都服从武王指挥。

九二:巽在床下,用史巫纷若。吉。无咎。

已见前述,不赘。

九三:频巽。吝。

《正义》:"频,频蹙忧戚之容也。"

群臣见武王病危深感忧虑,故"吝"也。

六四:悔亡。田获三品。

已见前述,不赘。

九五:贞吉,悔亡,无不利。无初有终。先庚三日,后庚三日。吉。

已见前述,不赘。

上九:巽在床下,丧其资斧。贞凶。

"巽在床下"者,仍然是武王。武王病愈之后,不到一年,突然去世。又一次"巽在床下",但这次没等到"史巫纷若"就驾崩了。生命一结束,就像商人失去了资斧,所有的资本都没了,故"贞凶"。

---

① 司马迁:《史记》,中华书局,1962,第124页。

五十八、兑卦（兑下兑上）

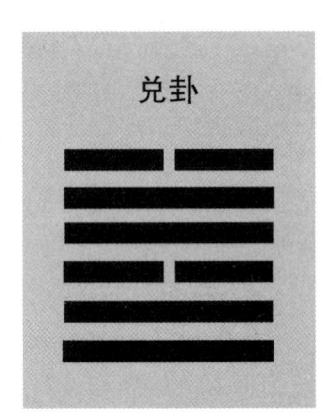

兑卦

上六：引兑。
九五：孚于剥。有厉。
九四：商兑未宁，介疾有喜。
六三：来兑。凶。
九二：孚兑。吉。悔亡。
初九：和兑。吉。
兑：亨，利贞。

先看卦象。兑者，泽也，即湖泊。二泽相连，大湖也。上古有最大湖泊之称的云梦，即称泽。江河湖泊，润泽万物。施之于人事，比喻天子诸侯对百姓施惠，号称恩泽。

再看卦义。

《说文》："兑，说也。"①

"说"即喜悦之"悦"的通假字，《论语·学而》："学而时习之，不亦说乎"可证。

《周易正义》："泽以润生万物，故万物皆说，施之于人事，犹人君以恩惠养民，民无不说也。"

在解释卦辞"亨，利贞"时，《周易正义》又云：

"惠施民说，所以为亨。"②

由此可见，《兑》卦讲的是君主治国临民之道，而非李镜池所说的邦交

---

① 许慎：《说文解字》，中华书局，1963，第176页。
② 王弼、韩康伯注，孔颖达正义：《周易正义》，中国致公出版社，2009，第228-229页。

问题。

那么,这位治国临民之君是谁呢?

《荀子·臣道篇》:"功参天地,泽被生民……汤武是也。"①

在周初,汤已是历史人物,故"功参天地,泽被生民"的圣王就只能是伐纣代商的周武王了。何以为证?九四"商兑未宁,介疾有喜"透露出两个关键信息。《史记·周本纪》载,武王灭商后:

"封商纣子禄父、殷之余民。武王为殷初定未集,乃使其弟管叔鲜、蔡叔度相禄父治殷。"②

实际上是监视禄父及殷之余民。这就是"商兑未宁"。"未宁"犹《比》卦卦辞"不宁方来"之"不宁方",即未安宁的方国,指殷商残余势力的顺服并非心悦诚服,故不可靠。

"(武王)登豳之阜,以望商邑。武王至于周,日夜不寐。周公旦至王所,曰:'何为不寐?'王曰:'告汝,惟天不飨殷,自发未生于今六十年,麋鹿在牧,蜚鸿满野,天不享殷,乃今有成。……我未定天保,何暇寐!'"③

可见武王灭商后,商之余民的不安定一直是他心心念念,日夜担忧的大事。王弼、孔颖达把"商兑"解释为商量、裁制,李镜池、周振甫解为商谈,应该都是没弄明白一件事,即此卦之语境乃是武王灭商后治国临民这一历史背景,并因此导致对后面"介疾有喜"的误读。王弼、孔颖达释"介疾"为"介疾除邪,故有喜。"④实际等于没解释。李镜池解为小的疾病很快就好了,周振甫释为疥疮,都颇值得商榷。⑤ "介"在这里应训为"大"。《晋》卦六二曰:"受兹介福,于其王母。"《正义》孔疏:"介,大也。""介福"就是大福。故"介疾"不是小疾,而是大病。大病正好可以跟武王对应上。

《史记·鲁周公世家》记曰:"武王克商二年,天下未集,武王有疾,不豫。

---

① 王先谦:《荀子集解》,中华书局,1988,第257页。
② 司马迁:《史记》,中华书局,1962,第128-129页。
③ 司马迁:《史记》,中华书局,1962,第128-129页。
④ 王弼、韩康伯注,孔颖达正义:《周易正义》,中国致公出版社,2009,第228-229页。
⑤ 李镜池:《周易通义》,中华书局,1981,第116页;周振甫:《周易译注》,中华书局,1991,第207页。

群臣惧。"

"不豫"即病危,大疾也,故群臣惧而束手无策。是时周公告于太王、王季、文王等先王之灵,愿以自身为质,代替武王去死。当晚,"武王有瘳"。瘳者,病愈也,指武王转危为安。此即"介疾有喜"之意也。此爻一明,其余诸爻即可迎刃而解(《损》卦六四"损其疾,使遄有喜。无咎"与此爻"介疾有喜"说的是同一件事)。

初九:和兑。吉。

"和"有三义。一为应和。《说文》:"和,相应也。"①《中孚》九二"鸣鹤在阴,其子和之"之"和"即为应和。二为柔和、温和。三为谐和。《乾卦·彖传》:"乾道变化,各正性命。保合大和,乃利贞。"②"大和"即"太和",是最高的和谐,是对立面的和谐统一。直至明清时期,皇宫中举行国家大典的正殿仍命名为"太和殿"。《左传·昭公二十年》曾记载晏子答齐景公的一段话,对"和"有极精彩的论述:

"和如羹焉,水、火、醯、醢、盐、梅,以烹鱼肉,燀之以薪,宰夫和之,齐之以味,济之不及,以泄其过。君子食之,以平其心。君臣亦然。君所谓可而有否焉,臣献其否以成其可。君所谓否而有可焉,臣献其可以去其否。是以政平而不干,民无争心。"③

"和兑"就是温和、柔和的统治,忌暴政。要包容不同的利益诉求和不同的政见,使之达到和谐的统一,如此才能使百姓心悦诚服。

《孟子·公孙丑上》:"以力假仁者霸。……以德行仁者王,……以力服人者,非心服也,力不赡也。以德服人者,中心悦而诚服也。"④

孟子这段活,可作"和兑"最好的注解。

九二:孚兑。吉。悔亡。

孚者,信也。用诚信治民,使民心悦诚服,吉也。即使有遗憾,也容易消

---

① 许慎:《说文解字》,中华书局,1963,第32页。
② 王弼、韩康伯注,孔颖达正义:《周易正义》,中国致公出版社,2009,第15页。
③ 杜预注,孔颖达正义:《春秋左传正义》(《十三经注疏》本),上海古籍出版社,1997,第2093页。
④ 焦循:《孟子正义》,中华书局,1987,第221页。

除,故曰"悔亡"。

六三:来兑。凶。

按朝聘制度,比年小聘。"来"者,来聘于周也。此爻之义应为,邶国大夫作为使臣来聘于周,代表其君禄父表达对周的臣服,此即"来兑"也。然武王克商后,一直以"殷初定未集"为虑,深知这是一个潜伏状态的隐患。由后事可知,终武王之世,殷之残余力量虽一直表示悦服,却在暗中准备叛乱,故凶也。

九四:商兑未宁,介疾有喜。

已见前解,不赘。

九五:孚于剥。有厉。

此前出现"剥"字最多的就是《剥》卦。《剥》卦一至五爻为阴,上九为阳,乃阴气侵消阳气之象。此象施之于人事,可比为小人劫夺君子。《剥》卦从初六"剥床以足",一直到六四"剥床以肤"、六五"贯鱼,以宫人宠",步步紧逼,得寸进尺,没有止境。联系当时历史背景,对应此爻之意,应指武王崩后,殷民叛乱,管、蔡趁机起兵叛周,叛军一度节节胜利,占据上风。对管、蔡、武庚这样的叛逆讲诚信,就会非常危险,故曰"有厉"!

上六:引兑。

《说文》:"引,开弓也。"[1]

引申义为长。《萃》卦六二曰"引吉。无咎",李镜池、周振甫都解"引吉"为永吉,即长期处于吉的状态,符合经义。但到了本卦,二位先生却解"引"为引导大家和悦。窃以为,引,永也,长期之意。"引兑"是指周公平定武庚、管、蔡之乱后,终于使西周获得了长期的稳定,迁殷民于宋,并立纣王之兄微子为宋国之诸侯,以承殷祀,殷之遗民才真正对周心悦而诚服了。

---

[1] 许慎:《说文解字》,中华书局,1963,第270页。

五十九、涣卦(坎下巽上)

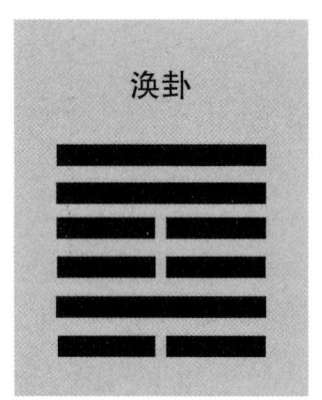

涣卦

上九:涣其血去逖出。无咎。
九五:涣汗其大号。涣王居。无咎。
六四:涣其群。元吉。涣有丘,匪夷所思。
六三:涣其躬。无悔。
九二:涣奔其机。悔亡。
初六:用拯。马壮。吉。
涣:亨。王假有庙。利涉大川,利贞。

《说文》:"涣,流散也。"①

李镜池认为是洪水,恐不确。②

《诗经·郑风·溱洧》:"溱与洧,方涣涣兮,士与女方秉蕳兮。"毛亨传:"涣涣,春水盛也。"③

春天,不是发洪水的季节,只是河水丰盈。且本卦卦辞爻辞,都是吉、元吉,或者是悔亡、无悔,没有凶兆。故非洪水可知。

卦辞:亨。王假有庙。利涉大川,利贞。

凡"王假有庙",都是关乎大事。"利涉大川",亦是利办大事。那么,王是谁?要办的大事是什么?初六:"用拯。马壮。吉",就是《周易》作者预设的信息密码。我们已破解了《明夷》卦"夷其左股。用拯。马壮。吉"。

---

① 许慎:《说文解字》,中华书局,1963,第229页。
② 李镜池:《周易通义》,中华书局,1981,第116页。
③ 毛亨传,郑玄笺,孔颖达正义:《毛诗正义》(《十三经注疏》本),上海古籍出版社,1997,第346页。

说的是文王被囚羑里,周之群臣用"骊戎之文马,有熊九驷",献给纣王,才把文王救出狱。那么本卦卦主就是文王。本卦没有战争迹象,所以利涉大川与战争无关。文王回到西周之后,所办大事,除去一系列讨伐战争之外,就是迁都于丰了。

《诗经·大雅·文王有声》:"文王受命,有此武功。既伐于崇,作邑于丰。"①

由于丰本崇国之地,灭崇之后,丰才属周。迁丰是灭崇之后的事。那么"作邑于丰"在本卦中是如何表述的呢?

九五:涣汗其大号。涣王居。无咎。

《说文》:"汗,人液也。"②

"汗"即流血流汗之汗水。"涣汗",即汗流浃背的样子,是繁重体力劳动才有的现象。

《说文》:"号,呼也。"③

高声叫喊,也是重体力劳动时为同心协力而喊的号子。"涣王居",洒这么多汗水,就是为建王居。这不就是"作邑于丰"吗?

《大雅·绵》中写当初太王古公迁岐时建造王宫宗庙的场景是:

"捄之陾陾,度之薨薨。筑之登登,削屡冯冯。百堵皆兴,鼛鼓弗胜。"朱熹《诗集传》云:"薨薨,众声也。登登,相应声。"④

即劳动号子前者呼,后者应。这就是"涣汗其大号。涣王居。无咎"最好的解释。周原之都是古公所建,而文王所建之都只有丰邑。

卦主明确了,大事明确了,其余四爻就好解释了。

九二:涣奔其机。悔亡。

丰邑紧邻丰水。

《大雅·文王有声》云:"丰水东注,惟禹之绩。"

---

① 毛亨传,郑玄笺,孔颖达正义:《毛诗正义》(《十三经注疏》本),上海古籍出版社,1997,第526页。
② 许慎:《说文解字》,中华书局,1963,第237页。
③ 许慎:《说文解字》,中华书局,1963,第101页。
④ 朱熹:《诗集传》,上海古籍出版社,1980,第180页。

所以此处之"涣",当是丰水涣涣。奔者,快跑。引申义迅速。字面意思是丰水奔流。但"奔其机"则是施之于人事,比喻迅速抓住时机。什么时机呢?就是灭崇之后,周之国土成倍扩张,原来的岐山之阳已不再是国家地理中心了。这对上古时代的国家治理是不利的。现在正是迁都的大好时机。《随》卦初九"官有渝"说的也是这件事。随者,顺时而动,即所谓"涣奔其机"。

"悔亡",悔恨消除了。当初文王被囚,是崇侯虎陷害的结果。在释放西伯时,纣王亲口对西伯说:"譖西伯者,崇侯虎也。"所以,文王与崇侯虎是宿敌。灭崇则是复仇,"悔亡"!

六三:涣其躬。无悔。

"躬",自身也。文王站在丰水之畔,看丰水涣涣东流,踌躇满志,再没什么遗憾了。"无悔"!

六四:涣其群。元吉。涣有丘,匪夷所思。

"涣其群",群者,众也。

《周礼·春官宗伯》"大役之礼,任众也。"郑玄注:"筑宫邑,所以事民力强弱。"①

迁都,自然是大役。建宫室、都城,都要动用大量民力,即是任众。

"涣有丘",丘者,民也。

《孟子·尽心下》:"得之丘民而为天子。"②。

现在灭掉崇国,不仅获取了它的土地,同时也获取了土地上的丘民。要知道,那个时代,人是最宝贵的资源。更为可喜的是,这些丘民,本是敌方子民,现在归顺于周,为周建造新都,那么卖力,真是"匪夷所思"啊!想不到!也可见文王之盛德,已经被刚归顺的丘民认可。

九五:涣汗其大号。涣王居。无咎。

已见前解,不赘。

上九:涣其血去逖出。无咎。

---

① 郑玄注,贾公彦疏:《周礼注疏》,上海古籍出版社,2010,第670页。
② 焦循:《孟子正义》,中华书局,1987,第973页。

"血",恤之通假字,"逖",惕之通假字。"恤去"与"惕出"义相近。站在河畔,看丰水涣涣东流,什么担忧、烦恼都没有了,更伟大的事业在等待文王去开拓呢!

六十、节卦（兑下坎上）

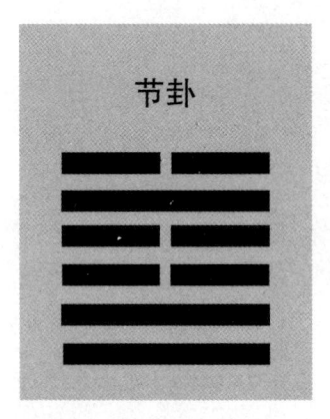

节卦

上六：苦节。贞凶。悔亡。
九五：甘节。吉。往有尚。
六四：安节。亨。
六三：不节若，则嗟若。无咎。
九二：不出门庭。凶。
初九：不出户庭。无咎。
节：亨。苦节，不可贞。

《说文》："节，竹约也。"①
就是竹子的节。后来用作使臣之信物。
《周礼·地官司徒》掌节条，郑玄注："王有命，则别其节之用，以受使者。辅王命者，执以行为信。"②
可见，节就像后来官员的大印一样，是权力的象征。故有节制之义。上有节制，则下必服从，故又有守节之义。由于人的身份地位不同，故守节也有不同的含义。如臣对君忠诚，是为忠节。临大辱而不屈，是为气节。妇女不失身，是为贞节。
那么此卦之节，就是专讲妇女必须恪守之贞节。
何以知之？由初九："不出户庭。无咎。"九二："不出门庭。凶。"而知之。
何谓"户庭"？家之内院，即内宅之庭院。何为"门庭"？即二门之外，

---

① 许慎：《说文解字》，中华书局，1963，第95页。
② 郑玄注，贾公彦疏：《周礼注疏》，上海古籍出版社，2010，第548页。

大门之内之外院,是接待宾客的地方。当然,凡有内宅外庭之家,必然是贵族之家。《曲礼》云:"礼不下庶人",平民小户人家,是没有那么多讲究的。

《礼记·内则》:"男不言内,女不言外。"①

外事乃男子之职责,大到安邦、治国、平天下,小至养家糊口,都须早出晚归,在外奔波打拼,不出门庭怎行?所以,"不出户庭"而"无咎",出了户庭,"不出门庭"就是"凶",只能是针对贵族妇女而言的。这就是常言之"大门不出,二门不迈"。"户庭"之门,二门也,"门庭"之门,大门也。由于二门之内是内宅,出入者都是至亲之人,主妇乃内宅之主人,当然有绝对的自由,故"无咎"也。但一出"户庭",进入"门庭",就是男人的世界,有家人也有外人,这就违背了"内言不出,外言不入"之礼。故"凶"。

户庭里是宅院,户庭外是庭院,宅院外人不可出入,庭院可接待宾客。主妇非有祭祀、丧礼,不出宅院。至于小户人家妇女,不受《礼记·内则》之所限。

《诗经·豳风·七月》:"三之日于耜,四之日举趾。同我妇子,馌彼南亩,田畯至喜。"②

穷人妇女要下地送饭、采桑养蚕:

"春日载阳,有鸣仓庚。女执懿筐,遵彼微行。爰求柔桑。"

《小畜》卦九三:"舆脱辐,夫妻反目。"农忙时,还要和丈夫一块下地干农活,跟着运送收获农产品的大车回家,哪里可能"不出户庭,不出门庭"呢!

妇女从一而终,在《礼记·郊特牲》中,还有更明白的表述:

"信,妇德也,一与之齐,终身不改,故夫死不嫁。"③

《恒》卦六五"恒其德,贞妇人吉,夫子凶"。妇人最高的道德就是贞节,忠诚于丈夫,从一而终,即是"恒其德"。

---

① 郑玄注,孔颖达正义:《礼记正义》(《十三经注疏》本),上海古籍出版社,1997,1462页。

② 毛亨传,郑玄笺,孔颖达正义:《毛诗正义》(《十三经注疏》本),上海古籍出版社,1997,第389页。

③ 郑玄注,孔颖达正义:《礼记正义》(《十三经注疏》本),上海古籍出版社,1997,第1456页。

六三:不节若,则嗟若。无咎。

如果妇女不守贞节,那么等待她的就是不堪忍受的生活环境,被视为淫妇,受尽歧视,终其一生,都要在长吁短叹中苟活。"嗟若",长吁短叹的样子。但也没有什么危险,是为"无咎"。

六四:安节。亨。

安于守节,默默地忍受,心如止水,则生活可以平静地度过。亨。

九五:甘节。吉。往有尚。

比"安节"更进一步,不仅不以守节为苦,反以为荣,甘心情愿地孤独终老。这样才会受人尊敬,甚至得到朝廷的封赏。在史书《节妇传》中挂个名字,在家乡立个贞节牌坊。这就是所谓"往有尚"。

上六:苦节。贞凶。悔亡。

如果妇女以守节为苦,那么日子就难熬了。在漫长的岁月里,不知有多少艰难困苦在等待你承受。直到终老,悔恨才会消失。

此卦乃中国几千年历史上的第一部微型《女诫》,比班固之妹班昭写的《女诫》早了一千多年。鲁迅先生批判封建礼教"吃人",《节》卦就是吃人礼教的重要内容。

六十一、中孚卦(兑下巽上)

中孚卦

上九:翰音登于天。贞凶。
九五:有孚挛如。无咎。
六四:月几望。马匹亡。无咎。
六三:得敌。或鼓或罢,或泣或歌。
九二:鸣鹤在阴,其子和之。我有好爵,吾与尔靡之。
初九:虞。吉。有它不燕。
中孚:豚鱼吉。利涉大川,利贞。

孔颖达《周易正义》:"信发于中,谓之中孚。"[1]

即心中有诚信。"豚鱼吉",《象传》解为"信及豚鱼",即使对于豚和鱼也要讲诚信。恐非经之本义。豚和鱼,既是祭品,也是供庖厨之肉食,如何对其讲诚信?

《说文》:"豚,小豕也。从彖省。象形。从又持肉,以给祠祀。"[2]

鱼也是祭品。

《礼记·曲礼下》:"槁鱼曰商祭,鲜鱼曰脡祭。"[3]

但作为祭品,是礼之薄者,属于杂祭。

《礼记·祭法》:"山林川谷丘陵,能出云,为风雨,见怪物,皆曰神。有天

---

[1] 王弼、韩康伯注,孔颖达正义:《周易正义》,中国致公出版社,2009,第236页。
[2] 许慎:《说文解字》,中华书局,1963,第197页。
[3] 郑玄注,孔颖达正义:《礼记正义》(《十三经注疏》本),上海古籍出版社,1997,第1269页。

下者祭百神。"①

祭天,用特牛,即角刚刚冒出的童牛。祭天、社稷、宗庙,天子用太牢,诸侯用少牢。故凡无牛羊豕三牲,只用豚鱼者,均为杂祭。

但祭品虽薄,诚信之心却不可少,方可得神之护佑,可办大事。所以,此处讲的不是信及豚鱼,而是信及百神。"中孚"既然是心中有诚信,那么,在神学统治的时代,首先要对神表示诚信!

初九:虞。吉。有它不燕。

王弼、孔颖达训"虞"为"专",即精神专一,训"燕"为"安"。意思是说,做事要专一,不受其他的事干扰。一受干扰,心不专一,更有他求,则不能燕安矣。② 程颐训"虞"为"度","度其可信而后从也。"③即思虑周详而后行。

二解都能说得通。但从语境来看,还是以李镜池的解释较为符合经义:

"虞,丧礼。《公羊传》文公二年何休注:'虞犹安神也。'安葬为'虞'。"④

但所引不是其原始出处。

《礼记·檀弓下》"既封,主人赠而祝宿虞尸。"郑玄注云:"虞犹安也。葬毕,迎精而反。日中,祭之于殡宫,以安之也。既反,哭。主人与有司视虞牲。有司以几筵舍奠于墓左。反,日中而虞。"郑玄注:"虞牲,特豕。"特豕,即小猪,豚也。"葬日虞,弗忍一日离也。"⑤

这就把"虞祭"讲清楚了。"虞祭"就是父母去世,在安葬当日,墓穴既封,孝子返回殡宫。有司在墓左设几以依神,设筵以安神。特豕则是日中之时,孝子哭毕,检视祭祀之供品。表示父母之形骸虽已入土为安,但父母之神灵却被安顿于殡宫,以示孝子不忍一日离父母之身边也。

"有它不燕"。燕即安。如果有其他变故,父母之魂灵则不安宁,孝子的

---

① 郑玄注,孔颖达正义:《礼记正义》(《十三经注疏》本),上海古籍出版社,1997,第1588页。
② 王弼、韩康伯注,孔颖达正义:《周易正义》,中国致公出版社,2009,第237页。
③ 程颐:《周易程氏传》,中华书局,2011,第344页。
④ 李镜池:《周易通义》,中华书局,1981,第120页。
⑤ 郑玄注,孔颖达正义:《礼记正义》(《十三经注疏本》本),上海古籍出版社,1997,第1302页。

内心也会不安。此爻是表达对父母的爱发自内心也。

九二:鸣鹤在阴,其子和之。我有好爵,吾与尔靡之。

白鹤在树荫下鸣叫,是在呼唤幼鹤。听到妈妈的呼唤,幼鹤立即应答。此为起兴,以比对于朋友的真诚。我有一杯好酒,愿意与朋友共饮!"靡",尽也。

《诗经·小雅·鹿鸣》"呦呦鹿鸣,食野之苹。我有嘉宾,鼓瑟吹笙。"毛亨传:"鹿得苹,呦呦然,鸣而相呼,诚恳发乎中,以兴嘉乐宾客当有恳诚。相招呼以成礼也。"[1]

正与此爻表达的是同一情境。这是朋友间的诚信,发自内心。

六三:得敌。或鼓或罢,或泣或歌。

打了胜仗,将士们有的擂鼓,有的疲惫地休息。罢,疲也。有的在默默流泪。有泪无声谓之泣。有的在大声唱歌。打了胜仗,心中感慨万千,需要宣泄。宣泄的方式虽各有不同,但却全都是内心世界的真诚流露,也是"中孚"。

六四:月几望。马匹亡。无咎。

月圆之谓望,每月十五日之晚。几者,近也。接近月望,则是十四日之夜。几乎所有版本把此句都译为:接近月圆之夜,马匹跑丢了。从字面意思来说,当然没错,但这种解释与本卦核心思想"中孚"有何关联,却没说清楚。

其实,这也是"有天下者祭百神"之祭月神。

《礼记·祭法》:"夜明,祭月也。"郑玄注:"祭用少牢。"[2]

少牢,则无牛,而有豚鱼。祭祀时要筑坎。坎者,陷入地下之坑也。月几望,正是迎月圆的日子。祭月神,当然也须心中怀有诚信。

那"马匹亡",又与"中孚"有何关联呢?《睽》卦初九:"悔亡。丧马,勿逐,自复。"是说马是认识回家的路的。马走失了,用不着去找,自己就会回来。

---

[1] 毛亨传,郑玄笺,孔颖达正义:《毛诗正义》(《十三经注疏》本),上海古籍出版社,1997,405页。

[2] 郑玄注,孔颖达正义:《礼记正义》(《十三经注疏》本),上海古籍出版社,1997,第1588页。

《诗经·邶风·击鼓》:"爰居爰处,爰丧其马。于以求之,于林之下。"①

也说的是马丢不了,在树林里找到了。还有大家耳熟能详的塞翁失马的故事,都是讲马会自己回家。故无咎。

"马匹亡",其实是省略了"勿逐,自复"的省略句。这是对自家马匹的信任。

九五:有孚挛如。无咎。

《说文》:"挛,系也。"②

系,捆绑之义。此爻乃是对其前四爻的概括总结。这些诚信都是互相牵连的。推而广之,凡对父母、朋友、战友,乃至百神,只要有发自内心的诚信,都没问题。

上九:翰音登于天。贞凶。

此爻为本卦之极。而物极必反。并非一切事情都只讲内心诚信,就可忽略必要的形式。其实形式也是内容的一种外在的表达。

"翰音登于天。贞凶。"王弼、孔颖达释"翰"为高飞,"翰音"是"音高飞而实不从,故贞凶"。③ 周振甫释"翰音"为鸡,把这句话译为"鸡高飞于天,(高飞或跌死)故贞凶"。但"翰音"为什么释为鸡,未给出处。李镜池找到了出处,乃《礼记·曲礼》:"鸡曰翰音。"并解释说:"用鸡祭天。"④解释正确,但未说明为何用鸡祭天,就是贞凶。

只有天子才有资格祭天。天子祭天,用特牲,即童牛,规格高于太牢。"登",祭祀时所用礼器,以盛祭品。

《诗经·大雅·生民》:"卬盛于豆,于豆于登。其香始升,上帝居歆。"毛亨传:"木曰豆,瓦曰登,荐菹醢也。登,大羹也。"⑤

鬼神食气曰歆。大羹即所烹煮的童牛之肉,不加任何调味品,所谓大羹

---

① 毛亨传,郑玄笺,孔颖达正义:《毛诗正义》(《十三经注疏》本),上海古籍出版社,1997,第300页。
② 许慎:《说文解字》,中华书局,1963,第255页。
③ 王弼、韩康伯注,孔颖达正义:《周易正义》,中国致公出版社,1997,第238页。
④ 李镜池:《周易通义》,中华书局,1981,第122页。
⑤ 毛亨传,郑玄笺,孔颖达正义:《毛诗正义》(《十三经注疏》本),上海古籍出版社,1997,第532页。

无味是也。香气上升,上帝才能安而享之。故祭天是非常讲究形式的。用鸡来祭天,是对天帝的大不敬,自然得不到天帝的保佑,故"贞凶"。

此卦以初九虞祭父母始,以上九祭天终。自始至终,贯穿中孚之义,即心中要有诚信,才能得到神之护佑,朋友之帮助,才能涉大川,办大事!

《周易》六十四卦,讲到"孚"字有40余处,此卦是集中论述诚信之重要。其余则散见于其他卦中。可以说,有孚即诚信,是《周易》一以贯之的核心理念,是预测事情成败的重要标准。直到春秋之后,这一标准才逐渐被儒家的仁义礼智信,道家的道德,法家的法术势所取代。故"有孚"这一理念,我们读《周易》时要予以格外重视!

六十二、小过卦（艮下震上）

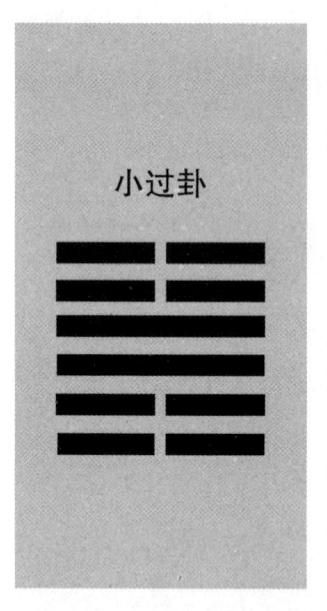

小过卦

上六：弗遇，过之。飞鸟离之。凶。是谓灾眚。

六五：密云不雨，自我西郊。公弋，取彼在穴。

九四：无咎。弗过，遇之。往厉必戒。勿用永贞。

九三：弗过，防之。从或戕之。凶。

六二：过其祖，遇其妣。不及其君，遇其臣。无咎。

初六：飞鸟以凶。

小过：亨，利贞。可小事，不可大事。飞鸟遗之音，不宜上，宜下。大吉。

《小过》卦，我直到现在，也没有完全读通，文献不足徵也。本着"信者传信，疑者存疑"的原则，仅就典籍可查到的部分，做出解读，余者俟之贤人君子可也。

先说卦名。小过，明显是相对于大过而言。

《周易正义》孔疏："过，谓过越之过，非经过之过。"①

指过越常理。如栋桡，栋梁弯曲，却把曲面向下置放之类，我把它称之为拧巴。那么小过，应比大过轻微。如"过其祖，遇其妣。"想拜访的主人没见到，却遇到主人的妻子。小不如意也。

---

① 王弼、韩康伯注，孔颖达正义：《周易正义》，中国致公出版社，2009，第128页。

六十二、小过卦（艮下震上）

由于《既济》卦九三："高宗伐鬼方，三年克之"，从而把《周易》记商周之际的历史上限上推到高宗武丁时期。故我们对历史文献的考察也相应上溯到高宗武丁。这样本卦卦辞"飞鸟遗之音，不宜上，宜下"以及初六："飞鸟以凶"就有了着落。原来它们出自同一典故。

《尚书·商书·高宗肜日》："高宗肜日，越有雊雉。祖己曰：'惟先格王，正厥事。'"

"肜日"，指祭祀第二天再次致祭。从"惟先格王"可知，所祭乃是商之先王成汤。

孔安国传："言至道之王遭变异，正其事而异自消。"孔颖达疏："高宗既祭成汤，肜祭之日，于是有雊鸣之雉在于鼎耳。此乃怪异之事。"①

司马迁在《史记·殷本纪》中，后面加一句：

"武丁惧。祖己曰：'王勿忧，先修政事。'"②

很明显，武丁是把"雊鸣之雉在于鼎耳"当作凶兆的。

"遗之音"者，在鼎耳雊鸣也。

《说文》："雊，雄雌鸣也。雷始动，雉鸣而雊其颈。"③

《礼记·月令》："仲春之月，桃始华，仓庚鸣……是月也，雷乃发声。"④

在春情发动，鸟儿求偶的季节，"雊"，雉（野鸡）求偶的叫声。在庄严肃穆的祭祖仪式上，野鸡落在鼎耳上，发出求偶的叫声，当然令人觉得不吉利，是否预示有大变异发生？故初六的爻辞显示"飞鸟以凶"。

何谓"飞鸟遗之音，不宜上，宜下"？这要从《高宗肜日》下一节："祖己训王"去寻找答案。祖己乃高宗贤臣。

《说文》："训，说教也。"⑤

即用话开导。（祖己）乃训于王曰：

---

① 孔安国传，孔颖达正义：《尚书正义》，上海古籍出版社，2007，第378－379页。
② 司马迁：《史记》，中华书局，1962，第103页。
③ 许慎：《说文解字》，中华书局，1963，第76页。
④ 郑玄注，孔颖达正义：《礼记正义》（《十三经注疏》本），上海古籍出版社，1997，第1361。
⑤ 许慎：《说文解字》，中华书局，1963，第51页。

"惟天监下民，典厥义。降年有永有不永。非天夭民，民中绝命。……呜呼！王司敬民，罔非天胤典祀，无丰于昵。"孔安国传："胤，嗣；昵，近也。叹以感王，入其言。王者主民，当敬民事。民事无非天所嗣常也。祭祀有常，不当特丰于近庙。欲王因异服罪改修之。"孔颖达疏："祖已知高宗丰于近庙，欲王因此雊雉之异，服罪改修以从礼耳。"①

"不当特丰于近庙"，不宜上也。"王者主民，当敬民事"，宜下也。祭祖是敬上，敬民事是敬下。

《礼记·祭义》"祭不欲数，数则烦，烦则不敬。"②

所以劝武丁祭祖不能过烦。要多关注百姓。这就是从雊雉于鼎耳得到的启示。"不宜上，宜下"也。

六二：过其祖，遇其妣。不及其君，遇其臣。无咎。

《说文》："遇，逢也。"③

也就是不期而遇。那么，此处之"过其祖"，就应该是期而不遇。

《说文》："妣，殁母也。"④

妣，死去的母亲。但在此爻之语境下，应为祖父之妻——祖母。但"过其祖，遇其妣"，不是写实，而是比喻，类似于《诗经》赋比兴之兴。兴起"不及其君，遇其臣。"

《说》卦："乾为天，为圆，为君，为父……；坤为地，（为臣）为母……。"⑤

所以把祖父比作君，把祖母比作臣，是有依据的。只不过稍做变化把父改为祖父，母改为祖母（妣）而已。故"不及其君，遇其臣"才是实笔。那么，这不及之君和所遇之臣是谁呢？"君"，当然是前面讲的高宗武丁啊。

《尚书·商书·说命》："王（武丁）宅忧。亮阴三祀。"孔安国传："阴，默也。居忧信默，三年不言。"⑥

---

① 孔安国传，孔颖达正义：《尚书正义》，上海古籍出版社，2007，第378-380页。
② 郑玄注，孔颖达正义：《礼记正义》（《十三经注疏》本），上海古籍出版社，1997，第1592页。
③ 许慎：《说文解字》，中华书局，1963，第40页。
④ 许慎：《说文解字》，中华书局，1963，第259页。
⑤ 王弼、韩康伯注，孔颖达正义：《周易正义》，中国致公出版社，2009，第309页。
⑥ 孔安国传，孔颖达正义：《尚书正义》，上海古籍出版社，2007，第365页。

六十二、小过卦(艮下震上)

《尚书·周书·无逸》:"其在高宗,……作其即位,乃或亮阴,三年不言。"①

《史记·殷本纪》:"帝小乙崩,子帝武丁立。帝武丁即位,思复兴殷,而未得其佐。三年不言,政事决定于冢宰,以观国风。"②

都讲到高宗武丁为父守孝,三年不言,政事委于冢宰。那么,群臣上朝,见不到高宗本人,只见到代高宗执政的冢宰。此即"不及其君,遇其臣。"由于高宗是英明之主,虽未亲自执政,但国家仍可正常运转,没出大的纰漏,故"无咎"。

《象》曰:"山上有雷。小过。君子以行过乎恭,丧过乎哀,用过乎俭。"③

武丁亮阴三年,为父守孝,是丧过乎哀。肜祭(祭后第二天又祭)成汤,是行过乎恭。由于幼时被父亲帝小乙放在民间,知稼穑之艰难,故生活不奢求,是用过乎俭。在武丁,所犯过失,都是小过。武丁崩,后继之君反其道而行之,殷道复衰,小过则转化为大过。

九三:弗过,防之。从或戕之。凶。

九四:无咎。弗过,遇之。往厉必戒。勿用永贞。

我未完全读通的地方正是九三、九四两爻。从兆辞"凶""厉"来看,当是武丁崩后,相继即位的几位帝王。但具体说的是什么,已不可考。子曰:知之为知之,不知为不知,是知也。君子有所不知,付之阙如可也。

六五:密云不雨,自我西郊。公弋,取彼在穴。

上六:弗遇过之,飞鸟离之。凶,是谓灾眚。

将此两爻放在一起解读,是由于两爻讲的是一件事。

"密云不雨,自我西郊。"与《小畜》卦卦辞相同。但《小畜》卦是农业卦,所以在该卦中是实笔,写自然天气:西郊阴云密布,雨就是降不下来。而《小过》是政治卦,故"密云不雨"只是比喻。

《周易正义》孔疏:"密云至于西郊,而不能为雨也。施之于人,……未能

---

① 孔安国传,孔颖达正义:《尚书正义》,上海古籍出版社,2007,第631页。
② 司马迁:《史记》,中华书局,1962,第102页。
③ 王弼、韩康伯注,孔颖达正义:《周易正义》,中国致公出版社,2009,第240页。

行其恩施,广其风化也。"①

比喻武丁后继的几代帝王不能施惠于民。也可以理解为百姓盼望武丁和傅说那样的圣君贤相,犹如大旱之望云霓。

"公弋,取彼于穴","公"指武丁之后殷商朝廷的大臣。"弋"者,带绳子的箭,射鸟专用。

《诗经·郑风·女曰鸡鸣》:"将翱将翔,弋凫与雁。"孔颖达疏:"谓以绳系矢而射也。"②

"穴",巢穴、鸟窝。

"飞鸟离之","离"乃网罗的"罗"的通假字。又是"弋",又是"罗",总之是不但没有继承武丁"以祥雉为德",反而去巢穴射取"祥雉"。比喻后代殷商帝王背叛了武丁的爱民政策,倒行逆施了。所以是"凶,是谓灾眚"。

上六:"弗遇,过之"。也是如此,虽明知再遇不到明君贤臣了,但还是企盼能见到,故过之,期待遇到也。

可见对雉的不同态度,其实表达的是不同政治取向。高宗从"飞鸟遗之音,不宜上,宜下"得到启迪:不能光是祭祖(敬上),更要敬民事(敬下),故使商得以中兴。而后继之君,反其道而行之,故商朝最终走向灭亡。"凶,是谓灾眚。"周公辅成王,曾为成王讲述这一历史教训:

《尚书·周书·无逸》:"其在高宗,时旧劳于外,爰及小人。作其即位,乃或亮阴,三年不言。其惟不言,言乃雍,不敢荒宁。"孔安国传:"武丁,其父小乙,令其久居民间,劳是稼穑,与小人出入同事。"

但在讲到其后继之君,则曰:

"自时厥后之王,生则逸。生则逸,不知稼穑之艰难。不闻小人之劳,惟耽乐是从。"③

所以,"弋彼在穴"和"飞鸟离之"实乃是政治上背离高宗"敬民事"的路线,贪图享乐,走上灭亡之路。曰"公"不曰"王"者,为尊者讳也。

---

① 王弼、韩康伯注,孔颖达正义:《周易正义》,中国致公出版社,2009,第242页。
② 毛亨传,郑玄笺,孔颖达正义:《毛诗正义》(《十三经注疏》本),上海古籍出版社,1997,第340页。
③ 孔安国传,孔颖达正义:《尚书正义》,上海古籍出版社,2007,第631页。

六十三、既济卦（离下坎上）
六十四、未济卦（坎下离上）

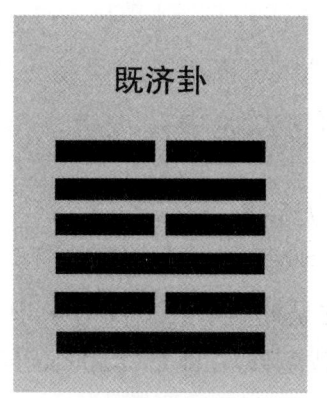

既济卦

上六：濡其首。厉。
九五：东邻杀牛，不如西邻之禴祭，实受其福。
六四：繻有衣袽。终日戒。
九三：高宗伐鬼方，三年克之。小人勿用。
六二：妇丧其茀。勿逐，七日得。
初九：曳其轮，濡其尾。无咎。
既济：亨。小利贞。初吉终乱。

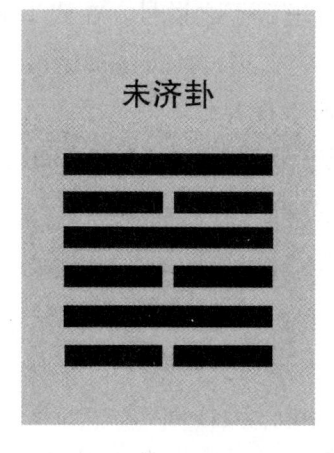

未济卦

上九：有孚于饮酒。无咎。濡其首，有孚失是。
六五：贞吉。无悔。君子之光。有孚。吉。
九四：贞吉。悔亡。震用伐鬼方，三年有赏于大国。
六三：未济。征凶。利涉大川。
九二：曳其轮。贞吉。
初六：濡其尾。吝。
未济：亨。小狐汔济，濡其尾。无攸利。

《说文》:"渡,济也。"①

《尔雅·释言》:"济,渡也;济,成也。"②

渡河是"济"之本义,成功是引申义。"既济"是已经成功,"未济"就是尚未成功。

先看卦象。

《象传》:"水在火上,既济。""火在水上,未济。"③

《周易正义》孔疏:"水在火上,炊爨之象。饮食以之而成,性命以之而济,故曰:水在火上,既济也。""火在水上,不成烹饪,未能济物,故曰:火在水上,未济。"

《既济》乃钱锺书所谓"物相反而事相成。"④《未济》则是物虽相反,其事却不相成,不相交感是也。以上乃是就两卦符号系统而言。

解读两卦叙事系统的关键在:

《既济》九三:高宗伐鬼方,三年克之。小人勿用。

《未济》九四:贞吉。悔亡。震用伐鬼方,三年有赏于大国。

此两爻讲的都是伐鬼方:《既济》卦讲的是商高宗武丁伐鬼方,而《未济》讲的是周王季历伐鬼方。为什么同样是伐鬼方,在商是"既济",已经成功,而在周却是"未济",尚未成功呢?

高宗,乃商代三十位帝王之第二十二代帝王武丁之谥号。在武丁继位之前,殷道已衰。

《史记·殷本纪》"武丁继位,思复兴殷,而未得其佐。……于是乃使百工营求之野,得说于傅险中,是时说为胥靡,筑于傅险。……举以为相,殷国大治。"⑤

屈原在《离骚》中曾说到这件事:

---

① 许慎:《说文解字》,中华书局,1963,第233页。
② 郭璞注,邢昺疏:《尔雅注疏》,上海古籍出版社,2010,第159页。
③ 王弼、韩康伯注,孔颖达正义:《周易正义》,中国致公出版社,2009,第243页,第246页。
④ 钱锺书:《管锥编》,中华书局,1979,第26页。
⑤ 司马迁:《史记》,中华书局,1962,第102页。

六十三、既济卦(离下坎上) 六十四、未济卦(坎下离上)

"说操筑于傅岩兮,武丁用之不疑。"①

圣君贤相遇合,使殷商得以中兴,武丁也被谥为高宗,为不祧之祖(帝王七庙,三昭三穆,加太祖。超过六代,则远祖移出太庙。不祧,即永远享受祭祀,不用移出太庙)。武丁是殷商中兴的圣王。此后便走上了灭亡的进程。可以说伐鬼方的成功就是殷商由盛转衰的节点,所以卦辞才会有:"初吉终乱"之语。

而周古公迁岐建国,只是西方一个弱小的方国,直到王季伐鬼方,才被正式封为诸侯(参见《师》卦的解读)。可以说,"伐鬼方"是周由弱小逐渐发展壮大的节点。就当时的形势说,商是"既济",而周是"未济"。

《竹书纪年》:"武丁三十二年,伐鬼方,次于荆。三十四年,王师克鬼方。"

"武乙三十四年,周公季历来朝。王赐地三十里,玉十瑴,马十匹。三十五年,周公季历伐西落鬼戎。"②

注意:武丁三十二年伐鬼方时,远在古公迁岐之前,周还没有建立,是商王朝独自进行的战争。武乙三十五年,周公季历伐西落鬼戎,才是周追随殷商伐鬼方的战争。

"伐鬼方",既是殷商由盛转衰的节点,也是周由弱转强的节点。分别置于《既济》卦和《未济》卦之中位。意味着在普遍意义上,已经成功和尚未成功是互相转化的。在一定的条件下,就会向自己的对立面转化。明乎此,看似无解的卦爻辞就可以解释明白了。

先看《既济》卦辞:亨。小利贞。初吉终乱。

伐鬼方之后,殷商不宜再有大的举措,如伐鬼方这种规模的战争。应多关注内事,相比战争,内事为小事,故小利贞也。

伐鬼方获得胜利,是初吉。但由于战争时期长,也虚耗不少国力。尤其是高宗崩后,其子祖庚,没有什么作为,为凡庸之君。继立的祖甲淫乱,殷复衰。至武乙,竟然有射天的疯狂之举,终被雷霆震死。真如俗话所说,天要

---

① 洪兴祖:《楚辞补注》,中华书局,1983,第38页。
② 徐文靖笺:《竹书纪年统笺》(《二十二子》本),上海古籍出版社,1986,第1067页。

谁灭亡,必使之先疯狂。终于到纣王时,国运走到了尽头,身死国灭,"初吉终乱"。

初九:曳其轮,濡其尾。无咎。

从字面看,是拉车过河。此卦为"既济",说明已经渡过河,登上彼岸,却发现车尾被河水浸湿了。是"既济"中之"未济"。

但若结合九三"高宗伐鬼方,三年克之"来看,问题就不这么简单。过河其实只是比喻,比什么呢?

《韩非子·外储说右上》:"国者,君之车也。"①

屈原《离骚》:"岂余身之殚殃兮,恐皇舆之败绩!"王逸注:"皇,君也。舆,君之所乘,以喻国也。"②

那么"曳其轮",就是比喻武丁治国,努力使国家走上复兴之路。而"濡其尾"者,比喻尽管武丁的努力可嘉,但终究拗不过势。殷虽号称中兴,但衰败之势已经开始显现。只不过在武丁当时,危机还在潜伏状态,是"濡其尾",危险不大,故"无咎"。

六二:妇丧其茀。勿逐,七日得。

《周易正义》孔疏:"茀者,妇人之首饰也。"③

就字面意思来说是妇女把首饰弄丢了。用不着去找,七天之内自己就会出现。因为按礼法,女不言外,轻易不会外出,丢了首饰,只是一时找不到而已,仍然在屋子之内。如果把它看成比喻,就可以理解为:国势衰退,不用到外面去找原因,而要从朝廷内部寻找原因,那么很快就会找到。

九三:高宗伐鬼方,三年克之。小人勿用。

已见前说,不赘。

六四:繻有衣袽。终日戒。

《说文》:"繻,缯采色。"④

即五彩锦帛。《说文》无袽字。

---

① 梁启雄:《韩子浅解》,中华书局,1960,第342页。
② 洪兴祖:《楚辞补注》,中华书局,1983,第8页。
③ 王弼、韩康伯注,孔颖达正义:《周易正义》,中国致公出版社,2009,第244页。
④ 许慎:《说文解字》,中华书局,1963,第274页。

《辞源》:"袽,败絮。"①

这就明白了,漂亮的锦衣下面,掩盖的是败絮。不正是比喻高宗中兴的光环下,掩盖着深刻的危机吗!

"终日戒。"

《象》曰:"终日戒,有所疑也。"②

程颐《周易程氏传》:"终日戒惧,常疑患之将至也。"③

正是统治者在国运衰落时的心理写照。

九五:东邻杀牛,不如西邻之禴祭,实受其福。

"东邻"者,商也。"西邻"者,周也。何以知之?

《礼记·王制》:"天子祭天地,诸侯祭社稷。……祭天地之牛角茧栗,宗庙之牛角握,宾客之牛角尺。诸侯无故不杀牛,大夫无故不杀羊。"④

可知,只有天子在祭天地、宗庙、迎接各国诸侯时才杀牛。诸侯没资格祭天,只能祭社稷。而诸侯祭社稷用少牢,无牛。可见,杀牛祭天地宗庙者只有天子。而当时的天子是殷商。东邻确定,西邻则为周无疑。周是诸侯,祭祀不得用牛。而禴祭在商是春祭,在周是夏祭,都属于薄祭。

《周易正义》孔疏:"禴,殷春祭之名。祭之薄者也。"⑤

此爻所记应是武丁伐鬼方之后,逐渐衰落的情形。虽仍然用牛祭天,但却不够虔诚,至武乙,甚至射天。

《殷本纪》载:"(武乙)为革囊,盛血,仰而射之,命曰射天。武乙猎于河渭之间,暴雷,武乙震死。"⑥

而周用薄祭,却十分庄严肃穆(可参看《观》卦的解读)。故伐鬼方之后,东邻殷商逐渐衰落,西邻周地位不断上升。此消彼长,商之"既济"逐渐转化为"未济"。

---

① 《词源》,商务印书馆,1980,第2822页。
② 王弼、韩康伯注,孔颖达正义:《周易正义》,中国致公出版社,2009,第245页。
③ 程颐:《周易程氏传》,中华书局,2011,第358页。
④ 郑玄注,孔颖达正义:《礼记正义》(《十三经注疏》本),上海古籍出版社,1997,第1337页。
⑤ 王弼、韩康伯注,孔颖达正义:《周易正义》,中国致公出版社,2009,第245页。
⑥ 司马迁:《史记》,中华书局,1962,第104页。

上六：濡其首。厉！

从初九"濡其尾"可知，虽指的是车，实则暗喻国运。那么此时，车首都已濡湿，说明已经沉没。喻国运已到穷途末路。牧野之战，殷商覆灭，纣王自杀，即是"濡其首。厉"！至此完成了《既济》向《未济》的转换。

再看《未济》卦。

未济：亨。小狐汔济，濡其尾。无攸利。

"亨"就全卦而言的。虽目前"未济"，但从发展趋势来说，是从"未济"向"既济"转化，故亨。"小狐汔济，濡其尾"是比喻，比作弱小的西周，建国不久，就去讨伐强大的鬼方，接近成功时，吃了一次败仗。几乎功败垂成。从《师》卦六三："师或舆尸，凶"已知，王季在伐鬼方的战争中，确实有过一次失败，损失惨重。"无攸利"，没有什么好处。然而，我们在解读《师》卦时，曾说伐鬼方对西周发展壮大有重要意义。为什么这里又说"无攸利"呢？可能是就王季在伐鬼方后不久，被纣王祖父文丁杀害而言。对国家有利，对本人有害，是伐鬼方的利与弊。详见上九解读。

初六：濡其尾。吝。

九二：曳其轮。贞吉。

这是把《既济》初九"曳其轮，濡其尾"一句话拆开，然后颠倒次序，分置于二爻之下。我将这种句式称之为拆句。但由于语序发生了改变，故这两句话和《既济》卦中的原话也发生了重要改变。《既济》中的原话意思是，尽管奋力把车拉上岸，却发现车尾还是被水打湿了。比喻为尽管武丁的努力，使衰落的殷商出现短暂中兴的局面，但却无法彻底挽回国运的颓势，武丁之后又再次衰落。而《未济》"小狐汔济，濡其尾"则讲的是，尽管周建国之初创业艰难，捉襟见肘，但开国的几代君主仍然是前赴后继，负重前行，努力推动国家走上振兴之路。故"贞吉"。

六三：未济。征凶。利涉大川。

这句话似乎前后矛盾。但我们设身处地，就会明白，这的确是当时形势的真实反映。刚刚建国，百业待兴，困难重重，自然是未济。这时去出兵打仗，自然是十分凶险。但这又是周走上强国之路的一个契机。追随殷商伐鬼方，才会被天子之国所承认、接纳。打胜，则会被封赏，在诸侯国中的地位才会提升。这是攸关国家长远命运的大事,经过占卜,"利涉大川",办大事有利。

九四:贞吉。悔亡。震用伐鬼方,三年有赏于大国。

东方为震。《竹书纪年》"周公王季伐西落鬼戎",是从商朝的方位说的。而从周的方位来说,鬼方应在东北方向,所谓"东北丧朋"是也。"震用伐鬼方",就是东征伐鬼方。据《竹书纪年》,殷商武乙封王季为诸侯,是在伐鬼方之前。但武乙所以封赏王季,一定与要求王季讨伐鬼方有关。因为接受了商王朝的封赏,也就等于接受了商王朝讨伐鬼方的命令。

六五:贞吉。无悔。君子之光。有孚。吉。

这是上承九四"震用伐鬼方,三年有赏于大国"来说的。由于伐鬼方的胜利,周受到殷商的封赏,在诸侯国中的地位得到明显的提升。这是国君的荣光。经此一役,不仅使周获得殷商的信任、重视,也受到其他诸侯国的尊重、信任。周完成了从弱小到强盛的历史转变。卦象也完成了从未济向既济的转化。但从周最终取商而代之的目标来说,仍然是未济。

上九:有孚于饮酒。无咎。濡其首,有孚失是。

上九乃本卦之极,极则生变。关于王季是如何去世的,《史记》没有记载。但《竹书纪年》却明确说:

"文丁十一年,王杀季历。王嘉季历之功,赐之圭瓒秬鬯,九命为伯。继而执之塞库。季历困而死。"①

文丁即武乙之子太丁。武乙被雷震死,太丁继位。季历又为殷商征伐燕京之戎、余无之戎、始呼之戎、翳徒之戎。"狡兔死,走狗烹",封赏之后就是杀戮。

"赐之圭瓒秬鬯"就是"有孚于饮酒","秬鬯",酒也。"执之塞库,季历困而死"就是"濡其首",因季历乃周之国君,自然是首。周为殷商连年征伐,理应得到殷商的信任。封赏似乎是表示诚信。然而是假象。真正的诚信不是这样子的。此即"有孚,失是"。

---

① 徐文靖笺:《竹书纪年统笺》(《二十二子》本),上海古籍出版社,1986,第1068页。

参考文献

1. ［魏］王弼,［晋］韩康伯注,［唐］孔颖达正义. 周易正义［M］. 北京:中国致公出版社,2009.

2. ［宋］程颐. 周易程氏传［M］. 北京:中华书局,2011.

3. 张政烺. 马王堆帛书周易经传校读［M］. 北京:中华书局,2008.

4. 李镜池. 周易通义［M］. 北京:中华书局,1981.

5. 周振甫. 周易译注［M］. 北京:中华书局,1991.

6. 十三经注疏［M］. 上海:上海古籍出版社,1997.

7. ［汉］郑玄注,［唐］贾公彦疏. 周礼注疏［M］. 上海:上海古籍出版社,2010.

8. ［汉］郑玄注,［唐］贾公彦疏. 仪礼注疏(《十三经注疏》本)［M］. 上海:上海古籍出版社,1997.

9. ［汉］郑玄注,［唐］孔颖达正义. 礼记正义(《十三经注疏》本)［M］. 上海:上海古籍出版社,1997.

10. ［清］陈澔注. 礼记集说［M］. 上海:上海古籍出版社,1987.

11. ［汉］孔安国传,［唐］孔颖达正义,尚书正义［M］,上海:上海古籍出版社,2007.

12. ［汉］毛亨传,郑玄笺,［唐］孔颖达正义. 毛诗正义(《十三经注疏》本)［M］. 上海:上海古籍出版社,1997.

13. ［宋］朱熹. 诗集传［M］. 上海:上海古籍出版社,1980.

14. 陈子展. 诗经直解［M］. 上海:复旦大学出版社,1983.

15. ［晋］杜预注,［唐］孔颖达正义. 春秋左传正义(《十三经注疏》本)［M］. 上海:上海古籍出版社,1997.

16. 杨伯峻. 春秋左传注［M］. 北京:中华书局,1981.

17. [汉]何休解诂.春秋公羊传注疏[M].上海:上海古籍出版社,2014.

18. [晋]郭璞注,[宋]邢昺疏.尔雅注疏[M].上海:上海古籍出版社,2010.

19. 国语[M].上海:上海古籍出版社,1988.

20. [汉]司马迁.史记[M].北京:中华书局,1962.

21. [汉]班固.汉书[M].北京:中华书局,1962.

22. [宋]范晔.后汉书[M].北京:中华书局,1966.

23. [后晋]刘昫.旧唐书[M].北京:中华书局,1975.

24. [清]徐文靖笺.竹书纪年统笺(《二十二子》本)[M].上海:上海古籍出版社,1986.

25. [汉]贾谊.新书(《二十二子》本)[M].上海:上海古籍出版社,1986.

26. [汉]刘安.淮南子(《二十二子》本)[M].上海:上海古籍出版社,1986.

27. [魏]何晏注,[宋]邢昺疏.论语注疏(《十三经注疏》本)[M].上海:上海古籍出版社,1997.

28. 程树德.论语集释[M].北京:中华书局,1990.

29. [清]焦循.孟子正义[M].北京:中华书局,1987.

30. 楼宇烈.老子道德经注校释[M].北京:中华书局,2008.

31. [清]王先谦.荀子集解[M].北京:中华书局,1988.

32. 梁启雄.韩子浅解[M].北京:中华书局,1960.

33. [汉]董仲舒.春秋繁露(《二十二子》本)[M].上海:上海古籍出版社,1986.

34. [清]沈德潜.古诗源[M].北京:中华书局,1963.

35. [宋]洪兴祖.楚辞补注[M].北京:中华书局1983.

36. [晋]陶渊明.陶渊明集[M].北京:人民文学出版社,1956.

37. [唐]王维.王右丞集[M].长沙:岳麓书社,1990.

38. [清]仇兆鳌注.杜诗详注[M].北京:中华书局,1979.

39. 中国社会科学院文学研究所.唐宋词选[M].北京:人民文学出版

社,1981.

40. 钱锺书.管锥编[M.]北京:中华书局,1979.

41. [汉]许慎.说文解字[M].北京:中华书局,1963.

42. [汉]许慎著,芳园主编.说文解字详解[M].天津:天津人民出版社,2015.

43. 钟敬文.中国民俗史·明清卷[M].北京:人民出版社,2008.

44. 中国文化史词典[M].杭州:浙江古籍出版社,1987.

45. 词源[M].北京:商务印书馆,1981.

书后赘语

疫情骤起,足不出户。吾曾有句云:"病毒肆虐禁出游,枯坐萧斋少下楼。"何以消磨时间呢?弟子们建议我在群里讲点什么。可讲什么好呢?左思右想,觉得六经乃中华文化元典,而《周易》又是六经之首,三千年来,号称难读,不如就讲《周易》吧,弟子们均表赞同。于是乎每周一卦,持续一年有余。六十四卦讲完,弟子们又觉得可以整理成书,且有几位(以齿为序:李毅、郁慧娟、崔丽、李泠波)自告奋勇,整理文稿、核对文献典籍、校订文字标点,经过一番努力,居然有了书的模样,这是当初没有想到的,算是无心插柳吧!如果当初没有众弟子热忱相邀,以及随后持续不断的鼓励,我十年读《周易》的一点微末收获,恐怕将会随着生命的消逝而付之乌有!在此谨向退休十几年来一直关心、关注、关照我的诸位弟子表示诚挚的谢意。

当然我还应该感谢内蒙古大学文学与新闻传播学院院长魏永贵教授和内蒙古大学出版社姜德军社长。正是他们的鼎力支持,本书才得以和读者诸君见面。